王更生編著

唐宋八大家叢刊

# 歐陽修散文研讀

文史哲出版社印行

國家圖書館出版品預行編目資料

**歐陽修散文研讀** / 王更生編著. -- 初版 -- 臺北市：文史哲, 民 90.10
面; 公分 -- (唐宋八大家叢刊；3)
參考書目；面
ISBN 978-957-549-010-2（平裝）

1.(宋)歐陽修－作品集－評論 2. (宋)歐陽修－傳記

845.15　　85004074

唐宋八大家叢刊　3

# 歐陽修散文研讀

編著者：王　更　生
出版者：文史哲出版社
http:// www.lapen.com.tw
e-mail：lapen@ms74.hinet.net
登記證字號：行政院新聞局版臺業字五三三七號
發行人：彭　正　雄
發行所：文史哲出版社
印刷者：文史哲出版社
臺北市羅斯福路一段七十二巷四號
郵政劃撥帳號：一六一八〇一七五
電話886-2-23511028・傳真886-2-23965656

**實價新臺幣四二〇元**

一九九六年（民八十五年）五月初版
二〇〇一年（民　九十　年）十月初版二刷


ISBN 978-957-549-010-2　　88503

# 歐陽脩散文研讀 目次

# 壹、書影

圖一：歐陽修石刻像（今存揚州平山堂內）

圖二：歐陽文忠公畫像（南薰殿藏
歷代聖賢名人像）

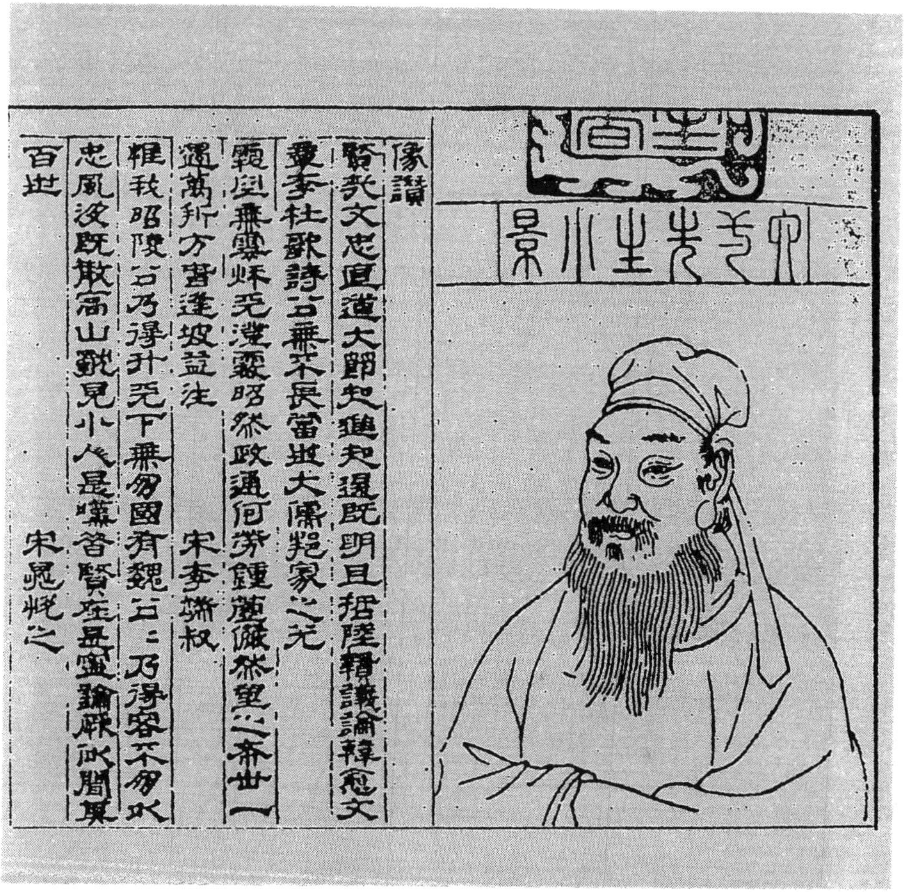


圖三：六一先生小景（見縮印元刊本《歐陽文忠公集》像讚）

圖四：歐陽修像（見《晚笑堂畫傳》）

圖五：歐陽修像（見臺灣河洛圖書出版社
印行的《歐陽修全集》首頁）

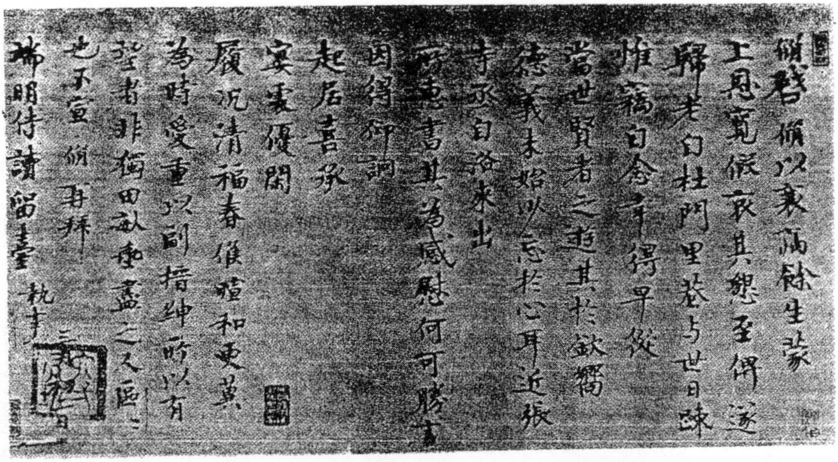

圖六：歐陽修遺墨之一（歐陽修〈復司馬光書〉的手稿）

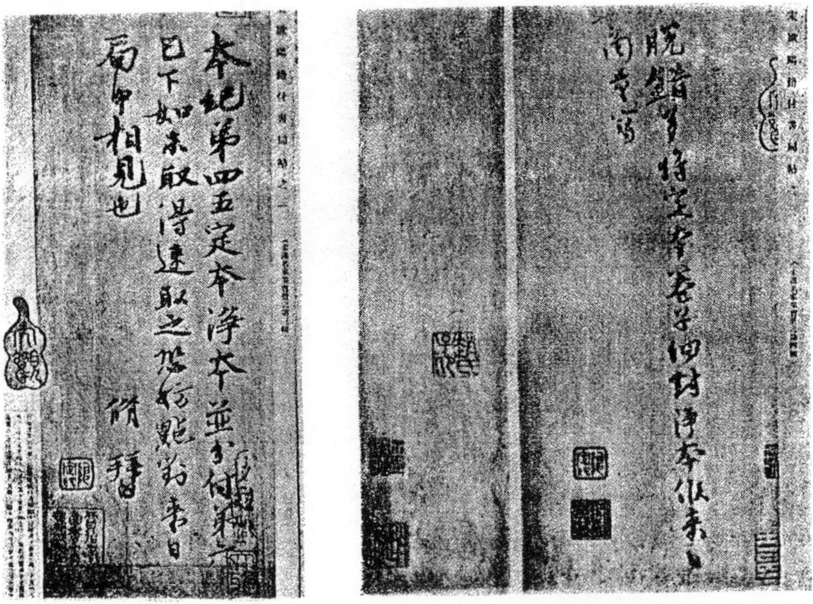

圖七：歐陽修遺墨之二（歐陽修寫《新唐書》時，給書局的書札）。

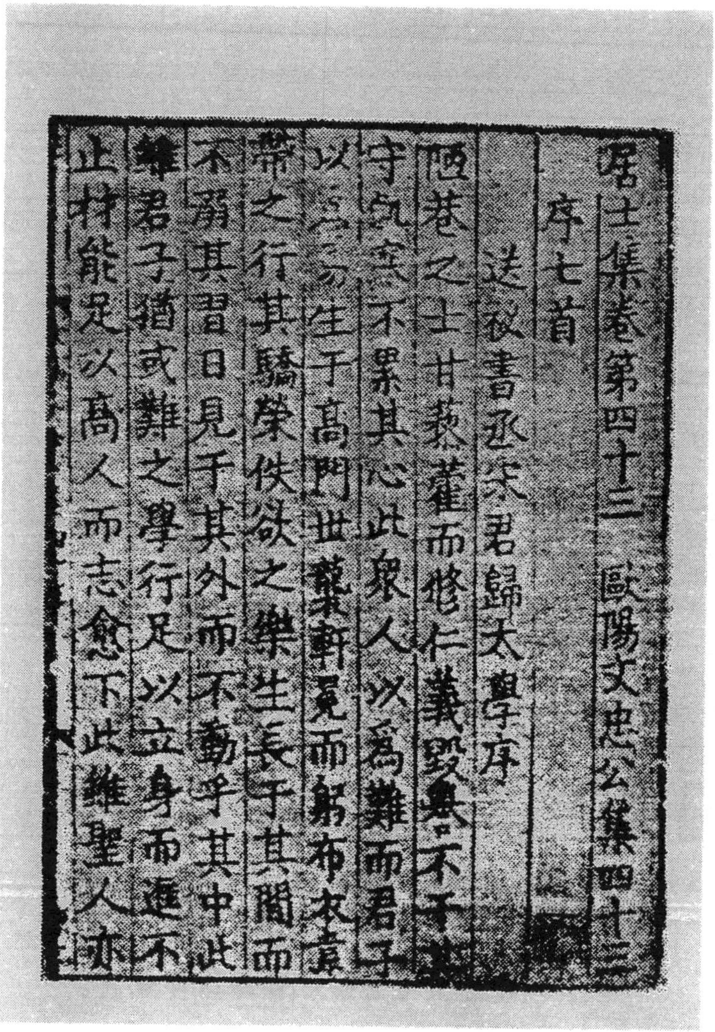

居士集卷第四十三　　歐陽文忠公集四十三

序七首

送祕書丞宋君歸太學序

陋巷之士甘藜藿而修仁義毀譽不干其守飢寒不累其心此衆人以爲難而君子以爲易生于高門世襲軒冕而躬布衣韋帶之行其驕榮佚欲之樂生長于其間而不溺其習日見于其外而不動乎其中此雖君子猶或難之學行足以立身而進不止材能足以高人而志愈下此雖聖人亦

圖八：南宋周必大吉州刊本《歐陽文忠公集》
（現藏國家圖書館）

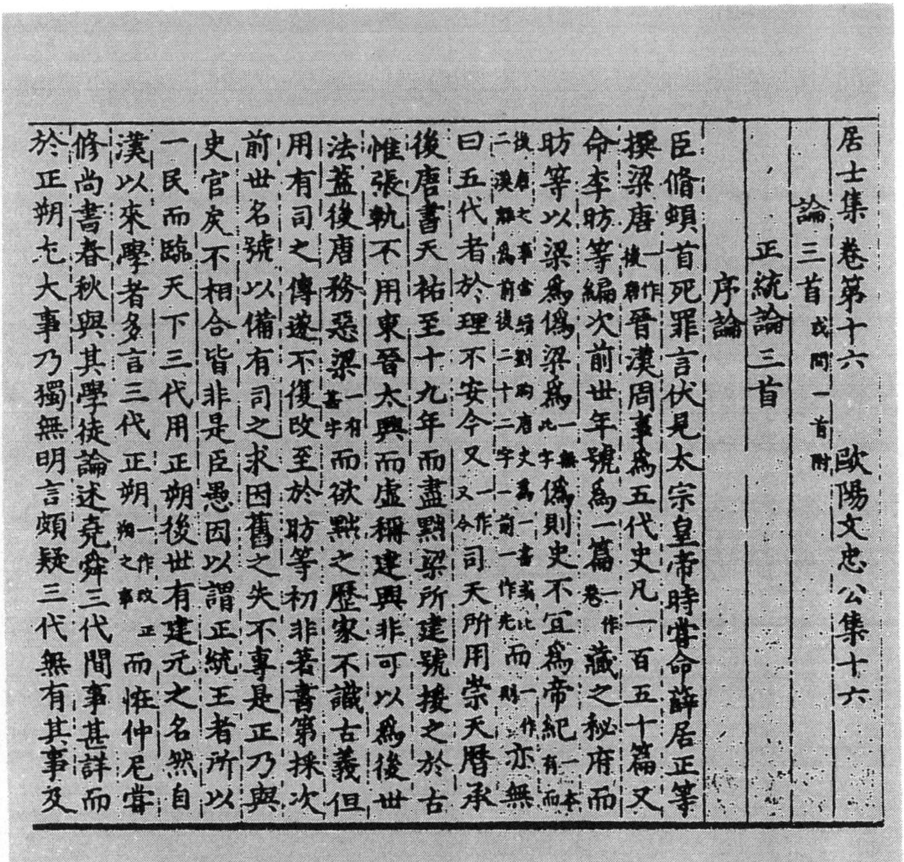

居士集卷第十六　歐陽文忠公集十六

論三首　或問一首附

正統論三首

序論

臣脩頓首死罪言伏見太宗皇帝時嘗命薛居正等撰梁唐（一作後）晉漢周事爲五代史凡一百五十篇又命李昉等編次前世年號爲一篇（一作卷）藏之秘府而昉等以梁爲僞梁爲（一無此字）僞則史不宜爲帝紀（一本有而字）（後唐之事當須劉昫唐史爲一書或比二漢雜爲前後二十二字一前一作先）而（一作則）亦無曰五代者於理不安今又（一作又今）司天所用崇天曆承後唐書天祐至十九年而盡黜梁所建號援之於古惟張軌不用東晉太興而虛稱建興非可以爲後世法蓋後唐務惡梁（一有甚字）而欲黜之歷家不識古義但用有司之傳遂不復改至於昉等初非著書第採次前世名號以備有司之求因舊之失不專是正乃與史官戾不相合皆非是臣愚因以謂正統王者所以一民而臨天下三代用正朔後世有建元之名然自漢以來學者多言三代正朔（一作改正之事）而怪仲尼嘗脩尚書春秋與其學徒論述堯舜三代間事甚詳而於正朔之大事乃獨無明言頗疑三代無有其事及

圖九：縮印元刊本《歐陽文忠公集》
（見臺灣商務印書館四部叢刊）

# 貳、序例

一、歐陽脩不僅是宋代散文六大家之首，並提攜、獎掖了曾、王、三蘇，對後代的散文家，和散文前景的開拓，有著不可磨滅的貢獻。故研究唐宋古文八大家的作品，韓柳以外，於宋不能不首推歐陽脩。

二、歐脩陽天縱英才，各方面均有傑出成就。縱觀其平生作爲：在政治上，他是慶曆革新中的重要骨幹；在軍事上，他反對不修武備，向敵人屈辱投降；在思想上，他主張反求諸己，作爲修本勝佛的手段；在學術上，對經學、史學、金石學、目錄學、以及文學中的詩、詞、散文、筆記、詩話等，無一不是專精獨到，足以享譽當代，傳貽來葉，所以他是一位有膽識、有才學，剛正淸廉，特色獨具的學者兼政治家。

三、歐陽脩在文學方面的成就，以散文爲最著。僅以《歐陽文忠公集》中的〈居士集〉、〈居士外集〉、〈奏議集〉、〈書簡〉及〈表、奏、書、啓、四六集〉，就錄有一千四百餘篇。如果再將〈內制集〉、〈外制集〉、〈于役志〉、〈歸田錄〉、〈詩話〉、〈集古錄跋尾〉等文告滙編，和其他專著如《新唐書》、《新五代史》中的文章，全部加以計算，其數量的龐大、體裁的複雜，眞可謂「文備衆體」，「各極其工」了。

四、本書編輯的目的，在鍼對研究歐陽脩散文不得門徑者，提供投石問路的憑藉，故前附〈書影〉，次列〈導言〉，又次爲〈選讀〉，書末附錄相關資料。使歐陽公的生平言行與選讀之論文映照，這種知人論世，知世論文，彼此生發，相磨相盪的安排，信對初學入門者有所助益。

五、本書對〈書影〉的甄錄有九：前五圖爲歐陽公寫眞，其中有石刻、有手繪、有小景而兼像讚；六、七兩圖，爲歐陽公遺墨，據考歐氏從李北海書悟得筆法，但以己意發揮，形成外若優游，內實剛勁的體貌。八、九圖爲刻本，雖屬稀世珍藏，而在臺尙借閱不難。

六、本書〈導言〉的內容分爲六部分：如〈歐脩陽的家世及其生平〉、〈歐脩陽的思想與人品〉、〈歐陽脩與北宋詩文革新運動〉、〈歐脩陽在學術上的研究和貢獻〉、〈歐脩陽的散文藝術〉、〈歐陽脩在散文上的成就〉等。其內容大抵是以「散文」爲主軸，然後由生平事迹，到散文上的成就，分項鋪陳，突出重點，並擇要析論，以達執簡馭繁的理想。

七、本書〈選讀〉的作品，分爲議論文、記敍文、贈序文、碑祭文和其他雜文五類。各類之中，最多者五篇，最少者三篇，總計二十一篇，如以此戔戔之數，與歐陽脩全部散文相較，雖然微不足道，如讀者能以此爲基礎，熟讀精思，再擴大其郛廓，久而久之，自能收擧一反三之效。

八、本書選文，大抵依據四部叢刊本，遇有是非兩可，難以決定時，又參考河洛本與坊間俗本，於推敲上下文義後，擇善而從。在題解、注釋、賞析各方面，有相當成分的說法，是就前人和今人的研究成果，去蕪存菁後改寫而成。其中如有文不愜意，理有未當，要皆出於編者的失誤。

九、本書在編輯期間，雖然根據舊談新論，多所折衷，但由於才識所限，其間掛漏，信不能免，尚祈同道諸君，賜我教言，作爲再版修訂之參考。

王更生　書於民國八十四年國慶前夕，大陸來臺之第四十六年也。

# 叁、導　言

## 一、歐陽脩的家世及其生平

### ㈠　前言

在我國學術史上，北宋的歐陽脩是開一代風氣的人物。他成長過程艱苦，參與的政治活動多，經歷的事情很曲折，學術研究的層面又很廣泛，無論經學、史學、文字、金石學、目錄學等，均有卓越的創發。其中尤以文學的成就最高，可以說他是繼承唐代古文運動後，而有所創新的北宋文壇盟主，影響深遠。以下根據劉德清《歐陽脩論稿》一書的說法，再旁參他籍，成〈歐陽脩的家世及其生平〉。

### ㈡　歐陽脩的籍貫

由林逸《宋歐陽文忠公脩年譜》及本書所附《歐陽脩簡譜》，知歐陽公生於綿州（今四川綿陽），長於隨州，（今湖北隨縣），歷官在兩京（今河南開封、洛陽），出任地方官也多在江北，晚年致仕，定居潁州（今安徽阜陽），死後葬於河南新鄭；然而，他的祖籍却是吉州廬陵郡永豐縣沙溪鎮。生平撰文著書，多自署「廬陵歐陽脩」，晚年，他又親自考訂譜系，撰成《歐陽氏譜圖》，連同精心改寫的

〈瀧岡阡表〉一併刻於碑石，樹立在祖墳之前。

按說，歐陽脩的籍貫無可爭辯。然而，自明清以來，在歐陽脩故鄉彼此毗鄰的三縣地區——永豐、吉安、吉水，爲了歐陽脩的祖籍問題，不時發生爭執，甚至釀成訴訟。

歐陽脩的祖籍，無庸置疑，是永豐縣沙溪鎭，不但他本人在〈歐陽氏譜圖序〉裡有明確說明，而且還見於同時代多種歷史文獻：如吳充〈歐陽公行狀〉、韓琦〈歐陽公墓誌銘〉以及《神宗實錄》本傳，《重修實錄》本傳等。此外，在宋人楊萬里、文天祥，元人吳澄、揭傒斯，明人鄒守益、茅坤等人的著述中，都有「永豐六一先生」的稱述。其所以發生問題，在於宋仁宗至和二年（西元一〇五五年），沙溪歸屬永豐，可是在後來歐陽脩著述中自敍本籍時，依然稱廬陵，絕少提永豐的原因，據推想大致有以下二端：

一、在歐陽脩心目中，廬陵是他的祖籍，永豐縣是他的遷居地，故仍然以祖籍地爲籍貫。

二、在歐陽脩筆下，「廬陵」只是廬陵郡的簡稱，並不是特指廬陵縣。古代的「廬陵」，既是縣名，又是郡稱。所以在有宋一代，吉州下屬各縣邑，如廬陵、吉水、永豐、泰和、安福、萬安、永新等縣的文人學士，都習慣以廬陵署其籍貫，歐陽公之稱廬陵者，也基於這個原因。

由此看來，吉州永豐人歐陽脩。以廬陵郡或廬陵縣署其籍貫，是無可非議的。但是，後人如果依據他的廬陵的稱謂，便否定他是吉州永豐人，則又大謬不然。

劉德清著《歐陽脩論稿》書中第二章第一節，曾對歐陽脩的籍貫，和江西對這方面文獻保存的情形，有過實際的調查和考證，據說：「歐陽脩籍屬永豐縣沙溪鎭，有永豐及沙溪大量歷史文物作證。在永豐縣城恩江鎮小西門外的葛溪上，原有一座橫跨溪流的三拱古石橋，它始建於宋高宗紹興四年（西元一一三四年），自古稱作『六一橋』，以歐陽脩『六一居士』的自號命名。它歷經宋元明清各朝代，屢經修葺，保存至今。民國四十六年（西元一九五七年），永豐縣政府將它改建成鋼筋混凝土建築，仍以『六一橋』見稱。」

又說：「在沙溪鎮，歐陽脩生前，已經有了享負盛名的西陽宮，西陽宮座落在鎮西南二公里處的磨盤山西麓，北瀕瀧江水，宋人畢仲游作有〈代歐陽考功撰西陽宮記〉。」這裏所謂的「歐陽考功」即歐陽脩第三子歐陽棐，當時任吏部考功員外郎。西陽宮卽爲歐陽脩生前託付看守父母墳塋的道觀。

劉氏經過一番推考後，得出結論說：「由此可見，自古以來，人們將『西陽宮』、『歐陽文忠公祠』、『瀧岡阡表亭』視爲西陽宮建築羣。如今西陽宮已經無存，只剩下一座高大的牌樓，牌樓中央月形拱門上方嵌刻『西陽宮』的斗字石匾。宮右的『歐陽文忠公祠』建於南宋淳熙以前，楊萬里《誠齋集》卷七十二載有〈沙溪六一先生祠堂記〉。它歷經八百餘年，屢圮屢葺，至今保存。祠左的『瀧岡阡表亭』始建於宋代。今存的碑亭是一座三層樓閣式建築，雕樑畫棟，飛檐凌空，顯得雄偉壯觀。碑堂正廳竪有『瀧岡阡表碑』，正面鐫刻〈瀧岡阡表〉，碑陰刻銘〈歐陽氏世次表〉。大陸解放以後，該縣人民政府兩次重修『瀧岡阡表碑亭』，並於民國四十六年（西元一九五七年）列入江西省文物保護單位。」尤其他拿歐陽脩祖墳的建築羣爲證，說明歐陽脩的祖籍，應是江西吉州廬陵郡永豐縣的沙溪鎮。他以堅決的語氣說：「西陽宮南面一里許，鳳凰山腰蟠龍形與之遙遙相望，這裏有歐陽脩父母合葬墓，和胥、楊二夫人墳塋，皇祐五年（西元一〇五三年）八月，歐陽脩扶亡母靈柩南下歸葬於此，並將自己早年病逝的胥、楊二夫人同時祔葬。這些墓塋羣至今保存完好。它與西陽宮建築羣一道，成了歐陽脩籍貫地最見雄辯力的歷史見證。」

## (三) 歐陽脩的家世

在〈歐陽氏譜圖序〉中，歐陽脩曾自敍祖先遷徙與世次，云：「歐陽氏之先，本出於夏禹氏之苗裔。……當漢之初，有仕爲涿郡太守者，子孫遂居於北。……渤海之顯者，曰（歐陽）建，字堅石，所謂渤海赫赫歐陽堅石者是也。建遇趙王（司馬）倫之亂，見殺。其兄子質，以其族南奔，居於長沙，其七世孫曰景達，仕於齊，不顯，至其孫頠，頠子紇，仕於陳，紇子詢，詢子通，仕於唐，四世有聞，遂顯。自通三世生琮，爲吉州刺史，子孫因家於吉州。自琮八世生萬，又爲吉州安福令。其後世，或居安福，或居廬陵，或居吉水，而脩之皇祖，始居沙溪。」

清人解文炯〈歐陽文忠公世系籍里考〉雖然對〈圖序〉稍有補正，但是却得到一致的結論，那就是肯定歐陽脩出自沙溪鎭；而沙溪歐陽氏，徙自廬陵縣，廬陵歐陽氏，來自長沙郡；長沙歐陽氏，源出冀州渤海郡。唐代歐陽琮、歐陽萬是廬陵歐陽氏的先祖。歐陽脩是「安福府君」歐陽萬的九世孫。

按照歐陽脩自撰的《歐陽氏譜圖》，知歐陽脩的高祖歐陽托，係歐陽效次子。其父曾任韶州韶陽主簿，本人隱居不仕，在鄉閭頗負聲望。他的曾祖歐陽郴，仕於南唐，齡德俱尊，馳譽鄉里，祖父歐陽偃，在同門八兄弟中排行第六，曾經以才學入仕，可惜及壯而亡，未能有所建樹。歐陽脩四歲喪父，他在〈先君墓表〉裏，稱父親「享年五十九」，可見歐陽脩是父親的晚年得子。

歐陽脩的父親歐陽觀，是歐陽偃的長子，字仲賓，〈先君墓表〉中說他「少孤力學」，宋眞宗咸平三年（西元一〇〇〇年）進士及第，授道州（今湖南道縣）判官，遷泗州（今江蘇盱眙東北）、綿州推官，終於泰州（今江蘇泰縣）判官，享年五十九，歸葬永豐沙溪瀧岡。歐陽脩作〈瀧岡阡表〉，曾從母親口中得知其父心地厚道，天性仁孝，居官清廉，樂善好施。龍兗《江南別錄・歐陽觀傳》，贊頌歐陽觀「少有辭學，應數擧，屢階魁薦」。爲人剛正不阿；他被調離泗州推官職務，就是因爲得罪了負有檢察地方官吏職權的轉運使。他的母親鄭氏夫人，出身江南名門，二十九歲失夫守寡，扶孤成立，對歐陽脩的成人成才，有密切關係。歐陽脩〈瀧岡阡表〉云：

脩不幸，生四歲而孤。太夫人守節自誓，居窮，自力於衣食，以長以教，俾至於成人。

又稱頌其母爲人恭儉仁愛而有禮，甘守儉樸家風，鼓勵兒子堅守氣節，不茍世俗，云：

（太夫人）自其家少微時，治其家以儉約，其後常不使過之，曰：「吾兒不能苟合於世，儉薄所以居患難也。」其後，脩貶夷陵，太夫人言笑自若，曰：「汝家故貧賤也，吾處之有素矣；汝能安之，吾亦安矣。」

鄭氏夫人於皇祐四年（西元一〇五二年）三月十七日病逝，享年七十有二，次年八月，歸葬於吉州永豐沙溪，與其夫歐陽觀合葬在一起。

歐陽脩有兩位叔父，二叔叫歐陽旦，三叔歐陽曄，字日華。歐陽脩幼少時期，除得母親教誨外，還受三叔的教導。宋人程大昌《續演繁露》卷六說：「歐陽曄，文忠之叔也，乃教文忠讀書者。」宋人王栐《燕翼詒謀錄》卷四也說：「歐陽脩少孤，其叔父教之學。」對於三叔的養育教誨之恩，歐陽脩沒齒不忘。他在〈祭叔父文〉中說：「昔官夷陵，有罪之罰；今位於朝，而參諫列。榮辱雖異，實皆羈紲，使脩哭不及喪而葬不臨穴。孩童孤艱，哺養提挈。昊天之報，於義何缺？唯其報者，庶幾大節。」眞摯地表達了對三叔感恩不盡和沈痛哀悼的心情。

至於歐陽脩的婚姻生活，根據記載，他曾經先後三次娶妻。第一次是宋仁宗天聖九年（西元一〇三一年）歐陽脩二十五歲，娶胥偃的女兒爲妻。婚後，夫妻恩愛，伉儷情深。不幸的是，兩年後胥氏卽因病去世，年方十七歲。徐無黨遵歐陽脩之命撰寫的〈胥氏夫人墓誌銘〉稱「胥氏女旣賢，又習安其所見，故去其父母而歸其夫，不知其家之貧；去其姆傅而事其姑，不知爲婦之勞。」歐陽脩也以深厚的情辭寫作了〈綠竹堂獨飲〉詩和〈述夢賦〉等作品，表達對胥夫人病逝的悲哀與悼念。

第二次是在宋仁宗景祐元年（西元一〇三四年）再娶諫議大夫集賢院學士楊大雅的女兒。不幸，次年九月，楊夫人也染病身亡，年僅十八。歐陽脩和楊夫人也是恩愛情深。門人焦千之爲撰〈楊氏夫人墓誌銘〉，盛稱楊夫人通情達理，儉樸孝勤。歐陽脩撰寫墓志銘，也稱贊他岳父「以勤儉治其家，教子弟，和宗族，皆有法」，字裏行間隱含對楊夫人的懷念與稱頌。

第三次是在宋仁宗景祐四年（西元一〇三七年）三月，歐陽脩再娶戶部侍郎薛奎第四女爲妻。薛夫人溫莊知禮，持家嚴謹，是歐陽脩的賢內助。蘇轍〈歐陽文忠公夫人薛氏墓誌銘〉云：「夫人高明清正而敏於事，有父母之風；及歸於歐陽氏，治其家事。文忠所以得盡力於朝，而不恤其私者，夫人之力也。」又說：「文忠平生不事家產，事決於夫人，率常有法。」薛夫人於宋哲宗元祐四年（西元一〇八九年）八月，壽終於京師，享年七十有三。同年十一月，祔葬於河南新鄭縣旌賢鄉劉村歐陽脩墓塋旁。

歐陽脩四子：發、奕、棐、辯，皆薛夫人所生。

歐陽脩長子歐陽發，字伯和，生於宋仁宗康定元年（西元一〇四〇年）。《宋史》本傳說他：

> 少好學，師事安定胡瑗，得古樂鍾律之說，不治科舉文詞，獨探古始立論議。自書契來，君臣世系，制度文物，旁及天文、地理，靡不悉究。以父恩，補將作監主簿，賜進士出身，累遷殿中丞。卒年四十六。

次子歐陽奕，字仲純，生於宋仁宗慶曆五年（西元一〇四五年）。爲人聰穎質敏，剛正豪爽，宋人周必大〈跋歐陽文忠公誨學帖〉說他：

> 奕，字仲純，胡文恭（胡宿）婿。性倜儻，文章豪放，尤長于詩。……惜乎！得年才三十四，位不及美顯。然熙寧末鄭俠得罪，凡通問者皆獲譴，仲純獨傾貲送之。其大節如此。

三子歐陽棐，字叔弼，生於宋仁宗慶曆七年（西元一〇四七年），卒於宋徽宗政和三年（西元一一一三年）享年六十七。《宋史》本傳說他：「廣覽强記，能文詞」，「用蔭，爲秘書正字，登進士乙科。……累遷職方員外郎，知襄州。」並記載生平事迹，稱歐陽棐秉公執法，不畏强暴。

四子歐陽辯，字季默，生於宋仁宗皇祐元年（西元一〇四九年）。生平事迹不甚詳。王安石《臨川集》卷五十二〈外制〉載其初入仕途時，因父蔭，授太常寺太祝。畢仲游《西臺集》卷十八〈次韻和歐陽季默觀書記事之什〉，稱贊他懷才居窮，有安貧樂道的美德。

根據蘇轍〈歐陽文忠公夫人薛氏墓志銘〉的記載，在薛夫人逝世之際，有孫兒六人：即歐陽愻，陝州司戶參軍；歐陽憲，任渭州豐城縣主簿；歐陽恕，任雄州防禦推官，監西京左藏庫；歐陽愬、歐陽愿、歐陽懋，並爲假承務郎。有孫女七人，曾孫二人。在歐陽脩諸孫中，名聲彰著者是歐陽辯的兒子歐陽懋。關於歐陽懋的生平事蹟，見於王銖撰寫的〈歐陽懋墓志銘〉。

## (四)　歐陽脩的生平

歐陽脩一生，以宋仁宗慶曆五年（西元一〇四五年）八月貶知滁州（今安徽滁縣）爲界，劃分爲前後兩期。前期大致可以分成三個階段：卽青少年時期，初入仕途時期，慶曆新政時期；後期也可分成三個階段：卽十年輾轉時期，重返朝廷時期和求退致仕時期。

**1. 貧困的青少年時期：**

宋眞宗景德四年（西元一〇〇七年）六月二十一日，歐陽脩出生在綿州。父親歐陽觀當時擔任綿州軍事推官。四歲時，父親移監泰州軍事判官，不久卒於任上。當時，母親鄭氏夫人年方二十九歲，安葬丈夫之後，她扶兒携女，前往隨州投靠歐陽脩的三叔，時任隨州推官的歐陽曄。五歲至二十二歲，歐陽脩生活在長期貧困之中，幼年的啓蒙教育，主要依靠母親，歐陽發〈先公事迹〉說：

> 先公四歲而孤。家貧無資，太夫人以荻畫地，教以書字，多誦古人篇章，使學以為詩。

此卽所謂「畫荻學書」，給後世留下良母之典範，而歐陽脩天資聰穎，讀書過目不忘，及稍長，求知慾亦愈高，遂向鄰居藏書之家借閱苦讀，增廣見聞。當時，隨州城南有一家藏書豐富的李氏大族，歐陽脩與李家公子堯輔爲總角交，歐陽脩常去李家東園玩耍。並向李家借書抄讀。他刻苦自勵，廢寢忘食，又加天資敏悟，往往書不待抄完，已能成誦。少年習作詩賦文章，文筆老練，有如成人。

十歲時，歐陽脩讀韓愈古文。他在〈記舊本韓文後〉說：

余少家漢東。漢東僻陋，無學者；吾家又貧，無藏書。州南有大姓李氏者，其子堯輔頗好學，余為兒童時多游其家。見有敝筐貯故書在壁間，發而視之，得唐《昌黎先生文集》六卷，脫落顛倒無次序。因乞李氏以歸，讀之，見其言深厚而雄博。然余猶少，未能悉究其義，徒見其浩然無涯若可愛。

少年時期的歐陽脩，雖不能完全讀懂韓愈古文，但却被它那博厚精深的內容，汪洋宏肆的氣勢所吸引，從而深深地愛上了它。這爲日後北宋古文運動播下了種子。

宋仁宗天聖元年（西元一〇二三年），歐陽脩十七歲，首次參加隨州州試，因爲賦試脫逸了官韵，遭到黜落。三年後，他通過了隨州州試，接著參加天聖五年（西元一〇二七年）春季的禮部貢舉，結果沒有考中。

天聖六年（西元一〇二八年），歐陽脩精心寫作〈上胥學士偃啓〉，並以此爲贄，赴漢陽拜謁聞名當世的翰林學士胥偃，獲得賞識，被留置門下，給予認眞的指導。次年，歐陽脩參加國子監考試，名獲第一，補爲廣文館生。秋季，赴國學解試，再獲第一。

天聖八年（西元一〇三〇年）正月，歐陽脩參加由翰林學士晏殊主持的禮部貢舉，又名列第一。三月，參加崇政殿御前複試，中甲科第十四名進士。五月，他被授於西京（今河南洛陽）留守推官，從此開始了他的從政生涯。

### 2. 琢磨文思的初仕時期

天聖九年（西元一〇三一年）三月，歐陽脩來西京洛陽就職。當時西京留守長官錢惟演，喜文愛才，是「西崑派」首領之一。他的幕府裏萃集了一批文人名士，歐陽脩在這裏結識了不少朋友，其中關係最密切的有梅堯臣（聖俞），和尹洙（師魯）。堯臣工詩歌，尹洙擅古文。此外，還有謝絳（希深）、蘇舜欽（子美）、尹源（子漸）、富弼（彥國）、王復（幾道）、楊愈（子聰）、張先（子野）等人，他們常在一起切磋琢磨，共進文思，獲益非淺。

從這個時期開始，歐陽脩開始拋棄四六，轉而習作古文。他說：「今世人所謂四六者，非脩所好。少爲進士時，不免作之。自及第，遂棄不復作。在西京佐三相幕府，於職當作，亦不爲作。」又說：「舉進士及第，官於洛陽，而尹師魯之徒皆在，遂相與作爲古文。」這段生活，是歐陽脩從政生涯的肇始，也是他涉足文學的起步。

歐陽脩擔任的西京推官，只是負責管理文籍，參謀意見，是個閑散之官。他大部份時間花在飲酒宴樂、賦詩作文上。他曾兩次遊覽嵩岳，攀躋龍門，泛舟伊水，夜宿廣化寺。

宋仁宗明道二年（西元一〇三三年）四月，仁宗醞釀朝政改革，任范仲淹爲右司諫，歐陽脩認爲諫官的任務，身「繫天下之事，亦任天下之責」，「非材且賢者不能爲也」。於是，他給范仲淹寫了一封信，勉勵范「思天子所以見用之意，懼君子百世之譏，一陳昌言，以塞重望。」由此結識了范仲淹，並投身朝政改革事業。

宋仁宗景祐元年（西元一〇三四年）三月，歐陽脩西京推官任滿。五月，回京師爲館閣校勘，參與《崇文總目》編纂。

景祐三年（西元一〇三六年），任吏部員外郎，權知開封府的范仲淹與宰相呂夷簡之間發生激烈衝突。范仲淹譏切時弊，指責呂夷簡敗壞宋朝家法。呂夷簡則以「越職言事，離間君臣，引用朋黨」的罪名，將范仲淹貶知饒州（今江西波陽），並通過朝廷「以仲淹朋黨榜朝堂，戒百官不得越職言事」。當時，身爲司諫的高若訥，曲從宰相旨意，不但不替范仲淹辯白，反而私下詆毀他。歐陽脩「發於極憤」而寫下著名的〈與高司諫書〉，責高若訥「不復知人間有羞恥事」。高若訥持信向朝廷控告，結果，歐陽脩被貶爲峽州夷陵縣令。夷陵倚山瀕江，是峽州的州治。峽州是小州，夷陵爲下縣，地僻而貧，民俗儉陋。唯一值得慶幸的是，知府朱慶基乃歐陽脩舊交。歐陽脩在夷陵，自稱「居閑僻處，日知講道而已」；又說「夷陵風俗樸野，少盜爭。而令之日食，有稻有魚，又有桔柚茶笋四時之味，江山美秀，邑居繕完，無不可愛。是非唯有罪者之可以忘其憂，而凡爲吏者，莫不始來而不樂，既至而後喜也。」公餘之暇，潛心寫作《新五代史》，整日無憂無慮，逍遙自得。

景祐四年（西元一〇三七年）十二月，歐陽脩調任乾德（今湖北光化）縣令，翌年三月到任視事。寶元二年（西元一〇三九年）六月，被起復舊官，權武成軍節度判官廳公事，次年春季至滑州（今河南滑縣）上任。就在這幾年裏，西部邊境形勢日漸惡化，西夏李元昊改制稱帝，不斷滋事擾邊，宋軍一敗塗地。仁宗在軍事慘敗，國家危難的形勢之下，被迫走上改革求存的道路。提升范仲淹爲陝西經略安撫副使。同年六月，歐陽脩被召還京師，官集賢校理，出任滑州通判。

### 3. 參與政改的慶曆時期

宋仁宗慶曆三年（西元一〇四三年）二月，歐陽脩以太常丞知諫院，十月，又以右正言知制誥，負責草擬皇帝詔令，進入文學侍從行列。慶曆二年（西元一〇四二年）五月，他的〈准詔言事上書〉，把北宋王朝貧弱的政治、經濟、軍事形勢，概括爲「三弊」（不愼號令，不明賞罰，不責功實）「五事」（兵、將、財用、御戎之策、可任之臣），請求仁宗改弦更張，刷新朝政，不久，他又撰寫〈本論〉，針對宋初以來的百年積弊，闡發「治本之論」，其中特別强調「任賢」，是刷新朝政的關鍵。

歐陽脩知諫院後，先後推薦余靖、王素、蔡襄任諫官。不久，杜衍出任樞密使，韓琦、富弼擔任樞密副使。樞密院、諫院全由改革派控制。范仲淹任參知政事，掌握中書省實權。改革派大權在握，新政運動隨之蓬勃興起。

歐陽脩深知宋仁宗是在內外交困中，被迫走上改革之路，所以朝政改革的成功，端視仁宗的支持程度以爲斷。爲了解除仁宗心頭的疑慮和隱憂，歐陽脩寫了〈朋黨論〉，指出「朋黨」是「自然」之理，人君應該「退小人之僞朋，用君子之眞朋」，反擊守舊派喧囂不息的朋黨說，爲大膽進用改革派提供理論依據。

呂夷簡是當時守舊派的領袖，他先後三次出任宰相，當國最久，深受仁宗信任，實施新政時，他雖已罷相改仕，却繼續對仁宗施加影響，干擾新政。

在慶曆新政中，歐陽脩踔厲風發，奮不顧身，被守舊派視爲眼中釘。他們在仁宗面前百般挑撥，肆意誹謗。慶曆四年（西元一〇四四年）四月，歐陽脩終於被擠出朝廷，派往河東路（治太原，轄境包括今山西中部、陝西東北部），考察廢除麟州以及民間私鑄鐵錢，官府自煉熟礬的利弊得失。同年六月，范仲淹面對守舊派的百端攻擊和仁宗的種種疑忌，決定自行引退，離京出任陝西、河東路宣撫使。隨後，富弼也離京「宣撫」河北。歐陽脩七月回京，八月又出任河北（路名，治大名府，轄境包括今河北南部、河南、山東北部）都轉運按察使。翌年初，范、杜、韓、富等先後被宣布「罷政」，改革措施隨被取消，新政完全歸於失敗。而歐陽脩亦因守舊派所羅織的「張甥案」，左遷知制法，外放滁州。

### 4. 風波不斷的貶謫時期

這是歐陽脩第二次遭受貶謫。離開京師之後，他知滁州兩年半，知揚州一年，知潁州一年半，知應天府兼南京留守司事近兩年。皇祐四年（西元一〇五二年）回潁州守母喪，一直到至和元年（西元一〇五四年）除喪服，才重返京師，其間時近十年，輾轉四方。對這段不平凡的歲月，歐陽脩稱之爲「十年困風波，九死出檻欄」。

慶曆五年（西元一〇四五年）十月，歐陽脩來到滁州上任。滁州，位於長江、淮河之間，地僻俗淳，山高水美，在這裏，他盡心民事，實施寬簡政事，公餘之暇，優遊山水，寄情風月，過着安閒自適的生活。他的〈醉翁亭記〉、〈豐樂亭記〉，都是這個時候的傑作。

宋仁宗慶曆八年（西元一〇四八年）二月，歐陽脩移知揚州，揚州是宋代江淮重鎭，江南商業貿易中心。到職之後，堅守寬簡政治，不興事，不擾民，以鎭靜爲本，雖無赫赫聲譽，却政績顯着，深受郡人歡迎。惟政務繁忙，不勝其煩，又因慈母垂老，羸病懨懨，導致「雙眼腫痛如割」，於是他以眼疾爲理由，自請移知潁州小郡。

皇祐元年（西元一〇四九年）二月，歐陽脩來到潁州。從此，他與潁州結下不解之緣。潁州，舊稱汝陽，位居潁水、淮河之間。州城西郊有號稱「十頃碧琉璃」的西湖，水闊鷺飛，蓮荷吐芳，是個引人入勝的風景地。於是慨然萌發致仕後家居潁州，終老西湖的念頭。次年，他決計要在潁州西湖邊買田建屋，並贈詩梅堯臣，邀請他「行當買田清潁上，與子相伴把鋤犂」。

皇祐二年（西元一〇五〇年），七月，歐陽脩改知應天府兼南京留守司事。這個時期的歐陽脩，依然堅信慶曆新政的正義性，並沒有改變或動搖朝政改革的信念，對守舊派的倒行逆施，對改革者的慘遭迫害，心中憤憤不平。然而，這些年的殘酷現實，使他深刻領略到朝政改革的艱難。

皇祐四年（西元一〇五二年）三月，鄭氏夫人病逝。歐陽脩按例離職回潁州守喪。次年八月，他扶護母喪歸葬吉州永豐沙溪，當年冬天重返潁州守制。

### 5. 宦途順遂重返朝廷的時期

宋仁宗至和元年（西元一〇五四年）五月，歐陽脩守喪期滿，奉詔返京，經過一番曲折，留在京師，參與纂修《唐書》。不久，又提升爲翰林侍讀學士，集賢殿修撰。

至和二年（西元一〇五五年）冬天，遼興宗耶律宗眞去逝，新主道宗耶律洪基登位，歐陽脩奉派出使遼國，遼道宗打破慣例，讓皇叔等四位貴臣「押宴」作陪，表示對宋朝的禮遇和對歐陽脩的尊重。

宋仁宗嘉祐二年（西元一〇五七年），歐陽脩知禮部貢舉。當時的文壇「西崑體」的四六時文仍在流行，而士子們盛行一種由「慶曆正學」發展而來的艱澀怪僻的「太學體」古文，此時歐陽脩不顧社會壓力，決心運用行政手段，痛抑這兩種不良文風，提倡平易自然的古文，革除科場積弊，以便合理而有效地選拔人才。這次的科學改革，引起守舊派羣起反對，甚至釀成街頭鬧事風波。

嘉祐五年（西元一〇六〇年）七月，歐陽脩等修成《新唐書》奏上，推恩賞轉禮部侍郎，從此官運亨通；同年九月，兼翰林侍讀學士，十一月以禮部侍郎拜樞密副使；次年閏八月，轉戶部侍郎拜參知政事，進封開國公；嘉祐七年（西元一〇六二年）九月，進階正奉大夫，加柱國；嘉祐八年（西元一〇六三年）四月，進階金紫光祿大夫；治平二年（西元一〇六五年）十一月，進階光祿大夫，加上柱國。隨着歲月遭遞，到年逾花甲時，歐陽脩成了官高爵顯的朝廷勛貴。

這個時期的歐陽脩，依然像慶曆年間那樣主張改革朝政，堅持「慶曆新政」中的一些主張。在選才任人方面，他堅持抑制權貴，擢拔寒俊，提出堵塞濫源，克服冗吏的具體措施。在朝政設施方面，歐陽脩堅持革除宿弊，健全制度。針對當時「兩制」中沒有定員的現象，提議「自觀文殿大學士至待制，並各定員數，遇有員缺，則精擇賢材，以充其選，苟無其人，尚可虛位以待」。至於景祐以來，朝廷詔令未加滙編，漸成散失的現狀，建議設立學士院草詔存案制度，盡力保存當代史料。在社會民生方面，歐陽脩堅持體恤民情，爲民請命。嘉祐四年（西元一〇五九年）正月，他鑒於立春以來陰寒雨雪，貧民凍餓而死者甚多，請求罷放上元燈火，以表示「畏天憂民之心」。同年奏呈，針對開鑿孟陽新河中挖掘民墳，砍伐桑棗，毀拆民房等行爲，替村民鳴寃訴苦，呼籲朝廷妥當處置。

正當歐陽脩在政治上開拓新局的時候，朝廷發生了「濮議」之爭。作爲仁宗繼子的英宗趙曙卽位後，圍繞如何確立對其生父濮安懿王趙允讓的稱呼，引發了一場風波。以今天的眼光看來，實在迂闊不經，毫無意義。但是，在當時却是頭等大事。當時，歐陽脩引經據典，認爲英宗應該稱生父爲「皇考」，御史呂誨等認爲應該稱「皇伯」，雙方互相攻訐，詆毀歐陽脩「首開邪議」。大概是因爲歐陽脩在慶年間以諫官身份首開言路，形成所謂的「諫官之橫」，晚年易地而居，自己成了宰輔大臣，因而成了衆人攻擊的目標。這場「濮議之爭」，當時士大夫公開表態支持歐陽脩觀點的，只有曾鞏、劉敞等少數人。

### 6. 爲保晚節的退隱時期

當「濮議」之爭剛收場，歐陽脩又被捲入另一場風波，所謂「長媳案」。他自稱「風波卒然起，禍患藏不測」。事起治平四年（西元一〇六七年）二月，御史蔣之奇，中丞彭思永，誣蔑歐陽脩「帷薄不修」，與長媳吳氏關係曖昧。葉濤《重修實錄》本傳記載案訟由來時，是這樣說的：

> 先是，脩妻之從弟薛宗儒坐擧官被劾，內翼會赦免，而脩乃言：「不可以臣故僥倖」，乞特不原。以故宗儒坐免官，而怨脩切齒，因構為無根之言，苟欲以汙辱脩。會劉瑾亦素仇家，乃騰其謗以語中丞彭思永，思永間以語之奇。之奇始以私議濮王事與修合，而脩特薦為御史，時方患衆論指目為奸邪，及得此，因亟持以自解。

可見本案興起，完全出於歐陽脩秉公執法，不徇私情，因而獲罪姻親薛宗儒，加之仇家劉瑾推波助瀾，以及蔣之奇急於自我洗刷，恩將仇報，於是釀成此一奇冤。案情經由朝廷查核，證明純屬「誣罔」。宋神宗兩次降詔安慰歐陽脩，彭思永、蔣之奇等人也因此遭貶。可是身爲宰輔，又是一代儒宗的歐陽脩，蒙此奇恥大辱，遂決意隱退，以全晚節，於是先懇求外任。治平四年（西元一〇六七年）三月，他終於自罷參政，出知亳州（今安徽亳縣）。

他在亳州隨筆記錄史官不載的朝廷遺事、社會風情以及士大夫軼聞趣事，命名爲《歸田錄》，其寫作此書的旨趣，在乞身於朝，退避榮寵，優遊田畝，盡其天年，故「歸田」，已成了他一心追求的生活目標。因此，在他赴任亳州途中，事先請求「枉道過潁」，擴建房舍，安排退路，在亳州任上，他連上五表，自陳衰病，乞求致仕，神宗五降詔書，不賜恩准，反而在熙寧元年（西元一〇六八年）八月，讓歐陽脩轉兵部尚書改知青州（今山東益都），並充任京東東路安撫使。

到青州上任的第二年，王安石出爲參知政事，實施「熙寧新法」，當年七月頒行「均輸法」，九月發布「青苗法」，十一月頒布「農田水利法」，其來勢之迅猛，聲勢之浩大，震驚了滿朝文武大臣，引起一場論辯風潮。歐陽脩在青州任上，歲豐事簡，他冷靜旁觀，不加可否，可是這場變法竟波及到他所管轄的京東東路。他目睹青苗法實施中的一些弊端，於是連上兩封札子，沒等朝廷批復，就擅自吩咐本路諸州軍暫停發放，結果受到朝廷詰責。

熙寧三年（西元一〇七〇年）四月，朝廷任命歐陽脩爲檢校太保宣徽南院使，判太原府，河東路經略安撫使，兼幷、代、澤、潞、麟、府、嵐、石路兵馬都總管。歐陽脩深知自己的政治理想與王安石的變法主張距離較遠，方法分歧很大。因此，他六次上書，懇請辭命。神宗見他在實在無意仕途，也就不再勉强他，讓他改知蔡州（今河南汝南）。

熙寧三年九月，歐陽脩來到蔡州，這裏離潁州不遠，朝着歸老致仕的目標又邁進了一步。在蔡州任上，歐陽脩又一再上章告老，終於得到神宗恩准，熙寧四年（西元一〇七一年）六月，他以觀文殿學士太子少師的榮銜致仕告退，歸居潁州西湖。

在風光旖旎的潁州西湖之濱，歐陽脩泛舟垂釣，嘯傲湖光山色，擺脫了繁宂的政事，他感到格外的輕鬆適意，他的〈寄韓子華〉詩，道盡了當時的心情：「誰知潁水閒居士，十頃西湖一釣竿」。他陶醉於西湖的風月碧波，並整理撰寫了著名的《采桑子》組詞，命人用笙簫伴奏着演唱，供宴席上勸酒助興，聊佐清歡。

歐陽脩晚年與人閑談，喜歡品評古今詩歌。他將自己的讀詩感受，寫詩體會，以及詩歌名句與掌故輯錄成編，他稱之爲「詩話」。這是一種空前的創作，標志著我國古典文學批評一種新的型態，和重要體制的誕生。

熙寧五年（西元一〇七二年）閏七月二十三日，歐陽脩走完了艱難坎坷的人生旅途，在西湖畔的私第裏安然逝世，享年六十六歲。

歐陽脩一生勤奮著述，居今可見的，計《歐陽文忠公集》一百五十三卷（另附錄五卷）。其中包括了他本人編定的《居士集》五十卷、後人搜集整理的《居士外集》二十五卷、《易童子問》三卷、《奏議集》十八卷、《河東奉使奏草》二卷、《河北奉使奏草》二卷、《奏事錄》一卷、《濮議》四卷、《崇文總目敍釋》一卷、《于役志》一卷、《歸田錄》二卷、《詩話》一卷、《筆說》一卷、《試筆》二卷、《近體樂府》三卷、《集古錄跋尾》十卷、《書簡》十卷等。此外，他的經學著作有《詩本義》十六卷。史學著作有《新五代史》十四卷、《新唐書》「本紀」十卷、「志」五十卷、「表」十五卷等。還有詞作《醉翁琴趣外篇》二卷。趣涉四部，文成多方，在北宋文壇上，歐陽脩不僅稱得上是一位多產作家，同時也是有多方面卓越成就的學者、文學家和政治家。

# 二、歐陽脩的思想與人品

## ㈠ 前　言

歐陽脩是北宋重要政治家，他的思想屬於儒家。蘇軾在〈居士集序〉中說他：「論大道似韓愈」，此言甚當。不過，歐陽脩雖推崇韓愈宗經、載道之說；但不同於韓愈的，是他敢對經書中的一些問題提出懷疑和議論。譬如宋初的科學考試，仍然沿襲唐代頒定的《五經正義》作爲標準，不許士子隨意發揮，可是歐陽脩在他的〈論經學箚子〉中，就曾經提出批評，他說：「所載既博，所擇不精，多引讖緯之書，以相雜亂，怪奇詭辯，異乎正義之名」，並要求對《五經正義》加以刪正，另一點值得提出的是歐陽脩在〈與李秀才第二書〉中講到「文」與「道」時說：「其道：周公、孔子、孟軻之徒常履而行之者是也。其文章，則六經所載，至今而取信者是也。」在此處他所謂的文中的「道」，也不同於宋代道學家專講明心見性的「道」。

歐陽脩繼承了儒家思想中尙實、致用的一面，關心時局，積極入世。他在〈與張秀才第二書〉中說：「君子之於學也，務爲道，爲道必求知古。知古明道，而後履之於身，施之於事，而又見於文章而發之，以信後世。」可見他强調人之爲學，不徒誦其文，必須通其用；不獨學於古，必須施於今。特別强調學以致用，實際上他這種不務空談，輔時濟物的認識和態度，決定了他在四十多年的政治生涯中的基本態度和立場。以下，我們再從各方面看看這位有膽識的政治家、文學家，在一生參與政治、文學革新活動中，所呈現的思想和人品。

## ㈡　從社會方面看

他反對因循苟且的社會風氣：自從北宋開國後，由於當政者之不當措施，自始至終，在外交、內政方面，一直陷於窮於應付的困境，如對外屈辱投降，以大量財物換得外族不來侵擾，對內實行高壓，以防範人民造反，上層階級却在這種苟安的社會中過著高官厚祿的享樂生活，人人只顧眼前，毫無深謀遠慮，不思改革，不謀進取，所以歐陽脩在〈論京西賊事箚子〉中指出：「患到目前，方始倉忙而失措；事才過後，已却弛慢而因循。」他在〈論李昭亮不可將兵札子〉中說：「臣竊見朝廷作事，常患因循，應急則草草且行，才過便不復留意」，明白地指出朝臣上下「患在但著空文，不責實效，故改更雖數，號令雖繁，上下因循，了無所益。」朝廷政令繁多，朝令夕改，官吏因循苟且，萬事敷衍。歐陽脩對全國彌漫的這種因循苟且的風氣深惡痛絕，所以力主改革，期能救亡圖存。

## ㈢　從吏治改革方面看

他積極主張改革吏治：宋代設官太濫，官俸優厚，機構疊床架屋，人事虛浮濫報，遇事互相推諉，工作效率極低。歐陽脩在〈論乞止絕河北伐民桑柘札子〉中認爲：「天下公私匱乏者，殆非夷狄爲患，全由官吏壞之。」這種「州縣之吏不得其人」的狀況，必須徹頭徹尾，作全面的改變。他因而提出了

「擇吏爲先」的主張。在〈論按察官吏札子〉中，他明確指出：「臣伏見天下官吏員數極多，朝廷無由遍知其賢愚善惡，以致使年老病患者，或儒弱不材者，或貪殘害物者，此等之人，布在州縣，並無黜陟。因循積弊，冗濫者多，使天下州縣不治者十之八、九。今兵戎未息，賦役方煩，百姓嗷嗷，瘡痍未復，救其疾苦，擇吏爲先。」在這裏，他主張對官吏嚴格考核，不適用者，更須嚴加裁汰，以免冗濫者殘民以逞，於是他又在〈再論按察官吏狀〉中申明澄淸吏治的主張說：「方今天下凋殘，公私用急，全由官吏冗濫者多，乞朝廷選差按察使，糾擧年老、病患、贓汚、不材四色之人，以行澄汰。」以此來救民急病，革除數十年來的積弊。後來他在掌貢擧時，主張改革科擧辦法，將原來先詩賦而後策論的考試制度，改爲先策論而後詩賦，以避免那些「童子新學全不曉事之人」「幸而中選」，正是他多年來改革吏治，必先選拔人才主張的具體體現。

## ㈣ 從加強戰備方面看

他反對屈辱苟安的外交政策：歐陽脩反對北宋王朝不修武備，對外採取屈辱投降的辦法。他在〈論河北守備事宜札子〉中說：「臣竊怪在朝之臣，尙偷安靜，自河以北，絕無處置，因循弛慢，誰復擔心？」在〈論軍中選將札子〉中寫道：「臣亦歷考前世有國之君，多於無事之際，恃安忘危，……然未有於用兵之時，而忘武備如今日者！」從宋仁宗慶曆三年到慶曆四年，他曾先後十多次上疏，堅決反對北宋與西夏議和，他認爲「不和則害少，和則害多。」他力排衆議，反對和西夏李元昊議和，表現了一個政治家立足當代，關懷國運的魄力、膽識和遠大的目光。他在〈原弊〉一文中說：「衞兵入宿，不自持被而使人持之；禁兵給糧，不自荷而雇人荷之。」「兵驕若此，況肯冒辛苦以戰鬬乎？」」對這種兵驕吏冗的現象，他提出一系列的建議來改革軍事。其中首要之圖，就是打破在「選將」上論資排輩，講求資歷和背景的常規，希望盡去尋常之務，以求非常之人。以爲不如此，「難彌當今之大患。」

## (五) 從政治寬簡方面看

他主張實行寬簡政治：他在〈原弊〉一文中，認爲誘民、兼併、徭役是宋朝的三大弊病，必須痛加針貶。爲解決國家財政困難和爲使老百姓能生活下去，他主張「務農爲先」，減輕賦稅、徭役，「節用愛民」，廢除繁縟的政令，不與民爭利，使老百姓得以安居樂業，他自己曾經多次出任地方官吏，有實行寬簡政治，與民同樂的經驗。南宋初年的朱熹，就對歐陽脩的寬簡政治，有過追思性的說明：「公爲數郡，不見治迹，不求聲譽，以不擾寬簡爲意。故所至，民便，既去，民思，……或問公爲政寬簡而事不廢弛者何也？曰：以縱爲寬，以略爲簡，則弛廢而民受其弊矣。吾之所謂寬者，不爲苛急爾；所謂簡者，不爲繁碎爾。」（說見〈朱子考歐陽文忠公事蹟〉）蘇轍也說歐陽脩的施政是：「察而不苛，寬而不弛。」由此可知歐陽脩之爲官清廉，不擾民，不繁苛，與民休息，但做事認眞。

## (六) 從對佛老態度上看

他堅決反對佛、老：在〈本論〉一文中，激烈抨擊佛教爲害，說：「佛法爲中國患千餘年，世之卓然不惑而有力者，莫不欲去之，已嘗去矣，而復大集。攻之暫破而愈堅，撲之未滅而愈熾，遂至於無可奈何。是果不可去邪？蓋亦未知其方也。」所以他的除佛法，去大害，方法和韓愈的「不塞不流，不止不行，人其人，火其書，廬其居」的激烈手段不同，而是用一種反求諸已的方法，來「修其本」，「本」者何？「禮義者，勝佛之常也。」此說確實是排佛的最重要的理論，最精闢的見解。試想當千年之患，非一人一日可爲，非口舌可勝，又非操戈而逐之所能奏效之時，則歐陽脩這種「修本」「勝佛」的方法，的確值得深思。

## (七) 從對王安石新法上看

歐陽脩剛正不阿，直言極諫，不以個人的進退出處爲意，他爲國計民生計，不怕貶官，不避刑戮，就其生平在政壇上最爲轟動的：如怒罵高若訥，駁斥呂夷簡，又常與皇帝、宰相持不同意見，絕不人云亦云。至於作官，不擺架子，不求稱譽，他既不是求田問舍的庸俗官僚，也不爲自己和子孫謀私利。他晚年官位很高，但屢求外任和引退，他確實是一位襟懷坦蕩，作風正派，正直廉節，難進易退，光明磊落的政治家。王安石在〈祭歐陽文忠公〉一文中說他：「自公仕宦四十年，上下往返，感世路之崎嶇。雖迍邅困躓，竄斥流離，而終不可掩者，以其有公議之是非，即壓復起，遂顯於世。果敢之氣，剛正之節，至晚而不衰。」可謂實事求是，論點正確。

後世學者論及歐陽脩的政治態度者，往往批評他晚年反對王安石變法，並斥之爲「保守」，歸與司馬光「元祐黨」同流。其實根據史乘記載，王安石於熙寧二年開始變法，當時歐陽脩已爲青州知府，充京東東路安撫使。歐陽脩作爲地方官，主要是對「青苗法」不滿。所謂「青苗法」是指在每年青黃不接之際向農民貸款，收二分利息，立法的原意，本無可厚非，只是在執行過程中，往往又不是百姓自願貸款，而是由官府的硬性攤派，朝廷還說這是爲了「惠民」。歐陽脩在〈言青苗錢第一札子〉中就曾直陳其事說：「臣竊議者，言青苗錢取利於民爲非，……至於田野之民蠢然，固不知《周官、泉府》爲何物，但見官中放債，每錢一百文，要二十文利爾。……以臣愚見，必欲使天下曉然，知取利非朝廷本意，則乞除去二分之息，但令只納原數本錢，如此始是不取利矣。」他認爲既說「惠民」，就不該收利，既要取利，就不該說「惠民」。王安石實行青苗法的主要目的，確實是要「取利」於民，以解決國家財政危機，歐陽脩的言論正擊中了王安石的要害。歐陽脩既反對收利，更反對硬性攤派，所以他一方面向朝廷「奏陳」已見，另一方面，又擅止青苗法，此擧深爲王安石所病，歐陽脩也因此獲罪。有人說：這是「改革派」與「保守派」鬪爭的結果，其實這是不相干的；因爲「青苗法」本來就有問題，歐陽公的奏議，殆可稱王安石的諍臣。（說見梁啓超《王安石評傳》）

## (八) 結　語

綜上所述，歐陽脩一生從政四十餘年，始終關心國家安危，是一個頗有見識的政治家。在慶曆新政中，他堅決支持范仲淹的政治改革。反對以呂夷簡爲代表的保守派，他始終主張改變北宋王朝積貧積弱的局面。他的政治態度是主張革新的，他對當時一系列重大政治問題的看法正確，態度積極而且實事求是。他不愧是一位有見識、有膽略、剛正清廉、光明磊落的學者兼政治家。

# 三、歐陽脩與北宋詩文革新運動

## (一) 前　言

所謂「北宋詩文革新運動」者，就是反對六朝麗辭及其末流之弊，用先秦、兩漢的古文加以取代，因爲古文的形式是散體單行，所以古文又稱散文。如果從範圍上說，唐代的古文運動只限於文，而北宋的古文革新運動，却兼及於詩。所以北宋的古文運動，就是提倡古文，反對駢麗；提倡古詩，反對西崑體詩的一種文學革新運動。因爲北宋古文運動是一面復古，一面又有創新，所以這次文學運動又稱爲詩文革新運動。

此次運動，既然上有所承，下有所啓，又經過漫長的歲月，參與衆多的學者，對後世文壇又具有深遠影響，所以特立專章，來探討歐陽脩在此一運動中的關係、地位和影響。

## (二) 北宋詩文革新運動的背景

北宋詩文革新運動的倡導者，爲什麼要以散文來取代駢文，以宋詩來取代西崑體詩呢？這與當時的社會背景有密不可分的關係。

北宋社會到了宋仁宗朝，政府機構漸趨龐大，官吏薪俸日益增多，軍隊紀律日見廢弛，加上政府官員窮奢極欲，賄賂公行，以致外族入侵，百姓貧困，加深了宋朝的興衰意識和民族危機。

當時國內主要的社會問題，是農民與富豪、官僚之間的衝突，因而產生北宋農民運動的時起時伏。一些革新派的政治家們目睹當時的社會危機，於是從鞏固宋朝的政治出發，提出了在發展經濟、節約財用、選舉循吏、鏟除酷吏、加强軍力、鞏固邊防諸方面的主張。他們爲了把改革政治的目的和內容，能夠迅速而普及地傳送到社會中下層知識份子和一般市民中間去，就必須反對言之無物的時文，提倡內容充實、明白易懂的文章。可見北宋詩文革新運動，是北宋政治革新在文學領域裏的反映，這是產生詩文革新運動的社會背景。

其次，文學藝術是社會經濟基礎上層建築之一。無論散文、駢文、宋詩、西崑體詩都是北宋時代社會的產物，但是不同的階層，却愛好和提倡不同的文藝。時文和西崑體詩是富豪、官僚們用以消遣和娛樂的藝術；散文和宋詩是一般人爲當時服務的工具。

宋初，爲了發展農業生產，曾經採取一系列的有效措施：如撫卹流亡，返歸故土，農民可以佃耕官田，廢除苛捐雜稅，獎勵農桑，興修水利等等，使農業經濟在安定統一的環境中，得以穩健地發展。

在農業經濟發展的基礎上，工商業得到了空前的進步。如手工業方面的冶礦、鑄錢、軍器、紡織、瓷器、漆器、造紙、印刷、火藥等都具有相當的規模。商業方面的開封、成都、興元（今陝西南鄭）都是人口麕集的都會，廣州、寧波、杭州則是著名的國際貿易商埠。

在這樣繁榮的經濟基礎上，官僚、豪强們的生活更加腐化墮落，驕奢淫逸，因之，他們的文學作品多是這類生活的反映。也就是說，宋初是綺麗文風形成的社會基礎。當時把持文壇的楊億、劉筠等人積極提倡駢文，講究雕琢，相互唱和，推波助瀾，蔚成風氣，誠如宋史〈歐陽脩傳〉的記載：

> 國朝接唐五代末流，文章專以聲病對偶爲工，剽剝故事，雕刻破碎，甚者若俳優之辭。如楊億、劉筠輩，其學博矣！然其文亦不能自拔於流俗，反吹波揚瀾，助其氣勢，一時慕效，謂其文爲崑體。

可見宋初的時文和崑體詩，在當時確實是瀰漫全國、盛極一時的。

再以北宋的科舉制度看：當時開科取士是先考詩賦再考策論。詩賦以時文、西崑體爲限，寫時文、西崑體詩的，可以中高第，得高官，享厚祿。這樣以來自然鼓勵了時文和崑體詩的傳播和發展。

從北宋政府內部所呈現的衝突，可以了解詩文革新運動的歷史原因；從時文、崑體詩的控制文壇，可以了解運動向前發展的艱鉅性，這就是北宋詩文革新運動的社會背景。

## (三) 北宋詩文革新運動的過程

北宋詩文革新運動，開始於太祖開寶年間，結束於哲宗元符年間。大體上可以劃分爲三個階段：宋初爲第一階段，此期以柳開、王禹偁爲代表，以著重掃蕩「五代弊習」爲目的；北宋中期爲第二階段，此期以石介、歐陽脩爲代表，主要在反對西崑體與太學體；北宋後期爲第三階段，此期以蘇軾爲代表，重點是鞏固並發展第二階段的成果，取得運動的全勝果實。

先言宋初第一階段的情況：當時北宋文壇承繼五代餘風，古文衰落，駢文盛行，艷冶浮薄，論卑氣弱。首先起來力矯「五代體」的是柳開和王禹偁。柳開，初名肩愈（有肩負韓愈大業之意），字紹先

（繼承先人的遺志），儼然以韓、柳繼承人自任。後來又改名開，字仲塗（有開闢「聖道」之塗的意思），立志恢復儒家道統。柳開在古文運動方面的主要貢獻是理論。他強調「文惡辭之華於理，不惡理之華於辭也」，指責時文「華而不實，取其刻削爲工，聲律爲能。」他是扭轉宋初文風的開路先鋒，由於過份強調「古道」，輕忽文辭，其本人的創作，又有「詞澀言苦」的毛病，實質上並不利於古文運動的進展。

王禹偁，字元之。他同柳開一道推尊韓愈，反對時文，提倡古道。他強調「文，傳道而明心也」，又推崇白居易的詩歌，標擧以風騷爲本的詩道。他不像柳開那樣空言聖道，而是兼重文采，主張文章「句易道，義易曉」，詩風明白曉暢，古雅簡淡，與五代詩作的浮靡纖麗之風迥然不同。他的弱點是缺乏唐宋大家的筆力，平生未能知貢擧，在文壇上聲望不很高，影響不很大。所以雖有心力矯文壇頹風，却因力不從心而貢獻不彰。

次言北宋中期第二階段的情況：時當眞宗咸平年間，柳開、王禹偁已相繼去世。楊億、劉筠、錢惟演的《西崑酬唱集》問世，「西崑體」與「五代體」，雖然同屬於華麗雕琢之作，都被人們指責爲「破碎大雅」，但是五代體「氣格卑弱，淪於鄙俚」，是亂世悲哀之作；西崑體則雍容華貴，典型豐贍，是太平盛世的雅頌之音。平心而論，「西崑體」對掃除五代弊習是有功的，但因其題材貧乏，無病呻吟，作者以才學爲詩，靠辭章華美、典故晦僻取勝等，又因爲「楊劉風采」，聳動一時，青年士子競相仿效，因而成爲古文家的攻擊目標。當時首先奮臂出擊的是石介，其次爲歐陽脩。

石介，字守道。他是攻擊「西崑體」的急先鋒。其〈怪說〉三篇，將楊億之道，與佛、老並提，稱之爲三「怪」。惟石介生性狂狷，繼柳開重道輕文觀念，持論偏激，加之喜愛標新立異，又曾任太學學官，生徒多，影響大，對慶曆以後形成的「太學體」新流弊，負有一定責任。他的文章內容迂闊矯激，文辭艱澀險怪。平生雖以反「西崑體」著稱，實際上不僅未能給西崑體以致命的打擊，反而對古文運動的發展造成了另一障礙。

歐陽脩慶曆年間主盟文壇時，文壇形勢已有所改觀。宋仁宗在天聖七年（西元一〇二九年）、明道二年（西元一〇三三年）、慶曆四年（西元一〇四四年），多次下詔申誡浮艷文風，令禮部貢學時戒矯文弊，文風展現開始有好轉跡象。然而，力矯百餘年的積弊，不是短時期可以奏效的。於是歐陽脩從理論和實踐上，揚棄了西崑派作家專重形式，脫離現實的弊病，同時，繼承他們重視文學性的傳統，吸收他們的一些表現手法，改造西崑體，爲我所用，把詩文革新推向一個縱深發展的新領域。

當時文壇出現一種值得注意的現象，即西崑舊弊尚未肅清，又流行一種名叫「太學體」的新弊端。歐陽脩認識到：能否克服「太學體」新弊，關係著詩文革新的前途與命運。嘉祐二年（西元一〇五七年），他利用知貢學的機會，不顧社會壓力，痛抑「太學體」，將「前以怪僻在高第者，黜之幾盡」，又依據選文「務求平淡典要」的標準，將曾鞏和蘇軾兄弟拔在高第。在行政力量的運作下，文風爲之驟變，使歷時百年的詩文革新運動取得了決定性勝利。

歐陽脩去世後，北宋詩文革新進入第三階段。這時候文壇逆流已經根本扭轉，需要後繼者鞏固發展勝利成果，蘇軾便繼承歐陽脩，成爲文壇的新領袖。

蘇軾早在年輕時期，就因才華橫溢，備受歐陽脩的讚賞。何況他又有進步的文學理論，主張文章要言之有物，强調「文貴自然」，反對「勉强所爲之文」。更主張文以致用，在他主盟文壇時，注意從理論和實踐上，彌補歐陽脩關於「道勝文至」的理論局限。他的詩文創作實踐了自己的文學主張，尤其是他的散文「如行雲流水，初無定質，但常行於所當行，常止於所不可不止。文理自然，姿態橫生」。他以理論與實踐相結合的輝煌成果，使詩文革新運動立於不敗之地，並且提携了黄庭堅、秦觀、晁無咎、陳師道、張耒等一大批新秀，鞏固了詩文革新的成果。

回顧北宋詩文革新運動的歷程，可以清楚地看到，它是借鑒並吸取了前人的經驗與教訓，表現出與前人之間一些不同特點。例如，唐代古文運動與新樂府運動是分頭進行的，雙方並不聯繫；而北宋的古文運動與詩歌革新，是密切聯繫在一起的。唐代古文運動在改革文風方面，主要是反對浮艷纖弱；而北宋詩文革新，則同時反對華麗冶豔與艱澀怪僻兩種錯誤傾向。唐代古文運動在取得決定性勝利後，後續的力量不繼；北宋詩文革新運動則採取了鞏固發展的措施，取得了運動的全面勝利。上述的一切，幾乎都是在歐陽脩手上開始實施並取得成功的，所以推歐陽脩作爲北宋詩文革新運動的領袖，是當之無愧的。

## ㈣　歐陽脩詩文革新的主張

歐陽脩是北宋詩文革新運動的領袖，改變文風的作家，也是對文學理論作出重要貢獻的人。從總的情況看，他不但繼承了韓、柳的文學主張，同時在某些方面又有自家的見地和開展。

在「文」與「道」的關係方面，歐陽脩主張文、道統一：同時也注意到「文」的獨立地位和作用。

他和韓愈一樣，認爲文章應師法「六經」，强調「六經之所載，皆人事之切於事者。」（〈答李詡書〉）在〈與張秀才第二書〉中，他批評了「述三皇太古之道，舍近取遠，務高言而鮮事實」，這種泥古不化，和閉門造車的落伍現象。指出「以混蒙虛無爲道，洪荒廣略爲古」的「誕者之言」，「其道難法，其言難行」，無益於世。他認爲孟子最懂「道」，但詳究孟子所言的道，不過是「敎人樹桑麻，畜鷄豚，以謂養生送死爲王道之本，……其事乃世人之甚易知而近者，蓋切於事實而已。」所以他强調把儒道和現實社會生活聯繫起來，主張寫文章要「切於事實」，注重實際，不尙空談，發揮有益於時，有益於世的寫作效果，他反對文人溺於文，「甚者至棄百事不關於心」，反對「職於文」的文士（見〈答吳充秀才書〉）。這就和當時一些道學家空談明心見性，「無事袖手談心性，臨難一死報君王」的態度，有著根本的差別。在〈答李詡第二書〉中，他明確表示「脩患世之學者多言性」。他批評當時的一些學者「執後儒之偏說，事無用之空言。」他認爲君子應該「以修身治人爲急，而不窮理以爲言。」他認爲文章必須有充實的內容，而充實的內容，就是「明道」，「明道」也就是關心百事。他曾說過：「我所謂文，必與道俱。」（見蘇軾〈祭歐陽文忠公文〉）

歐陽脩不但主張文、道統一，而且也明確意識到了文與道的區別。在〈送徐無黨南歸序〉中，他明確地將「修之於身，施之於事，見之於言」，這三「不朽」分而言之：「修之於身者，無所不獲；施之於事者，有得有不得焉；其見於言者，則又有能有不能也。施於事矣，不見於言可也。自《詩》、《書》、《史記》所傳，其人豈必皆能言之士哉？修於身矣，而不施於事，不見於言，亦可也。」就是說，注意修身而有道之人，不一定都能言，不一定都是文學家。他一方面把文章的藝術技巧提高到是否能使文章內容傳之久遠的高度。另一方面也說明同樣的內容，可以寫出不同風格的文章。可見歐陽脩認爲「文」和「道」是兩回事，「道」並不能代替「文」，從而也强調了「文」的獨立地位及其獨立價值。

歐陽脩强調「道」的重要性，反對當時「綴風月，弄花草」，爲文而文的時文。他又强調「文」的獨立地位和作用，把「文」與「道」淸楚地區別開來，這對於廓淸宋初古文家柳開、穆修等人重道輕文，甚至把文、道混爲一談的傾向，也有着重要的意義。歐陽脩强調文、道結合，是與韓愈相同的；但是他强調文的獨立地位和作用，以及重「道」而不輕「文」，這是歐陽脩文學主張中最重要的觀點。

在文章與現實的關係方面，歐陽脩强調文章要反映現實：他反對作家「棄百事不關於心」，爲文學而文學，他把現實社會中的「百事」和「道」聯繫起來，並視之爲「道」的具體內容。在〈與張秀才第二書〉中，他明確表示反對那種「務高言而鮮事實」的空洞文章；在〈與黃校書論文章〉中，他又提出寫文章要「中於時弊而不爲空言」，這些意見都體現了歐陽脩反對脫離實際的空洞無物之文，强調文章必須反映現實的思想。

從文章與現實關係的角度，他提出了「窮者之言易工」的主張：歐陽脩在〈梅聖俞詩集序〉中，提出了「窮而後工」之說：「凡士之蘊其所有而不得施於世者，多喜自放於山巔水涯外，見蟲魚草木風雲鳥獸之狀類，往往探其奇怪；內有憂思感憤之鬱積，其興於怨刺，以道羈臣寡婦之所歎，而寫人情之難言，蓋愈窮則愈工。然則非詩之能窮人，殆窮者而後工也。」又一次在〈薛簡肅公文集序〉中講道：「失志之人，窮居隱約，苦心危慮，而極於精思，與其有所感激發憤，惟無所施於世者，皆一寓於文辭，故曰，窮者之言易工也。」從作家在現實生活上的際遇，來說明文學和現實有密不可分的關係。

歐陽脩的另一個主張，是反對拙澀險怪，提倡平易自然：過去韓愈在倡導「文從字順」的同時，寫了一些「怪怪奇奇」的文字，流弊所及，其門弟子如皇甫湜、來無擇、孫樵等也起而效尤。至宋初，穆修、張景等人，專寫「拙澀」的古文。歐陽脩主要繼承了韓愈「文從字順」的一面，又學習王禹偁平易自然的文風。他在〈答張秀才第二書〉中說：「其道易知而可法，其言易明而可行。」易知、易明，當然是平易曉暢。另外，我們也可以從曾鞏〈與王介甫第一書〉中，得知箇中消息。他說：「歐公更欲足下少開廓其文，勿用造語及模擬前人。孟、韓文雖高，不必似之也，取其自然耳。」歐陽公在跋〈唐書維善政論〉中說：「余嘗思文士不能有所發明，以警未悟，而好爲新奇以自異，欲以怪而取名，如元結之徒是也。至於樊宗師，遂不勝其弊矣！」他又在〈與石推官第一書〉中說：「君子之於學，是而已，不聞爲異也。」〈與石推官第二書〉中再說：「書雖末事，而當從常法，不可以爲怪。」一再強調爲文當取法自然、平易，不可以怪爲名，以異鳴高，元結、樊宗師等不勝其弊，切勿摹效。同時他又對穆修、張景「辭澀言苦」的作品，表示不滿；根據沈括《夢溪筆談》卷十九說：「嘉祐中，士人劉幾，累爲國子第一人，驟爲險怪之語，學者翕然效之，遂成風俗。歐陽公甚惡之。會公主文，決意痛懲，凡爲新文者，一切棄黜，時體爲之一變，歐陽之爲也。」由這個例子，也可以知道歐陽脩主張文章要平易自然，明白曉暢而耐人尋味，不但對他自己文風的形成影響重大，就是對整個宋代的文風而言，都產生了深遠的影響。

歐陽脩的又一重要文學主張，是反對姸儷、冗繁，提倡文簡意深的作品：在歐陽脩的青年時代，駢文的影響還很大，當時「楊（億）劉（筠）風采，聳動天下」，西崑時文有很大的影響力，歐陽脩反對駢文的繁縟浮靡，主張文章要精練簡約。他在〈論尹師魯墓誌〉中，稱讚尹洙的古文「文簡而意深」。其實這正是他自己對文章的要求。所謂「簡」，指簡煉明快；「深」，指深婉含蓄。「文簡意深」是指為文應工於裁剪，不枝不蔓；精深含蓄，意味深長。可以說歐陽脩是有意學習韓愈的「豐而不餘一言，約而不失一辭」和柳宗元的峻潔，並在深婉含蓄的基礎上，又有進一步的發展。歐陽脩不但以此為準則，不厭其煩地修改自己的文章，精益求精，而且也以此來要求別人，這對有宋一代文風的形成，無疑產生了很大的促進作用。

至於歐陽脩對駢文的態度，他反駢體，反浮艷，更是一貫堅持的文學主張；不過，在此同時，他對駢文，甚至對西崑派都能持比較客觀的態度。如在〈論尹師魯墓誌〉中，明確地說：「偶儷之文，苟合於理，未必為非，故不是此而非彼也。」對駢文也要區別情況，分別對待，不可不分青紅皂白，一概排斥。在其《六一詩話》中，也不乏對西崑詩人佳作的稱許。這種態度是比較開明的，公允的，也是有益的。韓、柳都反駢體而不廢駢句，歐陽脩亦如此，在他的文章中也多有偶語儷詞，為其文章增色不少，確實表現了博採眾長，不持門戶之見的大家風範。

## (五) 結　語

歐陽脩繼承了唐代古文運動的主要理論觀點，而又結合當時的具體情況，在不少方面有所發展，奠定了宋代古文運動的理論基礎，為宋代散文的發展作出了重要貢獻。同時，歐陽脩又身體力行，終生積極進行創作實踐和文學活動。他從青年時代起，就推崇韓文，萌發改革文弊的思想。〈記舊本韓文後〉一文，詳述了自己如何仰慕韓文，以及後來如何校訂韓文，如何從事古文運動的情況。在楊、劉「時文」風靡文壇的情況下，他步入仕途後，在洛陽與尹洙等人「相與作爲古文」，倡導古文運動。在他從事古文運動過程中，和韓愈一樣，十分重視聯絡和鼓勵志同道合的文人學士共同奮鬪。在他的身邊不但有石介、尹洙、蘇舜欽、梅堯臣這些「年相若，道相似」的作家，而且還有更多由他引薦、拔擢的後進之士，使他在古文運動中處於無可爭議的領袖地位。他是宋代傑出的文學運動家，但他成爲文壇領袖並不在其倡導、組織之功，更主要的還在於用自己大量優秀的作品，奠定了一代文宗的地位。

至於北宋蘇軾、蘇轍、蘇洵、王安石、曾鞏的散文作品，能夠在我國文學史上大放異彩，直可與兩漢古文、唐代詩歌爭容比艷。這些成就，首先得力於歐陽脩的改革文體，它從制度上給宋代詩文革新運動掃清了障礙，有益於大批作家走上文壇。其次，得力於歐陽脩闡發的文學主張，指導三蘇、王安石、曾鞏的散文，豐富和發展了這些觀點。第三，歐陽脩自己的大量創作，也極大地影響三蘇、曾、王等，使北宋中期的創作，掀起了繁榮的高潮。依靠這樣的文學作品，使綿延幾百年的綺麗文風爲之一變。

由於歐、蘇、王、曾等的文藝理論和詩文作品經久不竭地占據北宋文壇，因而唐末「五代體」、宋初「西崑派」爲之望風披靡。同時，這些文學主張又給以後文學的發展提供了先例。它使明代的歸有光、唐順之，清代的方苞、姚鼐等據以反擊形式主義的文風，成爲八百年來的散文正宗。從這一點說，歐陽脩在中國文學史上的勛業是永遠不容磨滅的。

# 四、歐陽脩在學術上的研究和貢獻

## ㈠ 前言

歐陽脩具有多方面的才華，研究的層面十分廣泛。他不僅是我國著名的文學家，就是在經學、史學和政治各方面均有精湛的造詣；同時也是北宋詩文革新運動的傑出領袖。蘇軾〈居士集序〉指出：

> 自漢以來，道術不出於孔氏，而亂天下者多矣！晉以老莊亡，梁以佛亡，莫或正之。五百餘年而後得韓愈，學者以愈配孟子，蓋庶幾焉。愈之後三百有餘年，而後得歐陽子，其學推韓愈、孟子，以達於孔氏，著禮樂仁義之實以合於大道。其言簡而明，信而通，引物連類，折之於至理，以服人心，故天下翕然師尊之。自歐陽子之存，世之不悅者、嘩者攻之，能折困其身，而不能屈其言，士無賢不肖，不謀而同曰：歐陽子，今之韓愈也。

他把歐陽脩與孔子、孟子、韓愈並稱，並高度肯定了他在學術、文化、思想史上的傑出地位，肯定其對北宋詩文革新運動中的貢獻。

## ㈡ 歐陽脩在學術上的研究

### 1. 在經學方面

歐陽脩在《詩經》方面的研究專著是《詩本義》，又稱《毛詩本義》，共十六卷，約八萬五千字。前十二卷是小論文滙編，以《詩經》篇名標目，摭篇立論，共一百零九篇。各篇先作「論」，論證毛《傳》、鄭《箋》得失，然後按自己的見解下結論，稱之爲「本義」。第十三卷載〈一義解〉、〈取舍義〉，是他學習《詩經》的隨筆札記。第十四卷是〈時世論〉、〈本末論〉及〈豳問〉、〈魯問〉、〈序問〉等專論，辨析毛、鄭得失，指示讀《詩》門徑。第十五卷載〈詩解統序〉及〈詩解〉八篇，是一組闡明《詩經》統要的論文。末卷爲〈鄭譜補亡〉、〈詩譜補亡後序〉及〈詩圖總序〉，歐陽脩考察史傳，參考毛、鄭之說，作〈詩圖〉十四篇，以補充鄭玄《詩譜》亡佚的部分。

他認爲《詩經》研究之「本」，在於「求詩人之意」和「達聖人之志」。所謂「詩人之意」，指的是詩人歌頌美好，鞭撻醜惡的創作意圖。所謂「聖人之志」，指的是孔子編刪《詩經》，用以教化民衆的宗旨。這二者是《詩經》之「本」，求二者爲經學家之「本」。至於樂師「摘之於樂」，「考其義類而別之，以爲〈風〉、〈雅〉、〈頌〉」，這是《詩經》研究之「末」，是無關緊要的。

在「求詩人之意」與「達聖人之志」之間，歐陽脩認爲前者關鍵，是重要的、艱難的，也是辦得到的。

本著上述原則，歐陽脩《詩本義》逐一審愼地考察《詩經》作品，重本輕末，去僞存眞，辨析毛、鄭得失，揭示《詩經》本義。

歐陽脩《詩經》研究的卓越見識和超人膽略，不僅表現在大膽「訾議毛、鄭」，而且又充分表現在懷疑《詩序》方面。

〈詩序〉者，卽《毛詩》的序言或題解，分〈大序〉和〈小序〉。相傳〈大序〉爲子夏所作，〈小序〉是子夏、毛公共作。〈詩序〉影響最烈。它把孔子的「詩解」觀念，具體用於講解《詩經》作品，又捕風捉影地「以史證詩」。

歐陽脩不僅不守〈小序〉，對〈大序〉也有所非議。他認爲「〈風〉、〈雅〉、〈頌〉有變、正」，是沒有「得《詩》之大旨」。他之所以敢於同漢、唐經學家立異，不肯謹守〈詩序〉，就因爲按〈詩序〉說《詩》，不符合人情事理，難以自圓其說。他對部分〈詩序〉的否定，是堅持從《詩》文本身出發，直接探求「詩人之意」的必然結果。正因爲如此，他才擺脫了前人的種種成見、偏見，較多地看到了《詩經》作品的眞面目。

歐陽脩的《詩經》研究，自古以來備受經學家們讚賞。南宋晁公武《郡齋讀書志》卷一評述說：

> 歐陽修解《詩》，毛、鄭之說已善者，因之不改。至於質諸先聖則悖理，放於人情則不行，然後易之。故所得比諸儒爲多。

歐陽脩在《易經》方面的研究專著是《易童子問》。《易童子問》共三卷，約七千五百餘字。它以「童子問學」的形式，提出三十七個問題，逐題作出解答。這是歐陽脩集《易》學思想大成的一部書，也是宋人疑經惑傳的濫觴之作。

《易經》，亦稱《周易》，或簡稱《易》，是儒家重要經典之一。它包括《經》、《傳》兩部分。《經》指六十四卦和三百八十四爻，以及解說它們的卦辭、爻辭，舊傳伏羲畫卦，文王作辭，現在一般認爲它是西周初年的作品。《傳》又稱《十翼》，指解釋〈卦辭〉、〈爻辭〉的十篇文章，卽〈象〉上下、〈象〉上下、〈繫辭〉上下、〈文言〉、〈序卦〉、〈說卦〉、〈雜卦〉等，舊傳孔子所作。

陸游在論及北宋慶曆後的疑經惑傳思潮時，提到歐陽脩的「排〈繫辭〉」、「毀《周禮》」、「黜《詩》之序」，而且將「排〈繫辭〉」置於宋人疑經惑傳的首位。

歐陽脩疑《易》，主要內容是質疑《十翼》當中的〈繫辭〉、〈文言〉、〈說卦〉等，指它們不是孔子的作品。其實，早在景祐四年（西元一〇三七年），他撰寫〈易或問〉三首，對晉代易學家王弼關於卦、爻、〈彖〉、〈象〉的解說提出異議，就已懷疑到〈繫辭〉非孔子所作。到了慶曆年間，他的疑《易》之說更加系統化。

歐陽脩論定〈繫辭〉、〈文言〉、〈說卦〉等不是孔子所作的依據之一，就是找到了比孔子更早的文獻證明。他發現〈文言〉中的「元者，善之長」至「貞者，事之幹」八句，又見於《左傳》襄公九年魯穆姜所說的話。襄公九年（西元前五六四年），距離孔子出生還早十三年。可是，左丘明撰寫《春秋・左氏傳》時，並不以爲〈文言〉是孔子的作品。要合理地解釋這種現象，只能說〈文言〉是滙集古語而成的書，爲後人僞託的作品。

歐陽脩立論依據之二，是〈繫辭〉、〈文言〉、〈說卦〉等文辭「衆說淆亂」、「繁衍叢脞」。《易童子問》卷三云：「余之所以知〈繫辭〉而下非聖人之作者，以其言繁衍叢脞而乖戾也。」這是揭露〈文言〉的繁衍叢脞。

歐陽脩立論依據之三，就是揭示〈繫辭〉、〈文言〉、〈說卦〉中的自相矛盾，從而論定它們非出於一人之手。這是揭露〈文言〉中的自相矛盾。

歐陽脩立論依據之四，是〈繫辭〉、〈文言〉中的「子曰」之辭。他以〈繫辭〉、〈文言〉中的「子曰」與孔門弟子追記孔子言行的《論語》作比較，指出如果確係孔子自作，就不會有這種字眼。歐陽脩的《易經》研究，尤其是他「排〈繫辭〉」的大膽舉動，震驚了當時整個學術界。自從司馬遷論定「孔子晚而喜《易》，序〈彖〉、〈繫〉、〈象〉、〈說卦〉、〈文言〉」以後，在東漢，「孔子作《十翼》」已成定說。人們都一直將〈繫辭〉、〈文言〉、〈說卦〉當作《易經》的一部分加以尊崇，從來沒有人提出過懷疑。歐陽脩否定這樣一個千年定案，其震動之大，是可想而知的。就連他最親密的朋友韓琦，最得意的弟子曾鞏、蘇軾也不敢苟同。

到了南宋朱熹作《周易本義》時，他雖然承認歐陽脩的一些見解是可取的，但也不散採用歐陽脩「排〈繫辭〉」的說法，並且批評歐陽脩說：「其作《易童子問》，正王弼之失者才數十事耳，然因〈圖〉、〈書〉之疑，並〈繫辭〉不信，此是歐公無見處。」（見《朱子文集》卷七十一）

歐陽脩在《春秋》研究方面的專論有〈春秋論〉三首、〈春秋或問〉二首等。《春秋》是儒家重要經典之一，是我國第一部編年體史籍。它的記事起於魯隱公元年（西元前七二二年），終於魯哀公十四年（西元前四八一年），計二百四十二年。相傳孔子依據魯國史官所編的《春秋》加以整理修訂而成。解釋《春秋》的著作有《左傳》、《公羊傳》、《穀梁傳》，合稱《春秋三傳》。

歐陽脩重視《春秋》研究，不僅認爲它實用，而且很欣賞它的文章，特別是春秋筆法的「簡而有法」。他說：

> 孔子何為而修《春秋》？正名以定分，求情而責實，別是非，明善惡，此《春秋》之所以作

也。

「簡而有法」，此一句在孔子六經，唯《春秋》可當之，其它經，非孔子自作文章，故雖有法而不簡也。

《春秋》文章的筆法，給歐陽脩的史學、文學極其深刻的影響，特別是他著述《新五代史》和《新唐書》，可以說是學習「春秋筆法」的實踐活動。

歐陽脩的《春秋》研究，深受孫復的影響。孫復比歐陽脩大十五歲，平生專攻《春秋》之學，出新義解經，多得經典本義。歐陽脩的《春秋》研究，宗法孫復，着眼於「其言簡易」、「不惑傳注」，探求經文本義。

歐陽脩認爲《春秋》「經簡而直」，公羊、梁穀、左氏「傳新而奇」，研究《春秋》如果直接從經文出發，不曲從傳注，往往得其本義。所以，他所倡導的捨傳從經的風氣，在當時是具有積極意義的。

歐陽脩對其它經典，諸如《尙書》、《周禮》、《禮記》等方面，均曾質疑問難，從而倡導全面疑經惑傳，促使經學徹底更新。

《尙書》，亦稱《書》、《書經》，是我國最古老的一部上古史，相傳由孔子編選而成。歐陽脩所見到的《尙書》，與我們今天所見到的一樣，基本上是唐初的定本，由今古文《尙書》拼湊而成。歐陽脩著〈泰誓論〉，從「質諸人情」入手，對《尙書・周書》中的〈泰誓〉進行質疑。

在歐陽脩《居士集》卷四十八所收錄的十二首〈問進士策〉，分別作於慶曆、嘉祐年間，幾乎篇篇以疑經惑傳爲題。如〈問進士策三首〉其一，懷疑《周禮》所述的官制不合情理。又〈問進士策三首〉

其三，就《禮記・中庸》與《論語》之間的自相牴牾，提出質疑。此外，〈問進士策四首〉其一，抓住古人所說的「異世殊時，不相沿襲」，「事不師古」，非議《孟子》的「仁政必自經界始」，反對恢復「井田」制。〈問進士策四首〉其二，則以《論語》中的「子不語怪力亂神」，批評《書》、《易》、《詩》、《禮》、《春秋》中的各種怪誕異說。

**2.在史學方面**

歐公受命修《新唐書》是在宋仁宗至和元年（西元一〇五四年）八月，時年四十八；成書於嘉祐五年（西元一〇六〇年）七月，時年五十四，歷時六年。此爲官修的正史，共二百二十五卷，其中「本紀」、「志」、「表」出自歐陽脩手筆，「列傳」由宋祁主持撰寫。

後晉劉昫等本來修有《舊唐書》二百卷，宋人曾公亮〈進新唐書表〉曾云：「五代衰世之士，氣力卑弱，言淺意陋，不足以起其文，而欲明君賢臣，雋功偉烈，與夫昏虐賊亂，禍根罪首，皆不得暴其善惡，以動人耳目，誠不可以垂功戒示久遠。」因而下令重修，前後十七年成書，作到「其事則增於前，其文則省於舊。」歐陽脩《新唐書》的重點，在於補闕失，明褒貶，使史實教育化，文字文學化，故《新唐書》實爲古文運動最有力的宣傳品。

《新唐書》刊行之後不到三十年，就有吳縝的《新唐書糾謬》問世。它專門指謫《新唐書》的失誤，認爲「紀」、「志」、「表」與「列傳」主修者不同，各從所好，體例風格不一。例如，歐陽脩主修「本紀」、「志」，專門講究《春秋》褒貶；宋祁執筆的「列傳」，卻一味追求文采，兩人各行其事，以致史實多有錯誤。對《新唐書》的「文省事增」，吳縝也持有異議，認爲所增史料多取材於唐人小說，並不可靠。南宋初年晁公武《郡齋讀書志》、南宋後期陳振孫《直齋書錄解題》也有類似的批評。

《新唐書》早在宋代，就取代《舊唐書》，成爲記述唐代歷史的唯一正史。宋代號稱的「十七史」，明代所謂的「二十一史」，其中都含有《新唐書》，而《舊唐書》不在其列。直到清代乾隆四年（西元一七三九年）重新校刻「正史」，才把《舊唐書》引入「正史」範圍。當時著名的史學家王鳴盛、趙翼，都認爲新舊《唐書》各有優劣，所謂「二書不分優劣，瑕瑜不掩，互有短長。」因此主張兩書並列，互爲補充，相輔而行，共同傳世。這是歷史給予新舊《唐書》公正合理的評價。

歐陽脩《五代史》，原名《五代史記》，又稱《新五代史記》、《新五代史》，一直沒有一個定稱。直到乾隆年間刻行「二十四史」，把薛居正《五代史》列入「正史」，稱爲《舊五代史》，歐陽脩《五代史》才定名爲《新五代史》。

《新五代史》七十四卷，其中「本紀」十二卷、「列傳」四十五卷、「考」三卷、「十國世家」十卷、「十國世家年譜」一卷、「四夷附錄」三卷。歐陽發〈先公事迹〉云：

（先公）於《五代史》，尤所留心，褒貶善惡，為法精密，發論必以嗚呼，曰：「此亂世之書也。」其論曰：「昔孔子作《春秋》，因亂世而立治法；余述本紀，以治法而正亂君。」此其志也。

可見《新五代史》是歐公的私人著作。他志在效法孔子作《春秋》，褒善貶惡，匡時弊，正亂君。《新五代史》在體例上沿襲司馬遷、班固以來的「紀傳體」，而加以因革。就全書總體例而言，《

新五代史》取法司馬遷《史記》和李延壽《南史》、《北史》，綜合記事。

《新五代史》「本紀」十二卷，素來是以「義例謹嚴」著稱。所謂「義例」，指編撰史書的基本原則和表述方法。蘇轍稱讚歐陽脩撰史「『本紀』法嚴而辭約，多取《春秋》遺意。」歐陽發也稱其父「作『本紀』，用《春秋》之法，雖司馬遷、班固，皆不及也」。這裏的「《春秋》遺意」、「《春秋》之法」，就是歐陽脩的史書義例。

《新五代史》的獨特風格之一，是格外注重史論。歐陽脩一反前代史家慣例，發論不用「論曰」、「贊曰」、「史臣曰」等字眼，而直接以「嗚呼」領起。他自我解釋說，這是因爲五代衰世，史事値得哀嘆的緣故。這種史論，從感慨中生發，筆鋒中常帶憂憤之情，形成一種哀傷咏嘆的格調，尤其動人心弦。他死後，熙寧五年，神宗下詔取其書，十年五月，詔藏秘閣，並付國子監開雕，遂行於世。

歐陽脩的史學著述，除了《新唐書》、《新五代史》之外，還獨闢蹊徑，從金石學、目錄學、譜牒學方面進行探索。他搜集考訂《集古錄》，參與編纂《崇文總目》，創制《歐陽氏譜圖》，爲我國史學的繁榮發展開拓了新的門徑。

先言《集古錄》和《集古錄跋尾》：歐陽脩自稱「性顓而嗜古」，一生酷愛收集碑帖銘文。他的《集古錄目序》云：

> 予性顓而嗜古，凡世人之所貪者，皆無欲於其間，故得一其所好於斯。好之已篤，則力雖未足，猶能致之。故上自周穆王以來，下更秦、漢、隋、唐、五代，外至四海九州，名山大澤，窮涯絶谷，荒林破冢，神仙鬼物，詭怪所傳，莫不皆有，以為《集古錄》。

歐陽脩晚年自號「六一居士」，所謂「六一」，其中之一就是「集錄三代以來金石遺文一千卷」。《集古錄》和《集古錄跋尾》本是合一的，周必大於南宋紹熙、慶元間編集《歐陽文忠公集》時還見有部分眞迹。《歐集・集古錄跋尾》卷末周必大等附注：「集古碑千卷，每卷碑在前，跋在後，……至今猶有存者。」從那以後，《集古錄》散佚，其目錄幸有歐陽棐《集古錄目》，才得以部分保存。

《集古錄跋尾》是歐陽脩爲《集古錄》部分篇目撰寫的跋語，今存四百十二篇，分輯十卷，內容涉及史事、書法和文章藝術。這是歐陽脩審訂考釋金石刻辭的結論，是我國第一部金石研究專著。

次言《崇文總目》：《崇文總目》是我國古代目錄學上一部重要著作。全書六十六卷，分五部四十五類，著錄圖書三萬六百六十九卷，每書撰有提要，各類撰有敍錄，著錄精善，體例完備。今本《崇文總目》雖然已經殘缺，却是我國現存最早的一部國家藏書總書目。崇文，卽崇文院，是當時宮廷藏書的地方。歐陽脩先後於景祐和康定年間，兩次參與編纂《崇文總目》工作，其間歷時三年有餘。今存《歐集》保存《崇文總目敍釋》三十篇。據《文獻通考》卷二百七的記載，《崇文總目》總共四十六類，各類小序，大半出自歐陽脩之手。

繼《隋書・經籍志》之後，官修目錄恪守四部分類的，只有《崇文總目》和《四庫全書總目》。《崇文總目》遠紹劉向《別錄》，書目下面略作解說，開啓晁公武《郡齋讀書志》、陳振孫《直齋書錄解題》等目錄學著作的體例。儘管王應麟《玉海》、鄭樵《通志・校讎略》、李燾《長編》卷一三四，對它的錯處作過一些批評，但是，在唐代《開元四部錄》至清朝《四庫全書總目》之間的一千多年裏，《崇文總目》應該是一部無與倫比的目錄學巨著。

其次言《歐陽氏譜圖》：族譜，是記載家族世系和人物事迹的歷史圖籍。關於它的起源，有的人說始於《周禮》，有的人說始於戰國時期史官所撰的《世本》，後一說較爲普遍。一般認爲，它是從記載古代帝王、諸侯世系、事迹的歷史文獻逐漸演變來的。漢代有《帝王年譜》、《氏族譜》、《萬姓譜》等，標志著譜學有了相當的發展。魏晉南北朝至隋唐時期，社會以門第相尚，修譜風氣鼎盛。當時譜牒多爲官修。

經過唐末五代之亂，世族勢力受到打擊。宋王朝建立以後，社會上門第觀念日形衰落，族譜之作也較前式微。歐陽脩爲了拯救譜牒學，首創私家修譜的風氣。他改革族譜體例，使私家譜牒體例規範化、通俗化，終於使古老的譜學在瀕臨散亡的絕境中，再次煥發生機，導致了後來明、清兩代譜學的繁榮。

據〈歐陽氏譜圖序集本〉前文所說，他的〈譜圖〉，是採司馬遷《史記》的表、鄭玄《詩譜略》，依其上下旁行而作。《譜圖》以五世爲限，上從高祖起，下至玄孫止。五世以外，表格難以容納，就另外開闢一個世系。這樣的圖表，以時代爲經，以人物爲緯，每人之下記載子孫姓名，人物事迹，其中包括遷徙、婚嫁、官封、名謚等，見於史傳或其它家譜的，附於圖後，記事繁簡，則以遠近親疏爲別，《譜圖》簡易清晰，便當實用。無怪乎它一經問世，就被世人廣爲取法，成爲宋以後新譜牒的規範之作。

**3. 在文學方面**

歐陽脩的著作，在南宋紹興、慶元年間，由周必大、孫謙益、胡柯、羅泌等編定爲《歐陽文忠公集》一百五十三卷，約百萬言。其中包括《居士集》五十卷、《外集》二十五卷、《易童子問》三卷、

《內制集》八卷、《表奏書啓四六集》七卷、《奏議集》十八卷、《雜著述》十九卷、《集古錄跋尾》十卷、《書簡》十卷。另外，尚有《新五代史》七十四卷，以及與宋祁合編的《新唐書》。其中除《易童子問》三卷、《集古錄跋尾》十卷、《新五代史》、《新唐書》以及〈易或問〉、〈春秋論〉、〈泰誓論〉、〈問進士策〉、《歐陽氏譜圖》等，在經學、史學中已經涉及不計外，其他於詩、於詞、於散文、於詩話，在有宋一代的學術和詩文革新運動中，均占有極重要的地位。其中別册單行者，計有《六一詩話》和《六一詞》兩種，其他詩文雜著見於文集者，在此不予論列。

先言《六一詩話》：歐公在《詩話》前有一小序說：「居士退居汝陰，而集以資閑談也。」由「退居汝陰」四字，當知此乃歐公晚年之作。因屬閑談性質，故取名「詩話」。整個作品僅有二十七則，是我國最早的一部詩話，它爲中國文學批評史樹立了一塊重要的里程碑。該書內容主要爲記事及批評，範圍限於唐宋二代的詩家和作品，例如言「蘇子瞻學士」事：

蘇子瞻學士，蜀人也，嘗於淯井監得西南夷人所賣蠻布弓衣，其文織成梅聖俞〈春雪〉詩。此詩在聖俞詩中未為絕唱，蓋其名重天下，一篇一詠，傳落夷狄；而異域之人貴重之如此耳。子瞻以余尤知聖俞者，得之，因以見遺。余家舊蓄琴一張，乃寶曆三年，雷會所斲，距今二百五十年矣！其聲清越如擊金石，遂以此布更為琴囊，二物真余家之寶玩也。

此條純記布詩琴囊，爲歐家寶玩之事，雖無關詩評，但對聖俞〈春雪〉詩之抑揚，亦流露於字裏行間也。又歐公不滿晚唐五代文格卑靡，所以他說：

唐之晚年詩人，無復李、杜豪放之格，然亦務以精意相高，如周朴者構思尤艱，每有所得，必極其雕琢，故時人稱朴詩月鍛季鍊，未及成篇，已播人口，其名重當時如此，而今不復傳矣！余少時猶見其集，其句有云：「風暖鳥聲碎，日高花影重。」又云：「曉來山鳥鬧，雨過杏花稀。」誠佳句也。

這則詩話言晚唐詩人無復李、杜豪放之格，但對晚唐詩人中如周朴者，因爲苦心構思，月鍛季煉之佳句，仍給予肯定，正見歐公心地寬厚，不掩人長的態度。

宋詩尙議論，重氣骨，精能透闢，曲折洗煉，都由歐公開其先聲，《六一詩話》內容雖儉而不豐，然默而察之，却不難發現個中消息。

又汲古閣有《六一詞》一卷。如果加上吉州本歐集，所收近體樂府三卷，吳昌綬雙照樓景宋本《醉翁琴趣外編》六卷，共收的詞，重復不計，可得二百多闋。不過其中有些詞作，眞僞難定，或部分作品與馮延巳、張先、晏殊、晏幾道、秦觀相混。如果將作者難以肯定的加以排除，眞正沒有問題，絕對爲歐公之作的大約一百五六十首而已。

歐公一生仕宦，多歷坎坷，往往於酒酣耳熱，歌榭舞臺之際，寫些逢場作戲，狎娼孋妓之作，亦不無可能。再說他初娶胥夫人，年僅十六，續弦楊氏，年亦不過十七，三娶薛夫人，年才二十，三次新婚，人皆羨神仙眷屬；而兩度悼亡，又同悲玉女升天，北使異國，南竄江滸，悲歡離合，情之所鍾，一託之於詞。如〈南歌子〉、〈憶秦娥〉、〈江神子〉爲新婚燕爾之詞。〈踏莎行〉、〈玉樓春〉、〈摸魚兒〉爲閨怨惜別之音。如果以此意來讀歐公《六一詞》，就會別有一番體會和天空了。

## (三) 歐陽脩在學術上的貢獻

歐陽脩在北宋中期的文壇、學壇，以自己卓越的才華，在多種領域裏，爲後人奉獻了新的觀點，開啓了新的門徑，對有宋一代的經學、史學和文學的發展，作出了不可磨滅的貢獻。

在經學研究上：歐陽脩不滿魏晉以來三教鼎立的局勢，和漢唐經學繁瑣附會的傳釋，以及漢唐注疏中的讖緯迷信之說。所以他首倡疑古辨僞之風，主張突破漢唐注疏的束縛，緣人情，尙簡要，直接從經文出發，探求經典本義，使經學研究擺脫名物訓詁的軌道，轉入講求義理的方向。

他的《詩經》研究；懷疑《易經》《繫辭》以下各篇爲孔子所作的傳統說法；批評《春秋》三傳乖舛好奇；對《尙書》、《周禮》、《禮記》、《論語》……都以質疑的眼光重新檢討和審視。他獨具慧眼，直抒己見，目的在於恢復儒學的原貌，以勝佛道之說，達成儒學獨尊的地位。

至於歐陽脩倡導的排斥異端，復興儒學，講求義理，疑經辨僞，對理學的形成也具有草創之功。

在史學著述上：歐陽脩尊重歷史，「不沒其實」；堅持「天人相分」，反對祥瑞之說；通過史學著作，褒貶忠奸，整飭道德，標舉名節。他參與編纂《新唐書》，獨力撰寫《新五代史》，繼承孔子《春秋》的褒貶筆法，講求義例，創制新體，豐富並發展了我國正史的體例，在二十四史中別具特色。他的史學著述，採用古文，摒除駢儷，注重文學意味，筆鋒常帶感情，表現出文學家的修史特色，可以說是司馬遷以後最具有文學特色的史學家。歐陽脩除正史著述之外，還爲後代史學開拓多種門徑。他的《集古錄》，是我國金石考古學的第一部專著，《四庫全書總目·史部》將它置於《目錄類》金石學著述的首位，後代史學家重視金石，利用金石刻辭，考訂歷史事實，就是從歐陽脩開始的。歐陽脩參與編纂的《崇文總目》，是《隋書・經籍志》以後重要的官修目錄，也是我國現存最早的一部國家藏書的總書目，《四庫全書總目・史部》把它放在《目錄類》書目著述的首位。它恪守四部分類，又調整部類，設立新目，對我國古代目錄學的發展有着重要貢獻。歐陽脩編撰的《歐陽氏譜圖》，對我國譜牒學的發展有傑出貢獻，歐陽脩與蘇洵倡修私家譜牒，他對改革家譜體例，奠定宋以後譜牒模式，爲明淸兩代私家修譜的繁榮，創造了必要條件。

在文學創作上：歐陽脩對後世貢獻最大，影響最烈的，是他的文學創作。在理論建設上，他雖然以「尊韓」作號召，但是却突破了韓愈純粹儒家道統的束縛，賦予「道」的內容爲現實生活中的「百事」，認爲關心百事，「道」就在其中。他又不像韓愈那樣重「道」輕「文」，而是旣重視文章思想內容，又不忽略文章的藝術價值。

歐陽脩的詩歌創作，充分表現了個人生活感受，反映社會現實，奠定了宋詩的基礎。在藝術風格上，他除了學韓愈「以文爲詩」之外，還模仿李白、杜甫，重氣格，尙議論，講究詩歌的形象感、含蓄性和音樂美。

歐陽脩在宋初詞壇，不失爲大家之一。他的詞作，三分之二是艷詞，表現男女情愛，離別相思，藝術表現上委婉深曲，眞摯親切。他不像「花間詞人」那樣綴玉鋪金，濃艷雕琢，而是轉向對人物心理活動的細緻刻畫，抒發眞情實感。歌詞另外的三分之一，在題材範圍上有所拓展，如言志、抒懷、咏史、咏物、寫時令節俗、都市生活等，其中有的感慨深沉，意境開闊，淸人馮煦《宋六十一家詞選例言》稱歐詞「疏雋開子瞻，深婉開少游」，肯定了歐陽脩在宋詞發展史上承先啓後，繼往開來的地位。

歐陽脩的散文創作以尊崇韓愈古文開始，大膽地變古創新，形成自己特有的風格，無論敍事、抒情、寫景、議論，都能做到語言平易曉暢，紆餘委備，結構嚴謹縝密，曲折多姿；尤以情韻綿邈，婉轉跌宕而著稱。這種被後世人豔稱不已的「六一風神」，在當時影響了曾鞏、蘇轍的創作；尤其是曾鞏的文風，委婉平和，雍容醇雅，受歐陽脩影響最深，後人往往將他們並稱「歐曾」。明代中期以後，歸有光的抒情小品文，情感眞摯，文筆流暢，深得歐陽脩「風神」。淸代方苞、姚鼐等桐城派古文，講究雅潔、神韵、義法，風格偏重陰柔，與歐文風格頗有一脈相承之迹。

此外，歐陽脩散文還有着多種開創性貢獻，他曾經在駢文中注入散文筆法，改造駢文；他以散文手法寫賦，開創了「文賦」新傳統。他的《六一詩話》記載詩壇軼事，評論詩作，創立一種隨筆、漫話式的批評新形式，開宋人詩話先例。他的《歸田錄》、《試筆》等隨筆小品，或敍朝廷遺聞，或記名物典章，或借題發揮，或戲笑調侃，寫得短小精悍，生動活潑，開宋人筆記創作之先河。

## 四 結 語

歐陽脩在北宋中期身爲政府顯貴，文章巨公，學術泰斗，不僅在宋王朝有着舉足輕重的影響，而且聲名遠播。

歐陽脩學識贍博，興趣廣泛。他的學術研究和文學創作，涉及範圍廣闊，幾乎觸及到當時學術的所有領域。他在各種道路上充當開路先鋒，成了「只開風氣不爲師」的典型人物。他在如此廣闊的範圍內，從事前所未有的探索、開拓和創造，學識的精深度，比起後來學者的分頭專攻，自然稍遜一籌；但也因此使後人站在他所奠定的基礎上，看得更深更遠，所謂「青勝於藍」、「後來居上」，就是這個道理。然而，決不能因爲這種原因，便忽視歐陽脩的開創之功。

歐陽脩對當時和後世的影響是多方面的。如文學、史學、經學等方面的理論與實踐，像陽光四照，幅射到當時的文壇、學壇和政壇，對有宋一代的上層建築，產生了一定影響。歐陽脩的學術並無門戶，接受他的影響者大有人在，而直接繼承歐學的恐怕只有曾鞏。後來主宰着思想領域的宋明理學家，雖然尊奉歐陽脩爲先賢，但是礙於門戶之見，只推崇歐陽脩的古文，却輕視了他在其它方面的成就。

# 五、歐陽脩的散文藝術

## ㈠ 前　言

歐陽脩在散文創作方面，力求新意，不受成規的約束，經常從感情出發，信筆所至，形成了自己獨特的「六一風神」。

## ㈡ 「六一風神」的真諦與體現

所謂「風神」，最早指人的風度或神采。劉義慶《世說新語・賞譽》形容王彌「風神清令」，《晉書・裴秀傳》稱讚裴楷「風神高邁」，都是指人的風度或神采而言。唐宋時期，如韓愈〈酬裴十六功曹巡府西驛途中見寄〉詩云：「遺我行旋詩，軒軒有風神」，用來指稱詩歌的風格。也有人用它來指稱書法氣韻的，如姜夔在《續書譜》上說：「風神者，一須人品高，二須師法古，三須紙筆佳，四須險勁，五須高明，六須潤澤，七須向背得宜，八須時出新意。」而最早用「神風」一詞來形容文章風格的爲明人茅坤。他在《唐宋八大家文鈔・歐陽文忠公文鈔引》中，曾用「風神」概括司馬遷文章的風格。說自「太史公遷，以其馳驟跌宕，悲慨嗚咽，而風神所注，往往於點綴指次，獨得妙解，譬之覽仙姬於瀟湘、洞庭之上，可望而不可近者。」最早用「風神」來評述歐陽脩散文風格的，也是茅坤，他在評點〈

王彥章畫像記〉時，說：「以縱橫夭矯之文，寫其感思悠揚之情，手法一一彷彿《史記•屈原傳》，而出歐陽子手，風神特自寫生，絕少依仿之迹也。」

由此觀之：「風神」指一種生動、遒勁的藝術特色。它先是用於特稱司馬遷的文章風格，繼而指歐陽脩的散文風格，到清代桐城派古文家手上，「六一風神」的稱謂，始廣泛地被文壇使用。

「風神」一說，在理論上與南朝劉勰「風骨說」、晚唐司空圖「韻味說」，有或多或少的承襲，和脈絡貫通之處。既指不可言傳的散文風度、神韻，也指思想內容上的風骨、神髓。

「六一風神」的藝術內涵是什麼呢？在此可先看看茅坤及清代桐城派古文家的論述：

茅坤於《歐陽文忠公文鈔》評〈釋秘演詩集序〉說：「多慷慨嗚咽之音，覽之如聞擊筑者。……以此篇中命意最曠而逸，得司馬子長之神髓矣。」劉大櫆評〈黃夢升墓誌銘〉說：「歐公敘事之文，獨得史遷風神。此篇遒宕古逸，當爲墓志第一。」又評〈河南府司祿張君墓表〉云：「歷敘交遊，而俯仰身世，感嘆淋漓，風神遒逸。」可見，慷慨嗚咽，遒勁清逸，是「六一風神」的內涵之一。

茅坤於《歐陽文忠公文鈔》評〈資政殿學士戶部侍郎文正范公神道碑銘〉，說：「歐得史遷之髓，故於敘事處裁節有法，字不繁而體已完。」又評〈相州晝錦堂記〉云：「以史遷之烟波，行宋人之格調。」方苞《古文約選序例》說：「敘事之文，義法備於左、史；退之變左、史之格調，而陰用其義法；永叔摹《史記》之格調，而曲得其風神。」可見，裁節有法，曲盡其情，也是「六一風神」內涵之一。

## ㈢ 歐陽脩的散文藝術

由上述的論證分析，可知「六一風神」作爲一種生動、遒勁的創作藝術，具有以下四種特徵：

在行文方面：平易自然，有婉曲之美

歐陽脩的散文是在同「西崑體」的典雅華貴和「太學體」的險僻生澀中建立起來的，平易自然，婉曲有致，是他創作的典範。他總結爲人爲文之道，首重平易自然。說：「君子之欲著於不朽者，有諸其內而見於外者，必得於自然。」不過，他所以提倡平易之同時，也重視文采者，是將平易和文采統一於「自然」的條件之下。嘉祐元年（西元一〇五六年），在〈與澠池徐宰書〉中，說到人之爲文要講究「精擇」、「峻潔」，而「不必勉强」，「須待自然之至」，便是很好的例證。

人所共知，歐文淵源於韓文，但不等同於韓文，而是在作品風格上別樹一幟。韓愈的文學主張雖然標榜「文從字順」，但同時也强調「詞必己出」、「唯陳言之務去」，於是韓愈的作品，給人一種尚奇好險的印象。歐陽脩不然，他在領導北宋詩文革新運動中，便針對韓文奇險的弊病，呼籲學者「勿用造語」、「取其自然」，並在自己從事創作的時候身體力行，倡導平易自然的文風。

南宋的朱熹雖然對歐陽脩的經學研究頗有疵議，却說他的文章「十分好」，並且指出「歐公文章及三蘇文好處，只是平易說道理，初不曾使差異底字，換却那尋常底字。」指的正是尙奇好險之弊。

又羅大經《鶴林玉露》卷二，記載楊東山對歐文的評價。楊東山將歐陽脩平易自然的文風，比作飯中正味，養而不饜。他說：

歐公文非特事事合體，且是和平深厚，得文章正氣。蓋讀他人好文章，如吃飯。八珍雖美而易厭，至於飯，一日不可無，一生吃不厭。蓋八珍乃奇味，飯乃正味也。

或有人以爲文章平易，必然平鋪直敍，質木無文，其實不然。我們細讀歐陽脩散文的「平易自然」是與「婉曲有致」相結合的。他的行文大多善用「紆徐」、「柔婉」的跌宕之筆，曲折感人。例如宋仁宗景祐三年（西元一〇三六年），歐陽脩貶謫夷陵途中寫的〈讀李翺文〉，就是一篇樸實無華而又婉曲多致的代表作。作者在身受不公平待遇的時刻，念念不忘的仍然是國家安危，朝政利弊。文中抒發憂國憂時之情，和對朝廷忠奸不辨、是非不明的忿懣，可說是翻轉跌宕，於平易自然中見婉麗精巧之筆。

全文總共不足四百字，而文字本色，不事雕飾，却七折八轉，跌宕起伏，最後幾句畫龍點睛，感情慷慨而深沈。清林雲銘《古文析義》卷十四評點本文時說：「文之曲折感愴。能令古今來誤國庸臣無地生活。」

在布局方面：紆餘委備，有抑揚之美

蘇洵是首先而且精確地評論歐陽脩散文風格特徵的學者，在〈上歐陽內翰第一書〉中，他說：

執事之文，紆餘委備，往復百折，而條達疏暢，無所間斷；氣盡語極，急言竭論，而容與閑易，無艱難勞苦之態。

眞正道出了歐文紆餘委備、條達疏暢的特點。以後王安石在〈祭歐陽文忠公文〉裏，也揭示了歐文豪健俊偉、雄辭閎辯的另一特點，如云：

形於文章，見於議論，豪健俊偉，怪巧瑰琦。其積於中者，浩如江河之停蓄；其發於外者，爛如日星之光輝；其清音幽韻，凄如飄風急雨之驟至；其雄辭閎辯，快如輕車駿馬之奔馳。

我們如果把歐陽脩散文中的「豪健俊偉」、「雄辭閎辯」，揉合在「紆餘委備」、「疏達條暢」之中，其作品便形成了文章的抑揚頓挫，慷慨咏嘆的藝術特點。這種情形正如清朝方東樹在《昭昧詹言》上說的：「歐公情韻幽折，往反咏唱，令人低回欲絕，一唱三嘆，而有遺音，如啖橄欖，時有餘味」。

《與高司諫書》一向被認爲是歐文接近韓文雄放風格的作品。方苞評點此文說：「歐公苦心韓文，得其意趣，而門徑則異。韓雄直，歐變而爲紆餘；韓古樸，歐變而爲美秀。唯此篇骨法、形貌，皆與韓爲近。」其實，玩味這篇文章的筆法，還是深深地烙上了歐文「紆餘委備」的風格印記。作者雖然怒不可遏，義憤塡膺，對高嚴辭斥責，但是，仍然堅持以迂曲往復，從容說理的方式，達成克敵制勝的目的。

文章以開筆，就遙接十四年前的往事，用了三個層次，徐徐回顧對高若訥，其人品質的認識過程。十四年間，共有三「疑」，終於轉爲今天的「決知足下非君子也」。三「疑」而一「決」，給文章造成頓挫起伏之勢，使一篇本屬私人往還的書信，陡然之間，捲起了狂濤巨浪，耐人尋味。

作品進入正題後，還是沒有順理成章地嚴辭怒斥，而是採逆筆取勢的手法，紆曲設辭，表面上似爲高若訥開脫，實際上則是採取以退爲進的手法，揭穿其僞君子的假象，還其「君子之賊」的本色。

以下文字如江河流水，自高而下，順勢而成，有引證歷史事實，以古類今的；有踔厲風發的議論，有義正辭嚴的痛斥，如「不復知人間有羞恥事」，「他日爲朝廷羞者，足下也」等。但通覽全文，文章以徐緩的說理，迂廻的假設，曲折的語言，從多方面體現歐文的風格特點。

另一篇文章〈樊侯廟災記〉，是歐陽脩駁斥樊侯神靈降災的文字。主旨是說鄭地的一個盜賊，剖開樊侯廟神像的腹部，取走其中的東西，接着發生風雨冰雹之災。迷信的人認爲這是樊侯震怒的後果，於是作者便鍼對此點，提出了反駁，文曰：

> 余謂樊侯本以屠狗立軍功，佐沛公至成皇帝，位為列侯，邑食舞陽，剖符傳封，與漢長久。《禮》所謂「有功德於民則祀之」者歟？舞陽距鄭既不遠；又漢、楚常苦戰滎陽、京、索間，亦侯平生提戈斬級所立功處，故廟而食之，宜矣。方侯之參乘沛公，事危鴻門，瞋目一顧，使羽失氣，其勇力足有過人者，故後世言雄武稱樊將軍。宜其聰明正直有遺靈矣。
>
> 然當盜之倳刃腹中，獨不能保其心腹腎腸哉？而反貽怒於無罪之民，以騁其恣睢何哉？豈生能萬人敵，而死不能庇一躬耶？豈其靈不神於御盜，而反神於平民，以駭其耳目邪？風霆雨雹，天之所以震耀威、罰有司者，而侯又得以濫用之耶？

觀本文筆法，作者開始並不急於反駁，而是採欲擒故縱之法，補敍樊侯生前功績，以及立廟鄭地的原因，並描寫他在鴻門宴上威武不屈的形象；將文筆故意宕開一步，爲下文批駁蓄勢。進入正面駁斥時，連用五個反詰句型，步步進逼，環環緊扣，有板有眼，有理有據，使迷信說法難以立足。文章轉折不窮，跌宕生姿，有排山倒海之勢。明人唐順之稱讚本文說：「文不過三百，而十餘轉折，愈出愈奇，文之最妙者也。」正可印證歐文在佳構布局方面，那種紆餘委備，抑揚頓挫的特色。

在情韻方面：情韻綿邈，有陰柔之美

清桐城派古文家姚鼐在〈復魯絜非書〉中說：「宋朝歐陽、曾公之文，其才皆偏於陰柔之美者也。」並對陰柔之美作了進一步的闡述：

> 其得於陰與柔之美者，則其文如升初日、如清風、如雲、如霞、如烟、如幽林曲澗、如淪、如漾、如珠玉之輝、如鴻鵠之鳴而入寥廓；其於人也，漻乎其如歎、邈乎其如有思、暖乎其如喜、愀乎其如悲。

可見，具有陰柔之美的作品，有著飽含深情，令人神往的韻味。〈醉翁亭記〉，歷來被人嘆爲「歐陽絕作」。它瀟灑頓跌，情韻綿邈，最能體現歐文的陰柔之美。明人茅坤譽爲「昔人讀此文，謂如游幽泉邃石，入一層才見一層；路不窮，興亦不窮；讀已，令人神骨翛然長往矣。此是文章中洞天也。」揭示了該文的主要風格特點。

今觀此文，不但著筆於記「亭」，更著力於表現「醉翁」的心態，以「樂」爲中心，展示作者寄情山水，與民同樂的思想。它由勾畫醉翁亭四周優美的自然環境入手，從「環滁皆山」到「林壑尤美」的西南諸峰，再到「蔚然而深秀」的瑯琊山，到「水聲潺潺」的釀泉，到「翼然臨於泉上」的醉翁亭，一步一景，層層推進，通過描寫林泉相映之美，山水寄情之樂，推出了「醉翁」其人，更推出了文章的主題：「醉翁之意不在酒，在乎山水之間也。山水之樂，得之心而寓之酒也。」

這是「醉翁」身處優美大自然中「樂亦無窮」的情趣，然而「醉翁」的山水之樂，還有更深一層的內涵，那就是與民同樂。文中對滁人游山之樂和太守宴游之樂的描述，就充分勾勒出這種與民同樂的場面。所謂：

至於負者歌於途，行者休於樹，前者呼，後者應，傴僂提攜，往來而不絕者，滁人游也。臨溪而漁，溪深而魚肥；釀泉為酒，泉香而酒洌；山肴野蔌，雜然而前陳者，太守宴也。宴酣之樂，非絲非竹。射者中，弈者勝，觥籌交錯，起而喧嘩者，眾賓歡也。蒼顏白髮，頹然其間，太守醉也。

在生動的畫面裏，將滁人游山之樂與太守宴游之樂結合起來，優美的山光水色，加上百姓的安居樂業，使這位所謂「醉翁」太守，感到無窮的樂趣。

最後，描寫夕陽西下，太守與賓客興盡而歸的情景，並由「游人去而禽鳥樂」，引出對本文主題的議論。全文蘊蓄著充沛的感情，無論寫景、敍事、議論，都跳躍著作者發自內心的愉悅。文章像一首抒情詩，緊扣一個「樂」字，寫得從容婉曲，筆墨酣暢，尤其在句法方面，更是駢散結合，長短得宜。又歐陽脩在本文連用二十一個「也」字，它有規律地散見全篇，反復出現，加强了文章的節奏感和抒情氣氛，也强化了文章咏嘆的韻味，讀起來琅琅上口。

在語言方面：含蓄蘊藉，有清醇之美

歐陽脩的散文，富有一唱三嘆，情韻綿邈的韻味。朱熹評論歐陽脩的文章時曾說：「歐公不盡說，含蓄不盡。」魏禧也指出：「歐文之妙，只在說而不說，說而又說，是以極吞吐、往復、參差、離合之致。」他作的〈峴山亭記〉，就是這樣一篇含蓄蘊藉、綿邈清醇的作品。

說起〈峴山亭記〉，不能不先說「峴山」的地理位置，和「峴山亭」的來歷。依照記載：峴山，在今湖北襄陽南面，東臨漢江。晉初，羊祜鎮守襄陽，功績卓著。死後，襄陽百姓在峴山建羊公廟紀念他，並在他游山休憩的地方建峴山亭。杜預平定吳國之後，將功績刻於二碑石上，一置峴山之上，一沈漢水之中，以爲卽使將來陵谷有變，終究有一碑石留存人間，名聲可垂後世。峴山因爲這兩人而聞名於世。宋神宗熙寧初年，史中輝以光祿卿來守襄陽，擴修改建峴山亭，「又大其後軒，使與亭相稱」，並以自己的官銜命名爲「光祿堂」。史中輝與歐陽脩交情友善，託名襄人爲他立碑記功，並請歐陽脩爲之作記。歐陽脩素來反對沽名釣譽，但礙於朋友情面，又不便斷然拒絕，所以行文之際頗費斟酌，因而寫下這篇含蓄吞吐的名作。

作者對史中輝的好名舉動，絕不點破，祇是慨嘆羊祜、杜預的「汲汲於後世之名」，尤其對杜預的貪名勒石，更是語含譏諷。話語之中，規勸史中輝立碑記功之擧大可不必，情意已在不言之中。說到史中輝時，寫道：

> 熙寧元年，余友人史君中輝以光祿卿來守襄陽。明年，因亭之舊，廣而新之，既周以回廊之壯，又大其後軒，使與亭相稱。君知名當世，所至有聲，襄人安其政而樂從其游也。因以君之官，名其後軒為光祿堂；又欲紀事於石，以與叔子（羊祜）、元凱之名並傳於久遠。君皆不能止也，乃來以記屬於余。

文章含蓄蘊藉，筆姿搖曳。它以古喻今，咏嘆再三，寫得意味深長，既敷衍了朋友的請托，又表白了自己的觀點。一篇難於下筆的文字，在作者手中寫得如此言約意遠，藏鋒斂鍔，眞不愧大家手筆。所以，何焯稱此文「言外有規史君好名意。蓋叔子是賓，光祿堂却是主也。史君非其人而尤汲汲於名，公蓋心非之，妙在微諷中有引而進之之意。」《古文辭類纂》卷五十四引姚鼐語曰：「歐公此文，神韻縹緲，如所謂吸風飲露，蟬蛻塵埃者，絕世之文也。」

## ㈢結　語

蘇洵〈上歐陽內翰第一書〉說，歐陽脩的散文藝術是「紆餘委備，往復百折，而條達疏暢，無所間斷；氣盡語極，急言竭論，而容與閑易，無艱難勞苦之態。」清代姚鼐於〈復魯絜非書〉中，認爲歐陽脩的文章偏於陰柔之美。所謂陰柔之美，他形容「如升初日、如清風、如雲、如霞、如煙、如幽林曲澗、如淪、如漾、如珠玉之輝、如鴻鵠之鳴而入於寥廓。」這就是被前人譽爲「六一風神」的總體形象。他的散文藝術成就，不僅對曾鞏、王安石、三蘇有直接影響，就是宋代散文的繁榮與發展，也因而起了重要作用。他是繼韓愈之後，我國散文史上又一座歷久彌新的豐碑。

# 六、歐陽脩在散文上的成就

## (一) 前　言

歐陽脩一生在散文方面的創作十分豐富，僅就《歐陽文忠公文集》而言，其中所包括的《居士集》、《居士外集》、《表奏書啓四六集》、《奏議集》、《書簡》等，卽達一千四百餘篇，此外，還有《內制集》、《外制集》、《崇文總目敍釋》、《歸田錄》、《于役志》、《詩話》、《筆說》、《試筆》、《集古錄跋尾》等文告滙編和專著方面的文章。爲數之多，眞可以用指不勝屈來形容了。

歐陽脩爲文長於各種文體，如賦、論、記、序、雜文、書簡、祭文、墓誌、疏奏、題跋、筆記等，應有盡有，並且皆「各極其工」。這一點兒，在吳充〈歐陽公行狀〉中說的最是明白。（吳文見本書附錄三），可供參考。以下分從議論文、記敍文、碑祭文、抒情文四方面，說明歐陽脩在散文創作上的成就。

## (二) 歐陽脩在議論文方面的成就

議論文在歐陽脩的散文創作中占有很大的比重，在他的文集裏，除標明以「論」爲題者外，其他如雜文、書啓、贈序、疏奏、題跋中也有許多精彩的議論文。就內容而言，大別分爲三類：有政論文，內容在揭露時弊，闡明自己的政治主張，如〈上范司諫書〉、〈與高司諫書〉、〈本論〉、〈原弊〉、〈朋黨論〉、〈論杜衍范仲淹等罷政事狀〉、〈縱囚論〉等；有史論文，旨在說古論今，總結歷史的經驗教訓，如〈賈誼不至公卿論〉、〈五代史·伶官傳序〉、〈五代史·宦者傳論〉、〈五代史·明宗紀論〉等；有文學理論，目的在闡述自己的文學主張，鼓吹詩文革新，如〈答吳充秀才書〉、〈與樂秀才書〉、〈答祖擇之書〉、〈讀李翱文〉、〈論尹師魯墓志〉、〈梅聖俞詩集序〉等。這些議論文中的多數作品，都充分表現了作者在那個求變求新的時代裏的思想和主張。

歐陽脩議論文的第一個特點，是寫得觀點新穎明確，議論雄辯透闢：比如〈朋黨論〉，這是作者於宋仁宗慶曆三年寫的一篇反擊保守派的文章。當時范仲淹、杜衍、富弼、韓琦等推行慶曆新政，歐陽脩也在朝任職，革新派雖然取得了一定成就，却觸犯了官僚富豪們既得的利益，於是他們四處造謠，攻擊范仲淹等人私立朋黨，爲了駁斥政敵的攻擊，敦勸仁宗皇帝的支持，歐陽脩寫下了這篇千古不朽的作品。觀其內容，作者沒有把它寫成一篇辯誣文字，和單純的駁論文章。而是從承認朋黨、區別朋黨、贊揚君子之朋的角度立論：所謂「小人無朋，惟君子則有之。」「惟幸人君辨其君子小人而已。」「但當退小人之僞朋，進君子之眞朋。」主題新穎，論點鮮明，全文圍繞這個中心進行。先從理論上進行論說，肯定「朋黨之說，自古有之。」接着說，關鍵在於人君要正確區分君子之朋和小人之朋，繼而再論說二者的根本區別：「君子與君子以同道爲朋」，「小人與小人以同利爲朋」。據此得出結論：「小人無朋，惟君子則有之。」在進行了理論上的論述之後，作者又以大量的篇幅，列舉事實來證明自己觀點之正確，進一步論證：退小人之僞朋，用君子之眞朋，則可天下大治；否則，卽會喪亂敗亡。全文論證結合，虛實相間，引古證今，是非分明，具有強烈的說服力。

〈朋黨論〉這篇文章之所以引人注目，獲得較高的評價，其主要原因有二：一、絕非空發議論，而是針對當時保守派對革新派的誹謗和攻擊，予以迎頭痛擊。論述透闢，剖析深刻，議論紆餘有致，並且引證大量的歷史事實，闡明朋黨有邪有正的論點，具有強大的信度。二、文中連用排比，反復論證，多次轉折，並且正反俱陳，對比鮮明客觀，增加了政論文的氣勢。

再如〈五代史・伶官傳序〉，雖是一篇史論，但同樣立論新穎、明快。文章主要是總結後唐莊宗寵幸伶官而身死國滅的教訓。文章開宗明義，提出了全文的中心論點：「盛衰之理，雖曰天命，豈非人事哉！」強調一個王朝的興亡盛衰，不在天命，而在人事。緊接著敍寫唐莊宗興亡的史實，然後推進一層，從史實中得出結論，並借題發揮，議論犀利，切中要害。所謂「憂勞可以興國，逸豫可以亡身。」「禍患常積於忽微，而智勇多困於所溺。」全文論點明確，對比鮮明，布局嚴謹，條理清晰，於文筆抑揚，富有音節之美外，更是夾敍夾議，援據有力。而這一歷史經驗的總結，對北宋當政者更具有極強的諷諭意義。明朝茅坤評此文說：「此等文章，千年絕調。」清朝沈德潛也說：「抑揚頓挫，得《史記》神髓，《五代史》中第一篇文字。」

〈與高司諫書〉一文寫作的背景和旨趣，根據〈宋史・歐陽脩傳〉，大意是說當保守派宰相呂夷簡誣陷革新派領袖范仲淹，范仲淹被貶。身為司諫的高若訥，不但該諫不諫，而且還追隨保守派詆毀范仲淹；當余靖、尹洙替范仲淹鳴不平而又被貶官時，高若訥仍無動於衷。歐陽脩懷着強烈的義憤，寫下了這封傳誦千古的書信。對高若訥這個趨炎附勢的人物進行了無情的鞭撻和揭露，痛斥其「不復知人間有羞恥事」，並表示，如果高若訥堅持認爲范仲淹不賢當貶，那就請他拿出此信上朝去告發自己。態度鮮明，言辭激憤，字裏行間充溢着剛直不阿，激憤塡膺的浩然正氣。由於高若訥上其書於朝廷，歐陽脩便因此坐貶夷陵令。時爲宋仁宗景祐三年（西元一〇三六年），綜觀全文，寫得反復曲折，從容不迫，以理服人，而不求助於嚴辭厲色。作者在文章中，通過他人對高司諫的介紹，以及後來的相識，首先分三個層次，對其提出懷疑。然後便委婉圓熟地剖析高若訥這個人，由遠及近，虛實相間。接着寫范仲淹的爲人行事：「平生剛正，好學通古今，其立朝有本末，天下所共知，今又以言事觸宰相。」說明高司諫本應對貶范仲淹的錯誤處置仗義直言，而高却「既不能爲辨其非辜，又畏有識者之責己，遂隨而詆之，以爲當黜。」於是又接寫高若訥之爲人，指斥他不僅是一個保官保命的庸人，而且「反昂然自得，了無愧畏」，是個十足的文過飾非的僞君子。再接下去，便以漢朝的蕭望之和王章被石顯、王鳳誣死爲例，說明忠賢人才被害，「是直可欺當世之人，而不可以欺後世。」

文字最後歸結到蔑視權貴，敢於直諫的人，竟不顧御史台的榜示，越職爲范仲淹無辜遭貶而申辯，怒斥高若訥「在其位而不言，便當去之」，「足下猶能以面目見士大夫，出入朝中稱諫官，是足下不復知人間有羞恥事爾。」這不僅是對保守派的憤怒指責，也是抒發一己的義憤塡膺之感情，氣盛神旺，光明磊落，誠如黃庭堅所說：「觀歐陽文忠公在館閣時〈與高司諫書〉語氣，可以折衝萬里。」（見〈跋歐陽文忠公江梨花詩〉）蘇軾評歐文說：「其言簡而明，信而通，引物連類，折之於理，以服人心。」（〈居士集序〉）蘇轍評歐文說：「天才有餘，豐約中度，數容俯仰，不大聲色，而義理自勝。」（〈歐陽文忠公神道碑〉）他們確實道出了歐陽脩論說文雄辯有力，而又紆餘柔婉的風格特點。

## ㈢ 歐陽脩在記敍文方面的成就

歐陽脩的記敍文數量大，名篇多。構成其記敍文主體的是他的各種各式的「記」和「碑誌」。

在歐陽脩以「記」爲題的作品中，山水游記是相當傑出的。如歐陽脩於宋仁宗慶曆六年（西元一〇四六年），也就是被貶滁州的第二年，寫下的〈豐樂亭記〉。文章開頭就寫亭子的營建經過，並以粗線條勾勒出亭周「無不可愛」的四時景物。所謂：「其上豐山聳然而獨立，下則幽谷窈然而深藏，中有清泉，滃然而仰出。」其實這些皆屬陪襯文字。本文的主旨乃是頌揚宋太祖平滁之功，和開闢百年以來安定統一的社會局面。暗寓自己治滁政績的肯定，和作者與民同樂的思想。第二段，是作者插入關於滁州爲五代用武之地的議論，强調「宋受天命，聖人出而四海一」，突出了「天下之平久矣」的思想。第三段敍滁州環境之安閑和百姓之康樂，均由朝廷休養生息政策所致。第四段具體描繪豐樂亭周圍優美的景色和滁人的歲豐之樂，並點明寫本文之旨意。全文小題大作，於生動的記敍和精采的描寫中，成功的運用對比手法，撫今思昔，以昔之分裂、混亂，反襯今之統一、太平，而又從今之太平、豐樂中，隱約地擔心歷史重演的隱憂。正是清魏禧所說的：「歐文之妙，只在說而不說，說而又說，是以極呑吐、往復、參差、離合之致。」（見《目錄》卷二〈雜說〉）文章雖短，但寫得一波三折，餘味無窮。

與〈豐樂亭記〉同年而作的〈醉翁亭記〉，也是歐陽脩諸「記」中之最傑出者。作者在〈題滁州醉翁亭〉詩中說：「四十未爲老，醉翁偶題篇。醉中遺萬物，豈復記吾年。」在〈醉翁記〉中又寫道：「太守與客來飲於此，飲少輒醉，而年又最高，故自號曰醉翁也。醉翁之意不在酒，在乎山水之間也。山水之樂得之心而寓之酒也。」可見，作者寫此文，確實有抒發自己寄情山水的曠達情懷，隱藏官場失意之情。文中寫滁人游樂與衆賓宴樂，也確實表現了與民同樂的思想，並隱含肯定自己治滁政績之意。文章大體分爲四個自然段，首段寫醉翁亭的環境和命名的由來。次段寫周圍優美的自然景色，和作者的山水之樂。三段寫滁人遊山之樂，與作者宴遊之樂。末段通過議論，點明題旨。

這篇文章爲人們所稱道的，是其在藝術上所取得的高度成就。這是一篇山水游記，而又要表現自己放情林木、醉意山水的樂趣，故精彩的景物描寫就極爲重要。作者通過對客觀景物細密而深刻的觀察，準確地把握住景物的具體特點。如第一段寫亭的地理位置和形勢，突出了山水相映之美；第二段寫亭周圍的景物及四時景物的變化，描繪出了山間景物變化之美。第四段寫醉歸和歸後山間之景物：「夕陽在山，人影散亂」「樹林陰翳，鳴聲上下，游人去而禽鳥樂也」。又是一幅有聲有色的畫面。所以在形式藝術上，起碼有二大特色：首先大量運用駢偶句，並夾有散句，句法整齊中富有參差之美，使文章顯得鏗鏘有節，形成似駢非駢，似散非散的獨特風格。其次，是文中敍事、寫景、抒情多用說明句，運用「者……也」的句式。全文用了二十一個「也」字，回環往復，語氣舒緩，富有一唱三嘆的韻味，借以表達他深厚的感情。這確實是歐陽脩散文中最具有創意的作品。

此外像〈眞州東園記〉的寫景，採用了今昔對比的手法，不但襯托出今日園景之美，而且可以引起讀者許多遐想和感慨，使文章充滿着詩情畫意。

〈有美堂記〉則緊扣「有美」二字，著重描繪杭州「爲一都會而兼有山水之美」的特色，其中又穿插着王朝興廢之慨嘆，最後才寫到有美堂。文章抑揚起伏，構思新巧，於平易自然之中見出結構之嚴謹。

〈峴山亭記〉，既不寫亭周圍的美景，也不敍亭之興廢經過，惟從「名」、「思」二字來抒發議論和感慨，文字靈巧多變，而又平易細密，熔記敍、議論與抒情於一爐，餘韻無窮，別具一格。

綜觀歐陽公諸「記」，確實面目不同，風神各異。但其語言之精煉，描繪之精彩，議論之精闢，以及由景物所引起的反復咏嘆，和深沈的感情抒發，可以說是其共性。

## (四) 歐陽脩在碑祭文方面的成就

歐陽脩寫的墓誌銘、神道碑、墓表之類的碑祭文，也相當出色。他對於寫「人」方面的文章有兩個基本主張，一是「不虛美，不溢惡」，要求「事信言文」；二是「紀大而略小」，「文簡而意深」，反對不辨眞僞，不分主次的一味鋪敍。他的碑祭文，較諸唐代韓愈有顯著的發展和提高。然而由於作者過分强調「史筆」的簡要，認爲「細小之事，雖有可記，非干大體。」所以讀來，令人感到有乾燥枯澀之弊。

〈尹師魯墓誌銘〉是作者精心撰寫的一篇墓誌。尹師魯（洙）是歐陽脩的摯友，有德有才，而命運多舛，歷盡坎坷，抑鬱而死。其一生爲人行事，可寫者很多，作者則嚴加選擇。對其「文學之長，議論之高，材能之美」，一筆帶過，因爲這些都是「名重當世」的尹洙深爲後人所知之處，而對「天下之稱師魯者未必盡知之」的大節，即「忠義之節」，處窮達、臨禍福，無愧於古之君子，則作重點記敍。

本文在寫作上有幾個重大特點：一是對人物的評價：確實做到「不虛美，不溢惡。」實事求是的要求。比如尹洙以古文的筆法寫作雖然較早，但還不是宋代寫古文最早的，因此在文中並未講宋代古文始作於尹洙。二、是重點選材：如文中只舉自請與范仲淹同貶，和遭仇人誣告病死之時，言不及其私事，以表示師魯的忠義之節。三、是「其語愈緩，其意愈切。」文章寫得十分簡潔而含蓄：文中雖沒有爲師魯喊寃叫屈，和激憤的言辭，但對尹師魯的深表同情，爲其鳴不平之意，却充份流露於字裏行間。所以這篇文章確實體現了他的求實精神。

〈瀧岡阡表〉是歐陽脩六十四歲爲其父母寫的一篇墓表。他寫的背景是由於父母葬在江西省永豐縣南鳳凰山上的瀧岡。歐陽脩四歲喪父，全由母親鄭氏養育，故全文以「有待於汝也」爲主線來寫。前半部分主要寫其父歐陽觀的人品和遺訓，以及母親對自己的撫育與教誨；後半部分主要寫自己的宦海浮沉及家世之恩榮；最後，以「其來有自」作結，條理井然。〈瀧岡阡表〉向以感情眞摯，描寫細膩著稱，例如寫其父親之德，是通過其母親的口述來表現的，這種以言代敘的寫法，在文中顯得十分得體，因歐陽脩幼年喪父，家境貧寒，依靠母親辛勤撫育，以及他父親爲官處世，宅心仁厚，表裏如一的態度，並眞切說明作者後來爲官，所以能不苟合於世，完全有賴於父親的遺訓，和母親的教誨。這種寫法讓人感到自然、親切。文章前後照應，首尾貫通，結構嚴謹。過珙謂其「逐層相生，逐層結應，篇法累累如貫珠。」（《古文評注》卷十）文字簡潔質樸，不鋪陳，不藻飾，深摯纏綿的感情，猶如從胸中自然流出，感人至深。

〈石曼卿墓表〉側重於敍事，也是歐陽脩的名篇。通過生動的描寫，勾畫出石曼卿一生最突出的幾件事實。寫人，重視刻劃人物的性格特徵；記事，强調事實本質意義，把人物個性和事實融合而爲一體。作者以情緯文，表現了暢達灑脫，洗練質樸的風格。和作者二十餘年後又爲其所寫的以抒情爲主的〈祭石曼卿文〉互相補充，更有相得益彰之美。

歐陽脩的碑祭文，在素材取捨、結構嚴謹、事信言文、含蓄委婉方面，較之韓愈的碑祭文，確實有著新的開展，和不同的風格特點。

## (五) 歐陽脩在抒情文方面的成就

歐陽脩有許多抒情文名篇，體裁各異，特色獨具，是我們衆多讀者所玩賞而讚嘆不已的。

我們先拿〈梅聖俞詩集序〉爲例來說吧。這是爲宋初詩文革新運動中的重要成員梅堯臣的詩集所寫的序，堯臣一生仕途坎坷，屈居下僚，抱負始終未能施展。但其詩文成就較高。歐陽脩與他相知很深，對他的人品、詩品均有特別的了解。經過十五年後增補完成的〈梅聖俞詩集序〉，就表現了作者對梅堯臣的高度評價。文章是爲梅堯臣的詩集作序，首段先從「窮者而後工」的觀點立論，然後寫到梅堯臣。接着扣緊「窮」「工」二字，對梅堯臣的生平與詩歌創作，進行了概括而準確的評介。先寫他「鬱其所畜，不得奮見於事業」的遭遇，再寫其「簡古純粹，不求苟說於世」的文章，後及其詩作，突出其文學成就，並發出「奈何使其老不得志，而爲窮者之詩，乃徒發於蟲魚物類，羈愁感嘆之言？世徒喜其工，不知其窮之久而將老也，可不惜哉」的深沉感嘆。可見他一生潦倒，以「窮」終身。作者又特別喜愛梅詩，他和謝景初先後編輯梅詩，又可見梅詩之「工」。全文先議後敍，敍議結合，並多用反詰和感嘆句；於處處照應，層層推進的筆法中，表現了對老友的誠摯深情，和對政府不能舉賢任能的憤慨。

〈祭石曼卿文〉是歐陽脩的抒情名篇。石曼卿名延年，宋眞宗時，曾任大理寺丞，爲人爽直，任氣節，通大略，因一生境遇不佳，故雖有才華，終未能施展，所以養成憤世嫉俗，蔑視禮法的個性。歐陽脩對他的詩文極爲推崇，兩人深情厚誼，結爲至交。本文寫於曼卿死後的第二十六年，也就是宋英宗治平四年（西元一〇六七年），爲祭墓之作。作者時爲羣小所嫉，罷去參知政事，出知亳州。本文的重要特點，是以極簡煉之文字，渲染濃厚的抒情氣氛，寫得感情誠摯，哀痛深沉。全文分三段，第一段一呼曼卿，曼卿雖死而將名傳不朽，充滿稱頌之意。第二段二呼曼卿，生前「軒昂磊落，突兀崢嶸」，而其死後墳墓滿目淒涼。第三段三呼曼卿，「感念疇昔」，表示沉痛哀悼之情。全文以抒情爲主，作者在盡情宣洩無限哀惋之情中，融進了自己悲涼低迴的身世之感。這篇祭文在寫法上雖用賦體，辭采繁富，但駢、散相間，句子長短錯落，動蕩流利，毫不滯澀，在散文中是難得一見的體式。

〈秋聲賦〉作於宋仁宗嘉祐四年（西元一〇五九年）。這是年老憶往，心情鬱悶、感傷之作。歷來爲讀者所讚賞。是歐陽脩抒情文中最傑出的作品之一。文章第一段描繪秋聲。先從秋夜聽到秋聲寫起，通過一系列精妙的比喻，把秋聲描繪得具體、形象，傾耳可聞。後從童子的「視覺」來寫，證明所聽之聲不是風聲、雨聲，也不是人馬之行聲，而是秋聲。進一步爲作者的判斷提供證據。中間兩段，則採用鋪陳的手法，以整齊而有變化的句法，從色、容、氣、意、聲等幾方面，描繪山川蕭瑟，草木零落的秋天景象，並借用傳統說法，攄寫秋氣肅殺的原因，並進而說明了「百憂感其心，萬事勞其形，有動於中，必搖其精」的悲秋感慨；使淒切的秋聲，蕭瑟的秋景，與作者對人生的感嘆，取得和諧的統一，達成聲情並茂，情景交融的藝術境界。文末最後幾句，仍緊扣秋聲，但卻寫得委婉含蓄，言盡意遠。全文借景言情，以物喻人，把精彩的景物描寫，精到的感慨議論和强烈的抒情色彩，有機地結合在一起，把難以捉摸的秋聲寫得形色宛然，可見可感。這篇賦，詞采華美，多用駢偶，着意鋪陳，而同時又不拘泥於駢體，駢散相間，不避虛字，用韻極爲靈活，既有整齊的形式美和强烈的節奏感，又抑揚頓挫，流暢自如。形成宋代文賦的重大特色，可以說是一篇標志着賦體轉向散文化的代表性作品。

歐陽脩的抒情文，不管是書序、祭文、辭賦等，均各具特色；敍寫生動，感情眞摯，語言委婉，形式精美是他們的共同特徵。

### ㈥ 結　語

縱觀歐陽脩的散文創作，確有一些特點，是各類文章所共有的。

**首先，是平易流暢，曲折達意。**把深奥的道理，複雜的事物，微妙的感情形之於文字，作到意無不達，物無不肖，情無不盡是很困難的；然而歐陽脩靠著他對事理的深思熟慮，對事物的悉心觀察，和對各種人情之接玩體味，確能將其融之於心，形之於文，眞正作到了這一點。

**其次、是精到細密，結構嚴謹。**歐陽公之文不論敍事、寫景，還是議論、抒情，每篇文章都不草率從事，做到精裁密制，精心撰結，條理井然；在結構布局方面，有前呼後應，無懈可擊的密度和醇度。

**第三、是感情眞摯，富有詩意。**無論任何文體，在歐陽公的筆下都能做到眞情流露。歐陽脩平生歷經坎坷，爲改革時政而多次被貶，以及政敵們的誣陷，造成了他精神上的創傷；使他對國事、家事、人生、友朋之情，都有着特別深刻的體會。故發之於文，就形成了感慨多氣，情濃如詩，不僅其抒情文深情纏綿，寄意遙深；就是他的敍事文，議論文，也都處處滲透着作者的褒貶抑揚之情。

**第四、是語言純美，豐富多采。**歐陽公之文所以平易流暢，主要得力於他對語言的純熟。而語言純熟又在於認眞創作，刻苦錘煉。前人記載了歐陽脩不少修改文章的佳話，如〈秋聲賦〉之數次修改，〈醉翁亭記〉中「環滁皆山也」的改定，都說明他爲文嚴肅認眞，一絲不苟。勤則熟，熟則巧，自然就能做到姿態變化，意到筆隨的境界。

**第五、是提煉口語，自鑄偉辭。**歐陽公在行文措辭上，既重視提煉口語，又用功於「自鑄偉詞」。像〈與高司諫書〉中之「不復知人間有羞恥事」；〈讀李翺文〉中之「不以爲狂人，則以爲病痴子，不怒則笑之」，「在位而不肯憂，又禁他人使皆不得憂」，均爲加工提煉口語而成；如〈醉翁亭記〉之「蔚然深秀」，「峰廻路轉」，「泉香酒洌」；〈秋聲賦〉之「風雨驟至」，「天高日晶」，「烟霏雲斂」，「春生秋實」；〈伶官傳序〉之「憂勞可以興國，逸豫可以亡身」，「禍患常積於忽微，而智勇多困於所溺」，無不言簡意豐。歐陽脩爲文還特別注意句子的駢散相間，長短錯落，語氣之輕重緩急，音韻之抑揚和諧。他是散文大家，也是駢文高手。在其散文作品中，不時雜入駢句，如「野芳發而幽香，佳木秀而繁陰」（〈醉翁亭記〉）。「憂勞可以興國，逸豫可以亡身」（〈五代史・伶官傳序〉）。「豐草綠縟而爭茂，佳木葱蘢而可悅；草拂之而色變，木遭之而葉脫。」（〈秋聲賦〉）都有效地增加了文章的聲勢和色彩。歐陽脩散文短句居多，但也有不少很長的句子，如：「及仇讎已滅，天下已定，一夫夜呼，亂者四應，蒼皇東出，未及見賊，而士卒離散，君臣相顧，不知所歸，至於誓天斷髮，泣下沾襟，何其衰也」！（〈五代史・伶官傳序〉）「故方其擯斥摧挫，流離窮厄之時，文章已自行於天下，雖其怨家仇人，及嘗能出力而擠之死者，至其文章，則不能少毀而掩蔽之也。」（〈蘇氏文集序〉）文中長短句的錯雜使用，更便於記敍複雜的事物和抒發複雜的感情。歐文還善於運用感嘆詞和其他虛字，如〈祭石曼卿文〉，三段均以「嗚呼曼卿」開頭；〈秋聲賦〉中多用「異哉」、「噫嘻悲哉」、「嗟乎」！其他如豈、邪、矣、歟等字，隨處可見。至於「也」字的運用，更爲頻繁，如〈醉翁亭記〉中連用了二十一個「也」字，〈與高司諫書〉中用了十八個「也」字，〈與尹師魯書〉中運用了十二個「也」字。虛字的大量運用，造成了紆徐舒緩，一唱三嘆的語氣，有助於語言及文意的順暢。

由於以上種種因素，歐陽脩在散文成就上，突出了自己獨特的風格，而與韓愈、柳宗元斷然不同。王安石在〈祭歐陽文忠公文〉中，對歐陽脩的散文風格作了這樣的概括：「充於文章，見於議論，豪健俊偉，怪巧瑰琦。其積於中者，浩如江河之停蓄；其發於外者，爛如日星之光輝；其清音幽韻，凄如飄風急雨之驟至；其雄辭閎辯，快如輕車駿馬之奔馳。」蘇轍稱其文「雍容俯仰，不大聲色，而文理自勝」（〈歐陽文忠公神道碑〉）。宋人李塗說「歐如瀾」（《文章精義》一七）。王十朋說歐文「純粹」（〈讀蘇文〉）。明代茅坤說歐文「遒麗逸宕」（《唐宋八大家文鈔·論例》）。王世貞認爲歐文「雅靚」（《讀書後·書歐陽文後》）以上各家雖然講得深入，但大多偏於一隅；眞正對歐陽脩散文比較精確而具有全面概括的，還是要推蘇洵和姚鼐。蘇洵在〈上歐陽內翰第一書〉中說：「執事之文，紆餘委備，往復百折，而條達舒暢，無所間斷；氣盡語極，急言竭論，而容與閑易，無艱難勞苦之態。」清代桐城派作家姚鼐在〈復魯絜非書〉中說：「其得於陰與柔之美者，則其文如升初日，如清風、如雲、……如鴻鵠之鳴而入寥廓；其於人也，漻乎其如嘆、邈乎其如有思、暖乎其如喜、愀乎其如悲。」

這確實說出了歐陽公之文平易自然，條理暢達，委婉含蓄，偏於陰柔之美的特色。歐陽脩學韓，而又不拘於韓，蹊徑獨闢，門戶自立。清代袁枚說：「歐公學韓文，而所作文全不似韓，此八家中所以獨樹一幟也。」（《隨園詩話》卷六）此言極是。韓文如渾浩流轉之長江大河，歐文如碧波蕩漾的清池曲水。蘇洵說：「蓋執事之文，非孟子、韓子之文，而歐陽子之文也。」（〈上歐陽內翰第一書〉）確爲至論。

歐陽脩的文學理論和文章風格不僅直接影響曾鞏、王安石、三蘇等五家的創作方法，並且更開創了有宋一代的文風。五家之文，雖都有平易自然之處，但各家皆有自家面貌、自家風格，造成北宋文壇各家並陳，文風極盛的時代，也對古代散文的傳承與發展，做出了鉅大的貢獻。

# 肆、選　讀

## 一、議論文選讀

歐陽脩的議論文範圍極廣，幾乎不受任何體裁的限制，任意揮灑，皆成妙論。大抵包括直陳時事的政論、借古鑑今的史論、評述作品的文論，以及疑古辯惑的學術性論文。這些論文在內容上雖然千差萬別，但卻有共同特點：那就是心繫治亂，服務政治，反映現實，並且以委婉多姿之筆，達成他以理服人的目的。

歐陽脩的政論，其重要內容旨在陳述政見，鍼砭時弊，表達朝政革新的主張，這類作品數量多，範圍廣，例如宋仁宗景祐三年（西元一〇三六年）撰寫的〈與高司諫書〉、慶曆二年（西元一〇四二年）的〈本論〉、慶曆四年（西元一〇四四年）的〈朋黨論〉、次年因范仲淹、杜衍、富弼、韓琦罷任，撰寫的〈論杜衍范仲淹等罷政事狀〉、至和二年（西元一〇五五年）爲修六塔河以回黃河故道撰寫的〈論修河狀〉。其他像〈正統論〉、〈縱囚論〉等，內容亦涉及到政治、經濟和文化。

歐陽脩的史論，優秀作品甚多，而多蘊藏在他的《新五代史》中。他經常通過紀傳前後的「序」和「論」，來褒忠奬義，批邪懲惡，提倡名節，直接闡述自己的意見。如〈唐六臣傳論〉、〈五代史伶官傳序〉、〈五代史宦者傳論〉等，文章陳意高遠，一唱三嘆，皆歐陽公傳世名篇，沈德潛稱讚他的史論「抑揚頓挫，得《史記》神髓。」

歐陽脩的文論，多半在寫給同道好友或青年後學的贈序及書信中，暢論創作甘苦，評述文章得失，探討革新理論，其中不乏作者經驗之談。雖然立足於議論，而縱橫開闔，筆鋒之間，常能推陳出新，發人深思。如〈答吳充秀才書〉之論文道關係，〈蘇氏文集序〉之論忽近貴遠，〈送徐無黨南歸序〉之論不可以文自喜，〈答祖擇之書〉之論爲文要繼承優良傳統等。在情眞意摯的文字中，將自己對文學的看法，湧入筆端，一瀉而出。

歐陽脩的學術論文，數量多，而以經論最是突出。如〈易或問〉、〈易童子問〉、〈春秋論〉、〈春秋或問〉、〈泰誓論〉等，皆以信經非經爲主導，以先王、孔子的是非爲是非，達到信古而不爲古人所役，開有宋以後疑古惑經的先河。

歐陽脩的議論文，大多結構嚴謹，線索清晰，往往開門見山，點明主旨，或第一段作爲全文的總綱，然後再逐一論證，有時前一段的論據，又成後一段的論點，層層相因，環環緊扣，反復論證，脈絡一貫，具有雄辯委婉的特點。

# ㈠縱囚論㊀

信義行於君子㊁，而刑戮施於小人㊂。刑入於死者㊃，乃罪大惡極，此又小人之尤甚者也。寧以義死，不苟幸生㊄，而視死如歸㊅，此又君子之尤難者也。

首段言信義無法施於小人。

方唐太宗之六年㊆，錄㊇大辟㊈囚三百餘人，縱使還家，約其自歸以就死。是以君子之難能㊉，期⑪小人之尤者以必能也。其囚及期，而卒自歸無後者⑫，是君子之所難，而小人之所易也。此豈近於人情哉？

二段言太宗縱囚，而囚自歸，大非近情之事。

或曰⑬：罪大惡極，誠小人矣，及施恩德以臨之，可使變而爲君子，蓋恩德入人之深，而移人之速，有如是者矣。曰：太宗之爲此，所以求此名也。然安知夫縱之去也，不意其必來以冀⑭免，所以縱之乎⑮？又安知夫被縱而去也，不意其自歸而必獲免，所以復來乎⑯？夫意其必來而縱之，是上賊⑰下之情也；意其必免而復來，是下賊上之心也。吾見上下交相賊以成此名也，烏有⑱所謂施恩德與夫知信義者哉？不然，太宗施德於天下，於茲六年矣，不能使小人不爲極惡大罪；而一日之恩，能使視死如歸而存信義，此又不通之論也⑲。

三段敍縱囚實係上下交相賊，非恩德化人之所致。

然則何爲而可？曰：縱而來歸，殺之無赦；而又縱之，而又來，則可知爲恩

文末總結縱囚非常法，

德之致爾⑳。然此必無之事也。若夫㉑縱而來歸而赦之，可偶一為之爾㉒。若屢為之，則殺人者皆不死，是可為天下之常法乎？不可為常者，其聖人之法乎？是以堯、舜、三王㉓之治，必本於人情，不立異以為高，不逆情以干譽㉔。

治國必本於人情，不可立異以為高，逆情以干譽，回應前文。

【解　題】

本篇作於宋仁宗康定元年（西元一〇四〇年）。根據《舊唐書・太宗紀》：「貞觀六年（西元六三二年）十二月辛未，親錄囚徒，歸死罪者二百九十人於家，令明年秋末就刑。其後應期畢至。」最後朝廷沒有處死他們，反而「詔悉原之。」全部赦免。人們一向視此事為「施恩德」、「知信義」的德政所致。本文就是針對唐太宗此次假釋死囚一事所作的評論。

作者對此事發表了完全相反的看法，認為凡立法治民，必本於人情，「不立異以為高，不逆情以干譽。」批評唐太宗這種縱囚的做法，完全是一種違背人情，破壞法治的行為；雖然得逞一時，博取美名，但必定培養人們的僥倖心理，造成縱容罪犯，貽患無窮之後果，實不足為訓。

他從普通的人性定論，由論及事，據事發議，因議設問，就問說理，抓着要害，反復辯駁，逐層深入，首尾照應，使事件不情不實的矛盾躍紙然上。《古文觀止》評說：「通篇雄辯深刻，一步緊一步，令無可躲閃處。此等筆力，為刀斫斧截，快利無雙。」

【注　釋】

㊀ **縱囚**　釋放囚犯。

(二)**信義行於君子**　言信義只能在「君子」中通行。信，信用，能履行約定的事情。義，正義，公正的道理。君子，德行高尚的人。

(三)**刑戮施於小人**　刑戮是專門對付「小人」的。戮，殺。小人，品德低下，或沒有品德的人。

(四)**刑入於死者**　刑罰被判死罪的囚犯。入，至。

(五)**幸生**　僥倖地活著。

(六)**視死如歸**　形容不怕死，把死看成像回家一樣。

(七)**方唐太宗之六年**　方，當。唐太宗，即李世民，在位二十三年，年號貞觀。他在位時，唐朝的政治、經濟最為隆盛，史稱「貞觀之治」。此處所謂「唐太宗之六年」，即指貞觀六年（西元六三二年）。

(八)**錄**　核查登記。有「選擇」之意。

(九)**大辟**　古代五刑中最重的刑罰，即死刑。辟，音ㄆㄧˋ。

(一〇)**難能**　難以做到。

(一一)**期**　期待、希望。

(一二)**其囚及期而卒自歸無後者**　意思是說犯人到期全都自動返回監獄，竟然沒有一個超過期限的。及期，到期。卒，終於。後，指超過時限。

(一三)**或曰**　有人說，這是古代論辯文中，虛擬有人提出不同意見，以便深入論難的一種寫作手法。下文的「曰」即作者正面展開議論。

⑭ **冀**　希望。

⑮ **然安知夫縱之去也以下三句**　是據《舊唐書》記載，推論唐太宗的用心。意爲怎知不是估計到罪犯一定能如期歸來，借此希望獲得赦免，所以放他們走的呢。

⑯ **又安知夫被縱而去也以下三句**　是推論罪犯的想法。意爲怎知不是估計到被放走後自動回來，一定能獲得赦免，所以又回來的呢。

⑰ **賊**　偷竊者曰賊。此處引申爲偷偷地揣摩，窺探。

⑱ **烏有**　疑問代詞，哪裏有。

⑲ **不然以下六句**　言縱囚事發生在貞觀六年，作者認爲，唐太宗即位六年後的政教措施，不能使人不犯重罪，而縱囚一擧，却使人視死如歸，這是根本講不通的。

⑳ **爾**　如此，這樣。

㉑ **若夫**　轉接連詞，作至於解。

㉒ **爾**　句末語氣詞，罷了。

㉓ **堯舜三王**　指唐堯、虞舜、夏禹、商湯、周文王，相傳他們在位時，政治清明，天下太平。

㉔ **不逆情以干譽**　言不違背人情，來邀取名譽。干，求取。

## 【賞　析】

在堯舜三代之後，所謂聖君明主，大家最爲推崇的，要數唐太宗。據《新唐書・刑法志》載：貞觀六年，太宗「親錄囚徒，閔死罪者二百九十人，縱之還家，期以明年秋即刑。及期，囚皆詣朝堂，無後者。太宗嘉其誠信，悉原之。」大詩人白居易曾經盛情謳歌過「怨女三千放出宮，死囚四百來歸獄。……以心感人人心歸」（〈七德舞〉）這類太宗的「盛德」。歐陽脩的〈縱囚論〉，却敢於以懷疑批判精神，提出了不同凡響，令人信服的眞知灼見。

一般古人論史，往往先述本事，後加議論，用以表現客觀平實的態度。〈縱囚論〉則不然，它先不談太宗「縱囚」的史實，改從一般情理入手。所謂：「信義行於君子，而刑戮施於小人」，一起筆就先將道德規範的「信義」與法律規範的「刑戮」加以區別，並將二者各自適應的對象，作明顯的隔離。「君子」與「小人」二詞，在文中有特定的內涵，而這兩類人，在迄今爲止的任何社會中都是存在的，那麼「信義行於君子，而刑戮施於小人」的原則，也就無可非議了。接着，又從這兩類人中進一步劃出各自最極端的層次：一個是「刑入於死」、「罪大惡極」的「小人之尤甚者」，另一個是「寧以義死、不苟幸生」的「君子之尤難者」。兩者之間的差距既大，對照亦更爲鮮明。這樣的一個破題，就爲下文將要展開的駁論，建立起堅實的理論基礎；然後再以「方唐太宗之六年」一句切入，道出太宗「縱囚」的本事。其敍述採取夾敍夾議，環環緊扣的方式，揭穿太宗「縱囚」的破綻。然後作者總斷一句：「此豈近於人情哉？」正式亮出本文賴以立論的基本概念。使太宗「縱囚」一事的價值，發生了根本上的動搖。

文章承接而下，集中到「動機論」上來。作者欲擒故縱，先退一步，將上述辯難主動提出，然從單刀直入地一語道破太宗的動機：所謂：「太宗之爲此，所以求此名也！」以犀利的筆鋒，對太宗和囚犯的動機分別加以分析。在太宗方面，是深於機謀，「意其必來以冀免」，於是「賊下之情」以求名；在囚犯方面，是將計就計，「意其自歸而必獲免」，於是「賊上之心」而復來。這兩個推論，是「縱囚」與「自歸」這種「不近人情」的現象的最合乎「人情」的解釋，於是撕下了破綻百出的「盛德」外衣，暴露出來的，只是君主和囚犯之間互相欺騙、互相利用、各得其所欲的實質。至此，作者才回過筆鋒，駁倒「恩德入人之深、移人之速」的說法。

行文至此，從情理與事實兩方面，已經把太宗縱囚的動機到結果，都批駁得入骨三分。但本文之「破」是為了「立」，批判唐太宗，是為了樹立正確的法治思想。因此，文章繼而又生波瀾，提出一個假設：「縱而來歸，殺之無赦；而又縱之，而又來，則可知為恩德之致爾。」為「縱囚」之事再衍生一條較為合理的解決辦法，也更見出這篇文章立論的正確，和作者思想的細密。以下即就此分層辯駁：首先以「然此必無之事也」一句回絕，如果眞有這種情形，豈不眞是「君子之所難，而小人之所易」嗎？然後第二層退一步接受此一假設而予以駁斥，承認可以「偶一為之」，卻不可能成為「常法」，否則罪犯都占這個便宜，「殺人者皆不死」，就要天下大亂了。最後，提出「聖人之法」的準則在於「常」，作者所謂的「堯舜三王之治」，其法律的施行皆符合「人情」之常，「刑入於死者」必須「殺之無赦」，在法律範圍內，即使是君主也不得玩弄花樣，必須嚴格遵守。全文以「不立異以為高，不逆情以干譽」兩句收結，同文章首段提出的「人情」相呼應，言簡意賅，神完氣足。是以闔合本篇氣勢沈雄的非古新論，有豹尾之妙。

綜觀全文，它不同於一般散文旁徵博引，譬喻聯篇，融議論於形象之中的慣常手法；完全不用任何比喻和典故，純以周密詳盡的邏輯推理，和富有感情與氣勢的論辯藝術取勝。宋人孫奕曾說：「歐陽文忠公〈縱囚論〉曰：『信義行於君子，而刑戮施於小人』，則一句道盡太宗求名之意矣。」（《示兒編》卷八）正是說明本文起筆「破題」之妙：先不說唐太宗，只從「本於人情」的常理說起，那麼違背這一常理的作法之別有用心，也就不言自明，可謂詞約而意豐；以下正面對太宗縱囚展開批判，都採取先讓一步的方式，提出對手的道理，接着再以凌厲的判斷，周嚴的推論，在欲擒故縱之中，條分縷析，文氣極富張弛緩急之變。全文僅短短四百餘字，起伏錯落，見解精闢，語言不易，卽使在今天讀來，也沒有什麼生冷的字句。

# ㈡ 朋黨論

首段盼人君辨別君子與小人之黨。

二段論小人之朋僞，君子之朋眞，望人君能辨其眞僞。

三段廣泛列舉史實，從正反兩方面充分論證，用君子之朋則國興，用小人之朋則國亡。

臣聞朋黨㈠之說，自古有之，惟幸㈡人君辨其君子小人而已。大凡君子與君子，以同道爲朋㈢；小人與小人，以同利爲朋；此自然之理也。

然臣謂小人無朋，惟君子則有之。其故何哉？小人所好㈣者祿利也，所貪者財貨㈤也。當其同利之時，暫相黨引㈥以爲朋者，僞也；及其見利而爭先，或利盡而交疏㈦，則反相賊害㈧，雖其兄弟親戚不能相保。故臣謂小人無朋，其暫爲朋者，僞也。君子則不然，所守㈨者道義㈩，所行者忠信，所惜者名節⑪；以之修身⑫，則同道而相益⑬，以之事國⑭，則同心而共濟⑮；終始如一，此君子之朋也。故爲人君者，但當退⑯小人之僞朋，用君子之眞朋，則天下治⑰矣。

堯之時，小人共工、驩兜等四人爲一朋⑱，君子八元、八愷十六人爲一朋⑲。舜佐堯，退四凶小人之朋，而進元、愷君子之朋⑳，堯之天下大治。及㉑舜自爲天子，而皋、夔、稷、契等二十二人，並列於朝㉒，更相稱美，更相推讓㉓，凡二十二人爲一朋，而舜皆用之，天下亦大治。《書》曰：「紂有臣億萬，惟億萬心；周有臣三千，惟一心。」㉔紂㉕之時，億萬㉖人各異心，可謂不爲朋矣；然紂以亡國。周武王之臣，三千人爲一大朋，而周用㉗以興。後漢獻帝㉘時，盡取天下名士囚禁之，目爲黨人㉙。及黃巾賊起㉚，漢室大亂，後方悔悟，盡解黨人而釋之，然已無救矣㉛。唐之晚年，漸起朋黨之論㉜；及昭宗㉝時，盡殺朝之名士，或投之黃河，曰：「此輩清流，可投濁流。㉞」而唐遂亡矣。

四段言禁、殺君子之朋則國亡，分辨而信用君子之朋則國興。

夫前世之主，能使人人異心不爲朋，莫如紂；能禁絕善人爲朋，莫如漢獻帝；能誅戮清流之朋，莫如唐昭宗之世；然皆亂亡其國。更相稱美推讓而不自疑，莫如舜之二十二臣，舜亦不疑而皆用之；然而後世不誚㉟舜爲二十二人朋黨所欺，而稱舜爲聰明㊱之聖者，以能辨君子與小人也。周武之世，舉其國之臣三千人共爲一朋，自古爲朋之多且大莫如周；然周用此以興者，善人雖多而不厭㊲也。

文末說明人君應鑒古知今，點醒題旨。

夫興亡治亂之迹㊳，爲人君者，可以鑒㊴矣！

【解　題】

宋仁宗慶曆三年（西元一〇四三年），呂夷簡罷相，夏竦授樞密使，不久夏竦亦罷，代以杜衍。同時進用富弼、范仲淹、韓琦在二府（掌管軍事的樞密院和掌管行政的中書省）任職。三月，歐陽脩從滑州召回京城，受命爲太常丞知諫院。這年八月，范仲淹等推行以明黜陟、抑僥倖、精貢舉、擇官長、均公田、厚農桑、修武備、減徭役、覃恩信、重命令等十項爲主要內容的新政，歐陽脩也以知制誥的身份，建議實行按察法、提出改革科舉考試的意見。這些改革措施遭到夏竦、王拱辰等官員們的反對。並目衍、仲淹及脩爲黨人。**脩**乃作〈朋黨論〉。

本文內容闡明兩個觀點：一、**是朋黨自古有之**，問題的關鍵是人君要辨別哪是由君子結合而成的朋黨，**哪是由小人結合而成的朋黨**；二、**是人君要進用君子之朋**、黜退小人之朋。這樣國家就能治理得好，**否則就會**「亂亡其國」。

史載宋仁宗讀罷此文有所感悟。慶曆四年四月，他與執政者論及朋黨事，范仲淹對曰：「方以類聚，物以羣分。自古以來，邪正在朝，各爲一黨，在主上鑒別之耳。誠使君子相朋爲善，其於國家何害也？」

文章援引史實，說明朋黨有君子、小人之分。親君子之朋，遠小人之朋則國興；用小人之朋，斥君子之朋則國亡。文字觀點鮮明，論據充足，加以層層對照，詞義嚴正，使人有無可置疑的說服力。

## 【注釋】

㈠ **朋黨**　指同類的人爲着一定目的而結合在一起，曰朋黨。朋，同類。「朋黨之說」在《韓非子》、《史記》、《國策》等書中，均有記載。稍早於歐陽脩的王禹偁，在其〈朋黨論〉中說：「夫朋黨之來遠矣。自堯舜時有之。八元、八愷，君子之黨也。四凶族，小人之黨也。」

㈡ **惟幸**　惟，助詞，這裏有「只」的意思。幸，希望。

㈢ **以同道爲朋**　以志同道合爲基礎，結合爲朋黨。同道，指在理想道德的規範上，想法一致。

㈣ **好**　喜愛

㈤ **財貨** 金錢財物。

㈥ **黨引** 勾結在一起，結成私黨。

㈦ **交疏** 交情疏遠。

㈧ **賊害** 殘害。

㈨ **守** 遵守。

㈩ **道義** 道德和義理。

㈪ **名節** 名譽和氣節。

㈫ **修身** 提高自己的品德修養。

㈬ **相益** 相互得到益處。

㈭ **事國** 爲國効力。事，奉事。

㈮ **共濟** 一起把事情辦好。濟，成功。

㈯ **退** 罷斥、黜斥。

㈰ **治** 指社會安定太平。

㈱ **堯之時小人共工驩兜等四人爲一朋** 共工、驩兜（音ㄏㄨㄢ ㄉㄡ），堯時四凶中的兩個。另兩個是三苗（國名）和鯀（人名）。

㈲ **君子八元八愷十六人爲一朋** 八元、八愷，上古高辛氏的八個兒子爲八元，高陽氏的八個兒子爲八愷。《左傳・文公十八年》云：「昔高陽氏有才子八人：蒼舒、隤敳（音ㄊㄨㄟ ㄞ/）、檮戭（音ㄊ

ㄠ一ㄢˇ)、大臨、尨(音ㄇㄥ)降、庭堅、仲容、叔達，齊、聖、廣、淵、明、允、篤、誠，天下之民，謂之八愷。高辛氏有才子八人：伯奮、仲堪、叔獻、季仲、伯虎、仲熊、叔豹、季貍，忠、肅、共、懿、宣、慈、惠、和，天下之民，謂之八元。」

⑳ **舜佐堯退四凶小人之朋以下二句**　指舜輔助堯治理天下時，曾向堯舉八元、八愷。《左傳・文公十八年》云：「舜臣堯，舉八愷，使主后土」，「舉八元，使布五教於四方」，「流四凶族」。退四凶小人之朋，《尚書・虞書・舜典》載舜「流共工於幽州，放驩兜於崇山，竄三苗於三危，殛鯀於羽山。」

㉑ **及**　等到。

㉒ **皋夔稷契等二十二人並列於朝**　皋、夔、稷、契(音ㄒㄧㄝ)，傳說均是舜的賢臣，據《尚書・虞書・舜典》記載，皋掌管刑法，夔掌管音樂，稷掌管農事，契掌管教育。二十二人，除上述四人外，還有掌百工之事的垂，掌山澤出產的益，以及四岳(四方諸侯之長)，和十二牧(十二州牧)・(見《史記・五帝本紀》)

㉓ **更相稱美更相推讓**　根據《史記・五帝本紀》載：「舜派禹治水，「禹拜稽首，讓於稷、契與皋陶。」派益掌山澤出產，「益拜稽首，讓於諸臣朱虎、熊羆。」

㉔ **書曰以下四句**　書，卽《尚書》。下面四句話指周武王伐紂，會師於孟津(今河南省孟縣南)時發表的誓師詞，原文見於《尚書・周書・泰誓上》。

㉕ **紂**　名受，商朝亡國之君主。

㉖ **億萬**　極言人數之多。

㉗ **用** 因此。

㉘ **後漢獻帝** 卽東漢亡國之君劉協。

㉙ **盡取天下名士囚禁之目爲黨人** 據《後漢書・黨錮列傳》記載：漢桓帝時，宦官專權，李膺、杜密、陳實、范滂（音ㄆㄤ）等著名人士被誣爲結黨營私（卽黨人），逮捕入獄；到了靈帝時，李膺、范滂等一百多人，皆被害於獄中，歷史上稱之爲「黨錮之禍」。此事發生在漢桓帝時，文中言「漢獻帝時事」，當是作者誤記。

㉚ **黃巾賊起** 黃巾，指東漢靈帝中平元年（西元一八四年）張角領導的農民起義，因義軍以黃巾裹頭爲標誌，反抗政府，故稱「黃巾賊」。

㉛ **後方悔悟以下三句** 事見《後漢書・黨錮列傳》：「中平元年，黃巾賊起，中常侍呂彊言於帝曰：『黨錮久積，人情多怨。若久不赦宥，輕與張角合謀，爲變滋大，悔之無救。』帝懼其言，乃大赦黨人，誅徙之家，皆歸故郡。」

㉜ **唐之晚年二句** 從唐穆宗長慶初年（西元八二一年），中經文宗、武宗，直至宣宗（西元八四七—八五九在位），內部發生了以牛僧孺、李宗閔爲首和以李德裕爲首的所謂「牛李黨爭」，互相傾軋，前後延續近四十年。

㉝ **昭宗** 卽唐昭宗李曄，唐朝亡國之君（西元八八九年至九〇四年在位）。

㉞ **此輩清流二句** 據《舊五代史・李振傳》記載：唐哀帝天祐二年（西元九〇五年），權臣朱全忠受李振唆使，譖（音ㄗㄣˋ）殺大臣裴樞、陸扆（音ㄧˇ）、王溥等三十餘人，「時振（卽李振）自以咸

通、乾符中嘗應進士舉，累上不第，尤憤憤。乃謂上祖曰：『此輩（指裴樞等）自謂清流，宜投於黃河，永爲濁流。』全忠笑而從之。」天祐是唐哀帝的年號，本文將哀帝時事，誤記爲昭宗時事。清流，指負有時望的德行高潔之士。濁流，爲雙關語，既指黃河的渾濁流水，又指品格低下的人。

㉕ **誚**　音ㄑ一ㄠ，譏誚，責備。

㉖ **聰明**　本意是天資高，智力强，這裏指頭腦清醒，心裏清楚明白的意思。

㉗ **雖多而不厭**　猶言愈多愈好。不厭，不滿足。

㉘ **迹**　迹象，借以推斷過去或未來。這裏包含着道理的意思。

㉙ **鑒**　鑒戒，以往事爲教訓。

## 【賞　析】

〈朋黨論〉是一篇政論性作品，當時是宋仁宗慶曆三年（西元一〇三四年），以夏竦（音ㄙㄨㄥ）、呂夷簡等爲首的顯貴們在政治上占有重要地位，被歐陽脩、蔡襄等人彈劾而先後罷職，革新派政治家如范仲淹、韓琦等上臺執政，提出了一系列的改革主張，歷史上稱之爲「慶曆新政」。一時失勢而受到排擊的保守派人士，不甘心政治上的挫敗，遂以他們擁有的强大實力，進行激烈的反抗活動，並廣造輿論，作攻擊汚蔑的能事。對此，歐陽脩極爲氣憤，爲駁斥對范仲淹等革新派的汚蔑，就寫下了這篇著名的〈朋黨論〉。正如李燾（音ㄊㄠ）《續資治通鑑長編》卷一四八上記載的：「初，呂夷簡罷相，夏竦授樞密使，復奪之，代以杜衍，同時進用富弼、韓琦、范仲淹在二府，歐陽脩等爲諫官。石介作〈

慶曆聖德詩〉言進賢退奸之不易。奸，蓋斥夏竦也，竦銜之。而仲淹等皆與脩素所厚善。脩言事一意徑行，略不以形迹嫌疑顧避。竦因與其黨造爲黨論，目衍、仲淹及脩爲黨人。脩乃作〈朋黨論〉上之。」

作者在這篇文章裏，有力地批駁了保守派對革新人士們的誹謗和汚蔑。文章的主要論點是闡明朋黨有邪正。圍繞着此一主要論點，分層深入地加以論述。首先，闡述「君子之朋」與「小人之朋」的區別在於：君子「以同道爲朋」，小人「以同利爲朋」。繼而剖析「小人無朋」和「君子有朋」的道理。指出小人之所以無朋，因爲小人所愛好的是祿利，貪求的是財貨，他們見利相爭，利盡相殘，即使是同胞弟兄或至親好友，也不能例外。君子之朋却與此相反，他們「所守者道義，所行者忠信，所惜者名節。以之修身，則同道而相益；以之事國，則同心而共濟。」兩兩相較，可謂一針見血。然後，又列擧各個朝代盛衰六個事例，證明國家的興亡治亂，與朋黨的密切關係，進而指出「爲人君者」，要治理國家、安定天下，必須「退小人之僞朋，用君子之眞朋。」由此所得的結論，給保守派的人士，作出有力的反擊。

由於本文立意超卓，觀點深刻，並且旁徵博引，邏輯嚴密，所以歷來均享有盛名。它之所以引人注目，獲得較高的評價，主要因素有二：一、政論性極强，但絕非空發議論，而是針對當時保守派對革新派的誹謗和攻擊，有的放矢地加以駁斥，論述透闢深刻，行文尖銳犀利，筆法迂徐有致，並且徵引大量史實爲證，闡明朋黨有邪正此一主要論點，具有較强的說服力。二、文中連用排比，反覆論證，多次轉折，並在正反兩面鮮明的對比中，闡明「退小人之僞朋，用君子之眞朋」，對治理國家的必要性。此不僅使論述的事理更加淸楚明白，而且也增加了文章的氣勢。《古文觀止》評曰：「援古事以證辨，反覆曲暢，婉切近人，宜乎仁宗爲之感悟也。」

## (三)　與高司諫(一)書

首段點出識名時間及其毫無建樹，開始懷疑高若訥之爲人。

次段寫二疑，並啓下一層議論文字。通過推理分析，證明其名不副實。

三段寫三疑，爲下文言行對照張本。

四段疑與實較，總結上文，啓發下文。

修頓首再拜(二)白(三)，司諫足下。某(四)年十七時，家隨州(五)，見天聖二年(六)進士及第榜，始識足下姓名。是時予年少，未與人接(七)，又居遠方，但聞今宋舍人兄弟(八)與葉道卿(九)、鄭天休(十)數人者，以文學大有名，號稱得人(十一)。而足下廁其間(十二)，獨無卓卓(十三)可道說者，予固疑足下(十四)不知何如人(十五)也。

其後更(十六)十一年，予再至京師。足下已爲御史裏行(十七)，然猶未暇一識足下之面，但時時於予友尹師魯(十八)問足下之賢否。而師魯說足下正直有學問，君子人也，予猶疑之。夫正直者，不可屈曲(十九)；有學問者，必能辨是非。以不可屈之節，有能辨是非之明，又爲言事之官(二十)，而俯仰默默(二十一)，無異衆人，是果賢者耶？此不得使予之不疑也。

自足下爲諫官來，始得相識，侃然正色(二十二)，論前世事(二十三)，歷歷(二十四)可聽，褒貶是非，無一謬說。噫！持此辯以示人(二十五)，孰不愛之？雖(二十六)予亦疑足下眞君子也。是予自聞足下之名及相識，凡(二十七)十有(二十八)四年，而三疑之。今者，推其實跡而較之，然後決(二十九)知足下非君子也。

五段揭發高若訥醜惡言行，並與上文形成對照。

前日范希文⑳貶官後，與足下相見於安道㉑家，足下詆誚㉒希文為人。予始聞之，疑是戲言；及見師魯，亦說足下深非㉓希文所爲，然後其疑遂決。希文平生剛正，好學通古今，其立朝有本末㉔，天下所共知，今又以言事觸宰相㉕得罪。足下既不能爲辨其非辜㉖，又畏有識者之責己，遂隨而詆之，以爲當黜㉗，是可怪也！

六段斥責高若訥自私無能，以無恥手段，掩飾自己的過失。

夫人之性，剛果懦軟㉘，稟㉙之於天，不可勉强，雖聖人亦不以不能責人之必能㉚。今足下家有老母，身惜㉛官位，懼飢寒而顧利祿，不敢一忤㉜宰相以近刑禍，此乃庸人之常情，不過作一不才㉝諫官爾；雖朝廷君子，亦將閔㉞足下之不能，而不責以必能也。今乃㉟不然，反昂然自得㊱，了無愧畏㊲，便毀其賢以爲當黜，庶乎㊳飾己不言之過。夫力所不敢爲㊴，乃愚者之不逮㊵；以智文其過㊶，此君子之賊也㊷。

七段指高若訥不論范仲淹之賢否，其不進諫的態度，便有罪責。

且希文果不賢邪？自三四年來，從大理寺丞㊸至前行員外郎㊹；作待制㊺日，日備顧問㊻，今班行㊼中無與比者。是天子驟用㊽不賢之人？夫使㊾天子待不賢以爲賢，是聰明㊿有所未盡(51)。足下身爲司諫，乃耳目之官(52)，當其驟用時，何不一爲天子辨其不賢，反默默無一語，待其自敗(53)，然後隨而非之？若果賢邪，則今日天子與宰相，以忤意[64]逐賢人，足下不得不言。是則足下以希文爲賢，亦不免責；以爲不賢，亦不免責，大抵罪在默默爾。

八段引歷史事實作比，證高若訥詆毀范仲淹，是自欺欺人，司馬昭之心，人所共知。

昔漢殺蕭望之[65]與王章[66]，計其當時之議，必不肯明言殺賢者也；必以石顯[67]、王鳳[68]爲忠臣，望之與章爲不賢而被罪也。今足下視石顯、王鳳果忠邪，望之與章果不賢邪？當時亦有諫臣，必不肯自言畏禍而不諫，亦必曰當誅而不足諫也[69]。今足下視之，果當誅邪？是直[70]可欺當時之人，而不可欺後世也。今足下又欲欺今人，而不懼後世之不可欺邪？況今之人未可欺也。

九段再一層分析，說高若訥當去職讓賢。

伏以[71]今皇帝[72]卽位已來，進用諫臣，容納言論。如曹修古[73]、劉越[74]，雖歿猶被褒稱[75]，今希文與孔道輔[76]，皆自諫諍擢用[77]。足下幸生此時，遇納諫之聖主如此，猶不敢一言，何也？前日又聞御史臺榜朝堂[78]，戒[79]百官不得越職言事，是可言者惟諫臣爾[80]。若足下又遂不言，是天下無得言者也。足下在其位而不言，便當去之[81]，無妨他人[82]之堪其任者也。昨日安道貶官[83]，師魯待罪，足下猶能以面目見士大夫，出入朝中，稱諫官，是足下不復知人間有羞恥事爾！所可惜者，聖朝有事，諫官不言，而使他人言之，書在史册，他日爲朝廷羞者，足下也。

十段表明態度，希望高若訥改變故態，為范仲淹進一言。

《春秋》之法(八四)，責賢者備(八五)。今某區區(八六)，猶望足下之能一言者，不忍便絕足下而不以賢者責也。若猶以謂希文不賢而當逐，則予今所言如此，乃是朋邪之人爾。願足下直攜此書於朝，使正予罪而誅之，使天下皆釋然知希文之當逐，亦諫臣之一效也。

文末附帶說明寫這封信的原因。

前日足下在安道家，召予往論希文之事，時坐有他客，不能盡所懷，故輒布區區，伏惟幸察，不宣。修再拜。

## 【解題】

本文作於宋仁宗景祐三年（西元一〇三六年）。景祐初年，呂夷簡以老病在相位日久，政事多所廢弛，不思振治，因而時和有志改革的士大夫發生矛盾。景祐三年，吏部員外郎、權知開封府范仲淹以當時官吏進用多出呂夷簡私門，遂上〈百官圖〉，指出居官者誰為當，誰為不當，并建議近臣進退不宜全出之於宰相，因而觸怒了呂夷簡。不久，范又與呂因論建都事發生衝突，呂評范為「迂闊，務名無實」，范進獻「帝王好尚」、「選賢任能」、「近名」、「推委」四論，譏切朝政，且指責呂夷簡敗壞宋朝家法。呂於是攻擊范「越職言事，離間君臣，引用朋黨」，并以辭職相要挾，由是范仲淹被貶為饒州知州。

當范被貶時，朝臣如余靖、尹洙等紛紛設法營救，而左司諫高若訥身為諫官，不但當諫不諫，反而阿附呂夷簡，認為范仲淹應當貶斥，并在余靖家中詆毀范仲淹，於是歐陽脩寫這封〈與高司諫書〉，對高嚴加斥責。若訥惱羞成怒，把這封信上奏朝廷，歐陽脩也因此得罪，被貶為夷陵（今湖北宜昌附近）令。作者後來在〈與尹師魯書〉中說，當時「發於極憤而切責之，非以朋友待之也」，見出歐陽脩具有嫉惡如仇，不避險難的正義感。

本文在寫作上充分運用了對照手法。將高司諫本身的言與行，名與實一一對照；范仲淹之敢諫與高若訥之不敢諫，又形成對照；再次，作者自己的敢言與高若訥默然不語也形成對照。這種多種對照，在明辨是非上，收到了突顯眞理的效果。

文章寫得議論風發，層層深入。由遠方至京師，由聞名至相識，就人物、言行逐步提出問題，分析問題，而後解決問題，娓娓動聽，親切感人。正如儲欣所謂：「怒罵之文，辭氣砢（音ㄌㄨㄛ）磊不平，而文章仍有法度」《唐宋八大家類選》之作也。

## 【注釋】

㈠ **高司諫**　即高若訥（音ㄋㄜ），字敏之，宋仁宗時爲左司諫。

㈡ **頓首再拜**　即叩頭致敬，舊時書信開頭客氣語。

㈢ **白**　奉告，陳述。

㈣ **某**　作者自稱代詞。

㈤ **家隨州**　據胡珂《廬陵歐陽脩年譜》載，歐陽脩於四歲喪父後，隨母親鄭氏前往隨州，投靠叔父歐陽曄，因而在隨州落戶。隨州，今湖北隨縣。

㈥ **天聖二年**　宋仁宗年號，西元一〇二四年，脩時年十八歲。

㈦ **未與人接**　沒有和社會人士交往。

⑧ **宋舍人兄弟** 指宋庠、宋祁兄弟。二人皆在天聖二年中進士，有文名，時稱大、小宋。舍人，即起居舍人，掌管皇帝言行記事的官員。
⑨ **葉道卿** 名清臣，蘇州人，官至翰林學士，有文名。
⑩ **鄭天休** 即鄭戩，字天休，吳縣人。官至吏部侍郎，樞密副使。
⑪ **號稱得人** 指宋仁宗天聖二年（西元一〇二四年）的進士考試，得到很多人才。
⑫ **廁其間** 名列以上諸人之間。廁，置。
⑬ **卓卓** 優異、卓越之意。
⑭ **固疑足下** 早就懷疑你。固，本來。
⑮ **何如人** 甚麼樣的人。
⑯ **更** 經過。
⑰ **御史裏行** 見習御史，品級較監察御史低。御史，專門監察官吏失職的官員。
⑱ **尹師魯** 即尹洙，字師魯。河南洛陽人，博學多識，善作古文，同范仲淹、歐陽脩相友善。官至起居舍人。
⑲ **屈曲** 屈從他人意見，而歪曲事實眞象。
⑳ **言事之官** 指御史，爲諫諍朝政得失的官員。
㉑ **俯仰默默** 隨人高下，沉默不語。
㉒ **侃然正色** 剛直嚴肅的表情。

㉓**前世事**　前代的事。

㉔**歷歷**　清楚明白。

㉕**持此辯以示人**　指拿這種巧言善辯的才能，顯露在別人面前。

㉖**雖**　卽使。

㉗**凡**　總共。

㉘**有**　又。

㉙**決**　肯定的意思。

㉚**范希文**　卽范仲淹，字希文，吳縣（今江蘇蘇州）人，時任右司諫。

㉛**安道**　卽余靖，字安道，曲江（今廣東韶關）人，任右正言，與尹洙、歐陽脩均反對范仲淹被貶事。

㉜**詆誚**　毀謗諷刺。

㉝**深非**　十分責備。

㉞**立朝有本末**　言在朝爲官光明磊落，有始有終。

㉟**宰相**　指呂夷簡。因范仲淹論政事，雙方意見不合。

㊱**非辜**　無辜、無罪。

㊲**黜**　貶謫。

㊳**剛果懦軟**　剛強果斷，怯懦軟弱。

㊴ **稟** 承受。

㊵ **雖聖人亦不以不能責人之必能** 言卽使是聖人，也不能以不能辦到的事，苛求別人一定辦到。

㊶ **惜** 顧念，捨不得。

㊷ **一忤** 稍稍觸犯。

㊸ **不才** 不稱職。

㊹ **閔** 同憫，同情、憐憫。

㊺ **乃** 卻。

㊻ **昂然自得** 洋洋得意。

㊼ **了無愧畏** 是說全無羞愧和怕人責備。

㊽ **庶乎** 卽庶幾乎，表希望之詞。

㊾ **夫力所不敢爲** 是說力量小不敢做。

㊿ **愚者之不逮** 言連愚笨的人也不如。不逮，不及。

(51) **以智文其過** 用小聰明來掩飾自己的過錯。

(52) **此君子之賊也** 這就是君子中間的敗類。

(53) **大理寺丞** 掌訴訟和刑罰的官，卽今之司法官。宋仁宗天聖二年至六年（西元一〇二四至一〇二八年）范仲淹任大理寺丞。大理寺，當時的最高立法機關。

(54) **前行員外郎** 卽禮部員外郎。景祐二年（西元一〇三五年），范仲淹被提升爲尚書禮部員外郎。

(55) **待制**　天章閣待制，即皇帝的顧問。

(56) **日備顧問**　每天都準備接受皇帝的諮詢。

(57) **班行**　同班朝臣。

(58) **驟用**　不加挑選，突然起用。

(59) **使**　假使。

(60) **聰明**　指皇帝的耳聞目睹。

(61) **未盡**　不及。

(62) **耳目之官**　諫官可以使皇帝了解許多事情，猶如皇帝之耳目。

(63) **自敗**　自己壞了事。

(64) **忤意**　違犯旨意。忤，違背。

(65) **蕭望之**　字長信，東海蘭陵（今山東棗陽）人，漢元帝初年，任宰相，頗有政績，因反對宦官把持朝政，被弘恭、石顯誣陷下獄，飲毒酒而死。

(66) **王章**　字仲卿，鉅平（今山東泰安）人，漢成帝時爲諫大夫、京兆尹，反對外戚王鳳專政，被王鳳陷害，死於獄中。

(67) **石顯**　字君房，漢元帝時任中書令，權重朝廷，成帝即位後，被罷官，死於還鄉途中。

(68) **王鳳**　字孝卿，漢成帝的舅父，官至大司馬大將軍，跋扈專權。

(69) **當誅而不足諫也**　應當殺而不值得爲他們諫諍。

（七〇）**直**　只、只是。

（七一）**伏以**　我以爲，對上級表示恭敬的發語詞。

（七二）**今皇帝**　指宋仁宗。

（七三）**曹修古**　字述之，建安（今福建建甌）人，曾任監察御史，慷慨有氣節，遇事敢於直言，後卒，仁宗親政，贈右諫議大夫，賜錢二十萬，見《宋史》本傳。

（七四）**劉越**　字子長，大名（今屬河北省）人，進士出身，官至秘書丞，直言敢諫，仁宗親政，劉越已死，進贈右司諫，賜錢十萬。

（七五）**褒稱**　表揚稱讚。

（七六）**孔道輔**　字原魯，山東曲阜人，官至御史中丞，爲人鯁直，與范仲淹一起因諫阻廢郭皇后事被貶。

（七七）**擢用**　拔擢重用。

（七八）**御史臺榜朝堂**　御史臺，掌管監察、彈劾的官員。榜，通知。榜朝堂，在朝廷上出示榜文。

（七九）**戒**　警告。

（八〇）**惟諫臣爾**　只有諫官而已。

（八一）**便當去之**　應當辭去諫官的職位。

（八二）**他人**　指尹洙、余靖等人。

（八三）**安道貶官**　余安道因上書諫阻范仲淹之不當貶得罪，被貶筠州。

（八四）**春秋之法**　指孔子撰寫《春秋》時，對人事褒貶的準則。

㊎ **責賢者備** 言對於賢能的人，要求極爲全面而嚴格。備，周到、全面。

㊏ **區區** 謙詞，指微不足道的誠意。

## 【賞　析】

宋仁宗景祐三年（西元一〇三六年），三十歲的歐陽脩，以一個館閣校勘的官員，向左司諫高若訥寫了這封斥責他失職，並爲范仲淹鳴不平的信；這可以說是當時政治的反映。范仲淹與歐陽脩是站在革新的立場上，從政後，更有「先天下之憂而憂，後天下之樂而樂」的憂國憂民思想，他是一位有遠見有才能，關心國計民生，敢於直言的政治家。這一年，他以天章閣待制的身分，代開封府知府，對弊政有所批評，因而觸怒了宰相呂夷簡，結果被呂以「越職言事，離間羣臣，引用朋黨」的罪名，貶謫江西饒州。當時，較接近范氏的官員，如余安道、尹師魯皆以替他辯解而被貶。同時，宰相呂夷簡還用百官不許「越職言事」的命令，威脅羣臣，大家無法替范氏講話。而有權講話的左司諫高若訥反而坐視不顧，不僅不講公道話，反而趨炎附勢，落井下石。對范仲淹肆意誹謗，以爲「當黜」。爲此，歐陽脩基於極大義憤，鋌身而出，便給高若訥寫了這封信，揭發事件眞相，以正視聽。

信先從對高若訥識面的過程寫起，說明在以往十四年間，三次懷疑高若訥的爲人，最後，從他在范仲淹事件的態度上，斷定他不是個好人。這樣別開生面的寫法，既符合識人的邏輯規律，又包含了極大的辛辣諷刺。

緊接著具體揭露他在范仲淹被貶後依附權勢，不向皇帝進諫的醜惡嘴臉。他不僅是一個十足的說空話的僞君子，而且也是一個道地的奸詐陰險卑劣的小人。然後，指出：不論范仲淹是好是不好，或是該升該降，身爲諫官的高若訥都負有不可推卸的失職的責任。並利用從古到今的歷史事實，證明諫官要發揮應有的作用，不能位尊行賤，有名無實。而高在其位却默默不語，「便當去之」，如果賴在朝廷上稱「諫官」，那就是「不復知人間有羞恥事」的窩囊廢。總之，歐陽脩懷著極大的義憤，辨白了范仲淹的剛正無辜，痛斥了高若訥的卑劣無恥。表現他積極進步的政治態度和不畏權勢的氣魄。反映了北宋王朝在政治上進步與保守兩種不同意見的事實。

對於這封信，高若訥當然不敢正面回答，於是向皇帝宋仁宗告密，暗中施計陷害，把歐陽脩貶做夷陵（今湖北宜昌附近）令了。

作者對於高若訥的無恥行徑，雖然內心充滿義憤，但在寫作時並沒有聲色俱厲的表情，劍拔弩張之態勢；而是心平氣和的加以敍述，從容不迫地落筆。高若訥到底是個甚麼樣的人？對他的懷疑只能隨作者的筆鋒，步步遞進，反正敍述，逐漸解決。終於把他的僞裝層層剝去，露出了「君子之賊」的醜惡面目。同時，運用了大量反詰語氣，對於高若訥的所作所爲，事事責問，並附之以古今論證，就在這句句逼問下，斥責了他「智以文其過」不僅是徒勞的，還必將成爲歷史的罪人。

總之，全文波瀾起伏，語言鋒利幽默，句句擊中要害，令人拍手稱快。可以說是一篇出色的書信體的議論文，具有强烈的個性；而浩然之氣，更給人留下深刻印象。達到歐陽脩散文高下縱橫，無不如意的境地。開頭一大段，自「某年十七」，至「足下非君子也」，從三疑中得出結論，此下就其結論再進一步論證。第二大段，自「前日」，至「此君子之賊也」，以范仲淹貶官爲例，說明高若訥非不能，乃是不爲。剖析得入情入理。如果第一大段以層次清晰取勝的話，那麼此大段則以情理懇切取勝。第三大段自「且希文果不賢耶」，至「大抵罪在默默爾」，作者運用形式邏輯中的兩難推理法，論證高若訥罪責難逃。第四大段自「昔漢殺蕭望之」，至「未可欺也」，以史爲鑑，說明古往今來，欺騙是不能持久的。第五大段，自「伏以今皇帝」，至「足下也」，切責高若訥身爲諫官而不諫的過失，並痛斥其尸位素餐，恬不知恥。最後一大段，作者作最後表態。最後幾句乃書信中的套語，無甚深意。

本文影響至鉅，「不復知人間有羞恥事」，已成爲我們日常語言中的習慣用語。淸呂留良、呂葆中《唐宋八家古文精選讀本》云：凡攻擊文字，但明於緩急、擒縱之法，方能曲盡其意，至於制擊處，尤以尖冷爲妙。」此說正是本文筆法的特長。

## (四) 答吳充(一)秀才書

脩頓首白，先輩(二)吳君足下(三)。前辱(四)示書及文三篇，發而讀之，浩乎(五)若千萬言之多，及少定而視焉，纔數百言爾。非夫辭豐意雄，霈然(六)有不可禦之勢，何以至此！然猶自患倀倀(七)，莫有開之使前(八)者，此好學之謙言也。

首段稱充文，先曲贊之。

脩材不足用於時(九)，仕不足榮於世(一〇)，其毀譽(一一)不足輕重，氣力不足動人(一二)。世之欲(一三)假譽以為重，借力而後進者，奚取於脩焉？先輩學精文雄，其施於時，又非待脩譽而為重，力而後進者也。然而惠然見臨(一四)，若有所責(一五)，得非急於謀道，不擇其人而問焉者歟？

次段曲折敘述自己不足取，並藉答謝發議。

夫學者未始(一六)不為道，而至者鮮焉；非道之於人遠也，學者有所溺(一七)焉爾。蓋文之為言(一八)，難工而可喜，易悅而自足。世之學者往往溺之(一九)，一有工焉，則曰：「吾學足矣。」甚者，至棄百事不關於心，曰：「吾文士也，職於文而已。」此其所以至之鮮也。

三段先發勸道之端，次言文之難工而可喜。

昔孔子(二〇)老而歸魯，六經之作，數年之頃爾。然讀《易》者如無《春秋》(二一)，讀《書》者如無《詩》，何其用功少而至於至也！聖人之文雖不可及，然大抵道

四段反覆言之，勉其為文以求道為先。

勝者，文不難而自至也。故孟子皇皇不暇著書㉑，荀卿蓋亦晚而有作㉒。若子雲㉓、仲淹㉔，方㉕勉㉖焉以模言語，此道未足而强言者也。後之惑者㉗，徒見前世之文㉘傳，以爲學者文而已，故愈力愈勤而愈不至。此足下所謂「終日不出於軒序㉙，不能縱横高下㉚皆如意」者，道未足也。若道之充焉，雖行乎天地，入於淵泉，無不之㉛也。

文末言充與己志於道相勉，以結全篇。

先輩之文，浩乎霈然，可謂善矣。而又志於爲道，猶自以爲未廣，若不止焉，孟、荀可至而不難也。脩學道而不至者，然幸不甘於所悅，而溺於所止。因吾子㉜之能不自止，又以勵脩之少進焉。幸甚幸甚！脩白。

【解　題】

宋仁宗康定元年（西元一〇四〇年）作。是年六月，作者由武成軍節度判官任上召回開封，復任館閣校勘。吳充，字仲卿，建州浦城（今福建松溪縣北）人，慶曆年間，應進士試到開封，投書與文向歐陽脩請益。

宋代古文運動，到康定初已取得很大進展，歐陽脩的影響也日益擴大。本篇闡述文與道的關係，反映了歐陽脩論文的基本觀點。所謂道，雖係儒家傳統的提法，而作者所看重道的具體內容，是現實政治和社會生活中的「百事」，因此論文道關係接近論文學與現實的關係。文章指出，如果「棄百事不關於心」，以爲人以文傳，學好寫文章就能達到傳世的目的，那就「愈力愈勤而愈不至」。但作者同時也重視文相對於道的獨立性，此文强調「道勝者文不難而自至也」，並不是說有道即有文，而在於糾正當時讀書人爲文而文，「勤一世以盡心於文字間」的弊病。

在寫作上，本文是用書信體寫成的議論文，從議論的角度來說，論據充分，有正有反，從古至今，有的放矢，令人信服；而在論證時，又能做到邊破邊立，層層說理，步步類推，前後照應，邏輯嚴密。從書信角度來說，作者也能以平等待人的態度，與吳生討論問題的方式，既侃侃而談，又循循善誘，反復强調而又無繁瑣累贅之嫌，熱情洋溢而又言辭懇切，這些都是歐陽公「紆徐平易，一唱三歎」散文風格的具體呈現。

## 【注釋】

㈠ **吳充** 子仲卿，宋仁宗慶曆元年（西元一〇四一年）中進士，於先，充應進士試至開封，投書爲文向歐公請益，公爲此文以答之。

㈡ **先輩** 唐宋應科擧之士子，互相敬稱對方爲先輩。

㈢ **足下** 對長輩或平輩之敬稱。

㈣ **辱** 謙詞，如辱蒙、辱承、辱示。

㈤ **浩乎以下三句** 謂吳充文章汪洋恣肆，給人以十分繁富之印象，待定神細看，方知不過幾百字而已。少定，稍停片刻，定，定神。

㈥ **霈然** 即沛然，大雨暴落之意。又有盛大意。

⑦**倀倀**　若盲人行路，無所適從。倀，音ㄔㄤ。

⑧**開之使前**　開導自己，使自己取得進步。

⑨**不足用於時**　不足以爲當世所用，即沒有濟世之才。

⑩**仕不足榮於世**　歐陽脩當時任館閱校理，是翰林院低級官員，故有此說。仕，官職。

⑪**毀譽**　動詞，詆譭讚譽，在此指對吳充文章的褒貶。

⑫**氣力不足動人**　才氣不足以打動人心。

⑬**世之欲以下三句**　言當時應試之士，多用文章向權貴或有力者干謁，以求推薦進身。歐陽認爲自己的名望與地位不符合干謁之要求。有自謙人微言輕之意。

⑭**惠然見臨**　對別人來訪的客套話，語出《詩經・邶風・終風》：「終風且霾，惠然肯來。」惠然，和順之意。見臨，光臨。

⑮**責**　求。

⑯**未始**　未嘗。

⑰**溺**　沉溺，指沉迷不悟。

⑱**蓋文之爲言以下三句**　指當時文弊的原因，是把文章作爲獵取功名，順時取譽之工具而已。文士一旦取得祿仕，就志得意滿，沾沾自足。工，文詞精湛。

⑲**溺之**　沉溺於言詞。

⑳**昔孔子以下三句**　據《史記・孔子世家》：「孔子之去魯凡十四歲而返乎魯。」然後著述，著述時

間約五年。六經，即六藝，指《易》、《書》、《詩》、《禮》、《樂》、《春秋》。

㉑ **然讀易者如無春秋以下三句**　語本李翺〈答朱載言書〉：「創意造言，皆不相師；故其讀《春秋》也，如未嘗有《詩》也；其讀《詩》也，如未嘗有《易》也；其讀《易》也，如未嘗有《書》也；其讀屈原、莊周也，如未嘗有《六經》也。」此言孔子作《六經》，各有特點，已達寫作之最高境界。其原因在於下文所謂之「道勝」。此處可參閱〈與樂秀才書〉。

㉒ **故孟子皇皇不暇著書**　言孟子一生遊說諸侯，不暇著書，《孟子》七篇多爲弟子萬章等記述。皇皇，即遑遑，忽忙的樣子。

㉓ **荀卿蓋亦晚而有作**　荀卿名況，先仕齊，後適楚，春申君以爲蘭陵令；春申君死，始退居蘭陵，著《荀子》一書。

㉔ **子雲**　揚雄字，模擬《周易》作《太玄》，模擬《論語》作《法言》。

㉕ **仲淹**　隋代末年學者王通的字，曾模仿《論語》著《中說》。

㉖ **方**　並、都。

㉗ **勉**　勉强。

㉘ **惑者**　糊塗之人。

㉙ **文**　指從事於文者。

㉚ **軒序**　家門、房子。軒，窗子；序，室內的隔牆。

㉛ **不能縱橫高下**　言不能揮灑自如者，原因在於見聞不廣也，參下文「道未足」句。

㊁ **之** 至。

㊂ **吾子** 對對方親切的稱號。子，男子的美稱。

本文寫於宋仁宗康定元年（西元一〇四〇年），歐陽脩將年三十。由武成軍節度判管調回京城擔任翰林院館閣校理。此時，秀才吳充應考來京，投書問學，歐陽脩便藉此闡揚文與道的關係，以及文與道的區別問題。

## 【賞析】

本文為書信體之議論文，首段作者以生花妙筆，曲折讚美充的書文，有「辭豐意雄」，沛然莫之能禦的境界。同時，對他那「自患倀倀」，好學不倦，不恥下問的精神，作了剴切的說明。

次段、作者運用四個「不足」的排比句，向對方介紹自己：在才華方面，「才不足用於時。」在地位方面，「仕不足榮於世。」在影響方面：自然人微言輕，當然就「毀譽不足輕重，氣力不足動人。」作者介紹自己的目的，在反襯吳充不是那種想借名流學者的聲譽，來提高自己身份，借著達官貴人的名氣，來幫助自己博取利祿的人。繼而用直敍筆法，說明吳充已是「學精文雄」，可以在社會上有所作為的人物，無需攀援外力。可見吳充非同流俗，有才德兼備的素養。

三段、為全文的中心，作者重點性地闡述了學者求道，並不能達到理想境界的原因。以層層剖析的手法，首先談及「學者未始不為道，而至者鮮焉」的緣故；其次，論學者之所以溺於文的原因；最後說明文與百事的關係。主要意思在强調文學家要加强「道」的修養，關心現實生活，反對「棄百事不關於心」，「終日不出於軒序」的治學態度。

第四段，是繼上一段末竟之義，作進一步的闡述。作者運用正反比較的例子，先以孔子爲例，指出孔子作六經用時甚少，而求道、傳道却耗費大量時日。次擧孟子、荀子爲例，言古代聖哲往往以求道、傳道爲先，並不完全着眼於著作。接著，再從反面擧西漢揚雄和隋末王通爲例，言其因「道」不足而勉强爲文，其結果只能模仿前人言語，而顯得中氣不足。通過正反比較的實例以後，作者歸結出文學家如果不在「道」上用功夫，一味地雕琢辭藻，在形式上美化，那就「愈力愈勤而愈不至。」

末段，從表面上看，似乎全屬客套，但實際上仍然是圍繞著求「道」的問題來談。首句「先輩之文浩乎霈然」，既照應首段，又引發以下的議論。「又志於爲道」，至「孟荀可至而不難也」，收第四段並贊之。「脩學道而不至者」，至「而溺於所止」，再收第二段，自敍學養。「因吾子之能不自止」，至「幸甚」，總收前文，再申謝意作結。信中作者始終以一種平等的態度，極其謙恭的口氣，來闡述道理，勸勉對方，充分體現歐公好學自勵和獎掖後進的熱誠和愛心。由此可見《宋史》本傳，說他「獎引後進，如恐不及」的話，絕非虛譽。

## (五) 五代史①伶官②傳序

首段提出中心論點：國家的興亡盛衰由於人事。

嗚呼！盛衰之理③，雖曰天命④，豈非人事哉！原莊宗之所以得天下⑤，與其所以失之者，可以知之矣。

次段敘述莊宗，繼承父志行事。

世言晉王之將終也⑥，以三矢賜莊宗而告之曰：「梁，吾仇也⑦；燕王，吾所立⑧；契丹，與吾約爲兄弟⑨，而皆背晉以歸梁⑩。此三者，吾遺恨也。與爾三矢，爾其⑪無忘乃父⑫之志！」莊宗受而藏之於廟⑬。其後用兵，則遣從事⑭以一少牢⑮告廟⑯，請其矢，盛以錦囊，負而前驅⑰，及凱旋而納之⑱。

三段概括唐莊宗一生成敗得失，指出此皆由於人事。

方其繫燕父子以組⑲，函梁君臣之首⑳，入於太廟，還矢先王㉑，而告以成功，其意氣之盛，可謂壯哉！及仇讎㉒已滅，天下已定，一夫夜呼，亂者四應㉓；倉皇東出㉔，未及見賊，而士卒離散，君臣相顧，不知所歸，至於誓天斷髮，泣下沾襟㉕，何其衰也！豈得之難而失之易歟？抑本其成敗之迹，而皆自於人歟㉖？《書》曰：「滿招損，謙得益㉗。」憂勞可以興國，逸豫㉘可以亡身，自然之理也。故方其盛也，舉㉙天下之豪傑，莫能與之爭；及其衰也，數十伶人困之，而身死國滅㉚爲天下笑。夫禍患常積於忽微㉛，而智勇多困於所溺㉜，豈

文末總結國家的盛衰、興亡，得失的根源，以資借鑑。

獨伶人也哉！作《伶官傳》。

## 【解　題】

五代（西元九〇七——九六〇年），指唐、宋之間的五個封建朝代，即後梁、後唐、後晉、後漢、後周。《五代史》是歐陽脩晚年寫成的一部關於這五代歷史的書，共七十四卷，目錄一卷。原名《五代史記》，因爲前此已有薛居正的《五代史》，所以也稱爲《新五代史》，而稱薛著爲《舊五代史》。二書各有優點，史料以薛著爲多，而論斷及行文簡潔處，《新五代史》具有獨到的特色。〈伶官傳〉是《新五代史》中的一篇，現在所選的，是這一篇的開頭部分，「序」是依照一般選本加上的。「傳」記述了後唐莊宗李存勗寵幸的伶官景進、史彥瓊、郭門高等人敗政亂國的史實。「序」則通過對這一史實的論述，總結經驗教訓，說明「憂勞可以興國，逸豫可以亡身」，指出一個國家的興亡，不在於「天命」，主要在於「人事」。

本文借唐莊宗時所出現的伶官之禍這一史實，對五代時期後唐的盛衰過程作了具體分析，得出「憂勞可以興國，逸豫可以亡身」，「禍患常積於忽微，智勇多困於所溺」的結論，告誡治國者汲取歷史的教訓，防微杜漸，力戒驕傲縱欲。

這篇文章，緊緊圍繞「盛衰」二字，展開敍事和議論，以盛衰由於人事，貫通全文，然後加以議論、發揮，文章寫得平易流暢，簡潔明快，論證清楚，而又抑揚頓挫，飽含感情。

## 【注　釋】

㊀ **五代史**　指《新五代史》，是歐陽脩晚年編纂的一部記述後梁、後唐、後晉、後漢、後周五個朝代

歷史的史書，原名《五代史記》，因爲在此之前已有薛居正的《五代史》，故稱《新五代史》，稱薛居正所著爲《舊五代史》。

㈡ **伶官**　舊時稱演戲的人爲伶，宮廷中的樂官爲伶官。

㈢ **盛衰之理**　國家興盛衰亡的道理。

㈣ **天命**　言國家的盛衰及人生的禍福，均由天定。

㈤ **原莊宗之所以得天下**　是說推究後唐莊宗所以得天下的原因。原，推究原因。莊宗，李存勗，即帝位，建立後唐，廟號莊宗。《新五代史・唐本紀》載：唐莊宗的先世本號朱邪，後自稱其族爲沙陀，而用朱邪爲姓。沙陀朱邪赤心，因爲征討龐勛有功，賜姓名叫李國昌，李存勗是李國昌的孫子。

㈥ **世言晉王之將終也**　世言，人們傳說。晉王，指李克用。李克用因出力幫唐朝鎭壓黃巢起義有功，被封爲隴西郡王，後又封爲晉王。將終，臨死的時候。李克用死在梁開平二年（西元九〇八年）二月。

㈦ **梁吾仇也**　梁，指朱全忠，即朱溫。朱溫曾參加黃巢起義，後叛降唐朝，以鎭壓起義軍有功，曾被封爲梁王。昭宣帝天祐四年（西元九〇七年）篡唐自立，國號梁，廟號太祖，史稱後梁，都汴州。後又遷都洛陽。僖宗中和四年（西元八八四年），在鎭壓黃巢起義軍過程中，朱溫和李克用結仇甚深。

㈧ **燕王吾所立**　指劉仁恭和他的兒子劉守光。乾寧元年（西元八九四年），李克用曾請命於唐，以劉仁恭爲盧龍軍節度使。四年（西元八九七年），仁恭擊敗李克用軍，告捷於梁。梁開平元年（西元九〇七年），守光囚其父仁恭。乾化元年（西元九一一年），自稱大燕皇帝。這裏說「燕王吾所立」之「燕王」，當指仁恭。

㈨ **契丹與吾約爲兄弟**　契丹，指契丹主耶律阿保機，卽遼太祖。天復五年（西元九〇五年），李克用與阿保機會於雲中（今山西大同），約爲兄弟。約定共同擧兵攻打朱全忠，後來阿保機背約，與朱通好。

㈩ **皆背晉以歸梁**　指燕與契丹皆背叛晉國而歸附梁國。劉仁恭父子一貫利用梁、晉對立的矛盾，而從中取利。阿保機雲中之盟歸後，卽背約，遣使聘梁。

(一一) **其**　表示命令語氣。

(一二) **乃父**　爾父，你的父親，這是李克用對李存勗的自稱。

(一三) **廟**　與下文「太廟」均指宗廟。

(一四) **從事**　屬吏，泛指一般官吏。

(一五) **少牢**　古時祭祀時，用猪、羊二牲作祭禮，叫少牢。用牛、猪、羊各一叫太牢。

(一六) **告廟**　祭告祖廟。

(一七) **前驅**　在前面開路。

(一八) **凱旋而納之**　凱旋，勝利回軍。納之，指把箭仍然送回廟內。莊宗討劉守光，伐契丹，滅梁，都是這樣作的。

(19) **方其繫燕父子以組**　梁乾化三年（西元九一三年）十一月，李存勗擒獲劉仁恭。十二月又擒獲劉守光及其妻孥。次年正月，將劉氏父子械送太原，繫以絲繩，當天殺了劉守光。繫，縛。組，組練、絲繩。

(20) **函梁君臣之首**　西元九二三年，李存勗自立爲皇帝，國號唐。十月，向梁進軍。唐軍長驅直入，後梁末帝朱友貞，無法抵抗而自殺。唐莊宗（李存勗）把朱友貞君臣的頭，用漆函封，藏於太廟。函，動詞，用木匣裝著。

(21) **還矢先王**　還矢，把三支箭送還。先王，指死去的晉王李克用。

(22) **仇讎**　仇敵。

(23) **一夫夜呼亂者四應**　唐莊宗好俳優，常與優伶雜坐，自號「李天下」。郭崇韜累次進諫，莊宗身邊得寵的伶人景進等很恨他。同光四年（西元九二六年）征蜀，莊宗劉皇后子魏王繼岌，爲西南面行營都統，崇韜爲招討使。景進等向莊宗和劉皇后造謠進讒，遂使繼岌殺崇韜於蜀。崇韜被殺後，人心惶惶，訛傳帝已晏駕。話一傳播，軍士皇甫暉等乘機作亂，攻入鄴都（今河南安陽），隨後邢州（今河北邢臺）、滄州（今河北滄州）相繼叛變。這時莊宗派李嗣源帶兵攻鄴都。當夜，城下軍亂，迫李嗣源爲帝，還聯合鄴都亂軍向京城洛陽進攻。一夫，指皇甫暉。因起兵在夜間，故說「夜呼」。

(24) **倉皇東出**　此指皇甫暉之亂發生後，李存勗曾派李嗣源率兵鎭壓，李嗣源又叛，後李存勗東進，途中深知李嗣源已佔領開封，遂被迫折回。倉皇，匆忙之意。

㉕ **誓天斷髮泣下沾襟** 此指莊宗從元行欽之請，欲東行汴州（今開封），而嗣源已入汴，乃至萬勝鎭，卽命回師，登上路旁荒塚，擺起酒宴，看着諸將流淚。元行欽等百餘人皆援刀截髮，以斷首自誓，上下無不悲號。

㉖ **抑本其成敗之迹而皆自於人歟** 抑，或。本，推究本原。迹，事迹。自於，來自、由於。

㉗ **滿招損謙得益** 自滿會招致損害，謙虛能得到益處。語見僞古文《尚書・大禹謨》。

㉘ **逸豫** 安逸享樂。

㉙ **舉** 全，所有的。

㉚ **身死國滅** 指李嗣源叛變後，伶官郭從謙跟着作亂，率軍攻入宮中，李存勗在亂軍中，中流矢身亡。

㉛ **積於忽微** 從微末細小的事件積漸而成。忽，一寸的十萬分之一。微，一寸的百萬分之一。在此均指不加注意的小事。

㉜ **所溺** 所溺愛或迷戀的人或事。溺，過分。

## 【賞析】

《新五代史》是歐陽脩在宋仁宗景祐三年（西元一〇三六年）至皇祐五年（西元一〇五三年）間所撰，共七十四卷，目錄一卷，是我國二十四史之一。歐陽脩撰寫這部書時，係參照薛居正所撰《舊五代史》的史料，刪繁就簡，行文簡潔，仿效《春秋》，以司馬遷《史記》爲法，設〈刺客列傳〉、〈滑稽列傳〉之例，特創〈一行傳〉、〈義兒傳〉、〈伶官傳〉等。該書采用記傳體，記載梁、唐、晉、漢、周五代的史實。其記載一件事情，或刪削一件事情，均含義深刻。歐陽脩又在記傳的前後，多作敍論，發抒感慨。其文遠出薛居正等人之上。所以《新五代史》，歷來爲人所器重。

〈伶官傳〉記述唐莊宗李存勖寵幸的周匝、薛新磨、景進、史瓊彥、郭門高等伶人敗政亂國的史實。本篇是〈伶官傳〉的開頭部分。歐陽脩在文章中，首先提出一個國家的盛衰，不在「天命」，而在「人事」這一論點，然後採取先敍事後議論的筆法，以唐莊宗李存勖興亡的史實爲例證，敍寫唐莊宗接受並盡力執行其父晉王李克用的遺命，屢獲勝利，終於達到「繫燕父子以組，函梁君臣之首」，「仇讎已滅，天下已定」的目的。

李存勖稱帝後，窮奢極欲，寵幸伶人、宦官，竟至發生內亂，叛將接踵四起，最後「身死國滅」。通過唐莊宗李存勖興亡的典型事例，從正反兩方面得出「憂勞可以興國，逸豫可以亡身」的經驗教訓。並進而指出「禍患常積於忽微，而智勇多困於所溺」，借以告誡荒淫無耻、窮奢極欲的統治者，要防微杜漸，力戒私欲。至於文中所强調的國家盛衰在於人事，竭力擺脫天命論的束縛，從具體的政治實踐中，尋找國家興亡的根源，敢於冒險告誡封建統治者，這確實是難能可貴的。

本文開門見山地提出論點，緊接着敍寫唐莊宗興亡的史實，然後推進一層，從史實中得出結論，並借題引申發揮，議論犀利，擊中要害。文章論點明確，對比鮮明，布局嚴謹，條理清晰，文筆抑揚，富音節之美。這是一篇歷來爲人們所推崇的名作。如明朝的古文家茅坤說：「此等文章，千年絕調。」清朝的文學家沈德潛稱贊他：「抑揚頓挫，得《史記》神髓，《五代史》中第一篇文字。」

這是一篇夾敍夾議的議論文，從論述層次看，可按自然段分爲兩段四層。第一層、提出論點。文章一開頭，就以感嘆的語調，開門見山地提出：國家盛衰，不在天命而在人事。同時，又點出莊宗，作爲立論依據，順勢引起下文。

第二層、作出論證。先承上敍事，以事說理，具體內容有兩方面：一寫晉王的三項遺恨，二寫莊宗的誓報父仇。在歷史上，李存勖的才幹，遠不如其父李克用，但是當他嚴遵父命，勵精圖治，兢兢業業去實幹的時候，便成就了他父親生前想幹而未能幹到的事情。這就生動地突出了「人事」的作用，有力地從「盛」的角度論證了中心論點，同時也爲下文論及莊宗的「衰」預設張本。

第三層、引出教訓。先仍以事實爲論據，莊宗成功時「其意氣之盛，可謂壯哉」，敗亡時「泣下沾襟，何其衰也」。繼而又以《尙書》中的格言「滿招損，謙受益」作論據，進一步從「衰」的角度，再加推斷，自然地引出「憂勞可以興國，逸豫可以亡身」的教訓，並且又以「自然之理也」肯定句收攏，既照應篇首提出的「盛衰之理」，又不重複，且使人感到論點更深化，態度更明朗。

第四層、得出結論。在前面夾敍夾議的基礎上，這一層具體歸結出莊宗「身死國滅」的直接原因是寵信伶官。作者以「方其盛也，擧天下之豪傑莫能與之爭」，反襯「及其衰也，數十伶人困之而身死國滅，爲天下笑」。最後又推進一層，以「禍患常積於忽微，而智勇多困於所溺，豈獨伶人也哉！」總結全文，點明題旨。這樣的結論，不僅說明莊宗政治腐敗，寵信伶官，必遭失敗的下場，而且提醒人們不要忘記這段歷史教訓，和從歷史教訓中引出的盛衰由人的道理，要鑒往知來，謹愼自勉。

〈伶官傳序〉是歐陽脩的一篇短小精悍，爲歷代傳誦的名作。它不僅有一定的思想意義，而且在藝術表現上也很有特色，值得借鑑。對比論證，觀點鮮明，即其特色之一。全文簡要地概括了莊宗的一生，但不是平鋪直敍地介紹他的歷史，而是在盛衰對比中寫他一生的得失，從他父親李克用的遺恨，寫到他繼承父志報仇成功的得意，再轉寫他失敗時的悲哀。一盛一衰，一興一亡，一正一反，一揚一抑，相互映襯，跌宕多姿，一層比一層深入，一層比一層酣暢，既敍述了他個人歷史發展的過程，又寫出了事件的曲折變化；既使中心論點具體明確，又增强了文章的說服力量。

抑揚頓挫，氣勢旺盛，是本文表現藝術上的又一特色。從行文上看，無論是敍述史實，或是評論得失，作者始終貫注着充沛的揚盛抑衰的感情，時而褒，時而貶，時而高昂，時而低沉，低昂往復，感慨淋漓，讀時不禁使人感到一唱三嘆，理足氣壯。從語言上看，多用短句，又注意短句和長句交互迭用，讀起來有促有緩，節奏分明，還多用帶有感嘆意味的詞語，妥善地適用虛字，交錯地使用陳述句和反詰句，同時又以對偶警句提示論點和歸納總結。這些抑揚頓挫的筆法，寄寓了無限咏嘆之意，造成了一瀉千里之勢，耐人尋味，發人深思。

# 二、記敘文選讀

歐陽脩的記敘文，見於〈居士集〉和〈居士外集〉的約四十篇，在歐陽公整個作品中所佔的比例雖然不大，但體類龐雜：有以亭爲記者如〈豐樂亭記〉、〈醉翁亭記〉；有以堂爲記者如〈有美堂記〉、〈晝錦堂記〉；有以齋爲記者如〈畫舫齋記〉、〈東齋記〉；有以園爲記者如〈眞州東園記〉、〈海陵許氏南園記〉；有以廟爲記者如〈穀城縣夫子廟記〉；有以塔爲記者如〈易因大師塔記〉。還有以畫像、學校、牡丹、伐樹、戕竹等爲寫作體裁的記敘文。至於純粹模山範水的遊記，在歐陽公記敘文裡實不多見。

吳訥在《文章辨體・序說》中，以爲「記」的作法：「所以備不忘，如記營建，當記月日之久遠，工費之多少，主佐之姓名；敍事之後，略作議論以結之。」觀歐陽公記敍文，完全打破這種成規定例，而自創格局。在他的筆下，亭園堂院的興廢始末，風月山水的自然形勝，雖有記敍和描寫，但並非文章的重點；它們只是文章的媒體，作爲引出議論，生發感情之用。清劉大櫆評歐陽公〈眞州東園記〉時說：「柳州記山水，從實處寫景，歐公記園亭，從虛處生情。……此篇鋪敍今日爲園之美，一一倒追未有之荒蕪，更有情韵意態。」這話不僅適用於〈眞州東園記〉，更是歐陽公所有記敍文的寫作特點。

這裡選了四篇歐陽公的代表作，即帶有濃厚寓言色彩的〈養魚記〉，情景交融，形神兼備，充滿詩情畫意的〈醉翁亭記〉，和文筆簡鍊，蘊藉生動，刻畫太平景象的〈豐樂亭記〉，以及評史論人，感時傷世的〈王彥章畫像記〉，皆屬寄情深刻，耐人玩索，兼具形象性，現實性和哲理趣味的傑作。

# ㈠ 養魚記

首段描寫小水池，並在此基礎上，抒發自己對小水池視若千里江湖，足以開懷解憂。

折簷㊀之前有隙地，方四五丈，直對非非堂㊁。修竹環繞蔭映，未嘗植物。因洿㊂以爲池，不方不圓，任其地形；不甃㊃不築，全其自然。縱鍤㊄以濬之，汲井以盈之。湛㊅乎汪洋，晶乎清明。微風而波，無波而平。若星若月，精彩下入㊆。予偃息㊇其上，潛形於毫芒㊈，循漪沿岸㊉，渺然有江湖千里之想⑪。斯足以舒憂隘⑫而娛窮獨⑬也。

二段通過童子養魚活動，引發自己爲官的感慨：在淺狹之間，小魚游戲自足，而大魚卻不得其所。

乃求漁者之罟⑭，市⑮數十魚，童子養之乎其中。童子以爲斗斛之水⑯，不能廣其容⑰，蓋活其小者而棄其大者。怪而問之，且以是對。嗟乎，其童子無乃嚚昏而無識矣乎⑱？予觀巨魚枯涸⑲在旁，不得其所，而羣小魚游戲乎淺狹之間，有若⑳自足焉。感之而作〈養魚記〉。

【解題】

這是一篇寓言性的記事文，約作於宋仁宗明道元年（西元一〇三二年），二十六歲，在洛陽任西京留守推官時。當時章獻太后垂簾聽政，倖臣宦官用事，正直之士遭受排擠，作者自己的抱負難以施展。本文通過大魚「不得其所」，而小魚「有若自足」，來影射當時的現實環境，抒發內心的鬱悶和感憤。

文章先記池塘的地理位置，顯示其景色優美宜人，接着通過「舒憂隘而娛窮獨」一句，轉入養魚的記述：想不到在令人心曠神怡的池塘中，只有小魚纔可以優遊自得，而大魚却被拋棄一旁。前後對照，婉轉曲折地襯托出作者在曠達的外表下，隱藏着一股深沉的鬱悶。

## 【注釋】

㈠ **折簷** 屋簷下曲折的回廊。

㈡ **非非堂** 作者於明道元年在河南府官衙西邊所建的一間書房名。

㈢ **洿** 低窪地。此處用作如動詞，作挖掘講。洿，音ㄨ。

㈣ **甃** 用磚砌。甃，音ㄓㄡˋ。

㈤ **縱鍤以濬之汲井以盈之** 意思是說用鐵鍬疏濬水渠，汲井水把池子灌滿。鍤，音ㄔㄚˊ，鐵鍬。濬，音ㄐㄩㄣˋ，挖深。

㈥ **湛** 音ㄓㄢˋ，清澈。

㈦ **若星若月精彩下入** 是說或者是星星，或者是月亮，倒映入池，光彩明朗。精彩，光彩。

㈧ **偃息** 休息。

㈨ **潛形於毫芒** 形容萬物細微的影子，都畢現於池水中。潛形，池中收藏著萬物的倒影。毫芒，極細微之意。

㈩ **循漪沿岸** 順着水池邊散步。漪，微波。

⑪ **渺然有江湖千里之想**　信有置身於浩蕩的千里江湖之上的感覺。《南史・齊竟陵王昭胄傳》：「昭胄子同，同弟賁，幼好學，有文才，能書善畫，於扇上圖山水，咫尺之內，便覺萬里爲遙。」這裏借用其意。

⑫ **舒憂隘**　發散內心的憂鬱不暢。

⑬ **窮獨**　處困境而獨善其身的人。作者自指。

⑭ **罟**　音ㄍㄨˇ，魚網，此處用作動詞，指用網打魚。

⑮ **市**　買。

⑯ **斗斛之水**　形容池中水量極少。

⑰ **廣其容**　增大水池的容量。

⑱ **其童子無乃嚚昏而無識矣乎**　是說這個小孩豈不是愚昧而無知麼？嚚，音一ㄣˊ，愚頑。識，見識。無乃……矣乎，豈不是……嗎？帶有反詰的語氣。

⑲ **枯涸**　乾枯無水。這裏用作動詞，指大魚被丟棄在枯乾的岸上。

⑳ **若**　好像。

## 【賞析】

這篇寓言小品，約作於明道元年（西元一〇三二年），當時，歐陽脩在洛陽任西京留守推官。時值章獻太后垂簾聽政，倖臣宦官用事，許多正直之士不得重用，作者也難以施展自己的抱負。本文通過「

巨魚枯涸在旁，不得其所，而羣小遊戲乎淺狹之間」的情景，暗示當時朝政昏暗，英才屢遭排斥，羣小反而得勢的現實，抒發了內心的抑鬱不平。文字優美，抒情含蓄，發人聯想。

文章分前後兩部分。前一部分以記事爲主，着墨於魚池。後一部分以抒情爲主，着墨於事理。開頭，以輕鬆自如的筆墨，信手寫來，介紹了魚池的方位、處所。從而描繪出了有折簷相向、書堂相對、修竹環繞、綠樹蔭映的優雅環境。淡淡幾筆，看似毫不經意，却十分傳神地烘托出一種幽美寧靜的氛圍。然後，用一個「因」字一帶，將話題引入修建池塘之事。作者用「不方不圓，任其地形；不甃不築，全其自然；縱鍤以濬之，汲井以盈之」，這樣駢散結合的優美文字來描述，對偶精整而無雕琢之痕。簡潔明快的語言節奏，反映了作者輕鬆歡愉的心境；而築池「任其地形」、「全其自然」的主導思想，恰恰又反映出作者率直的個性。懷着一份美好的心境修池，池成，果然美不勝收。它「湛乎汪洋，晶乎清明」，通體清澈純淨；明朗開闊，包蘊廣大，星光月華，無不盡收。這一切，與其說是在描繪池水，勿寧說是在表現作者對生活和前途的美好追求與憧憬——渴望政治昌明，社會安寧，個人能有自由發揮才幹的機會；和坦蕩的胸懷，清朗的襟抱，高潔的志向，與一片純眞的個性。表達得是那樣新奇委婉，含蓄自然，在欲露不露之中，給人以無限遐想。作者深愛新池，他息於其上，行於其岸，讓自己的身影清晰地倒映入水中；望明波瀲瀁而生「江湖千里之想」。實際上是在抒寫對朝廷的熱愛眷戀與忠心赤誠；抒寫欲大有爲於當世的志向與願望。「斯足以舒憂隘而娛窮獨也。」這句話的感情內涵十分豐富。它既是對自己「憂隘」、「窮獨」之心的自我寬慰，又包涵着對朝廷政治和個人前途的熱切期待與幻想。心境歡愉而明朗。

下半部分，切入正題，借「養魚」以抒發感慨。池成而養魚，但童子却以「斗斛之水不能廣其容」而「活其小者」、「棄其大者」。使得「巨魚枯涸在旁，不得其所。」而小魚們却「遊戲乎淺狹之間，有若自足。」這深深地觸動了作者。以爲這一切都是現實生活的眞實寫照。「斗斛之水」的淺狹，不正是朝政的狹隘與黑暗嗎？童子的愚頑，不正是當政者的昏庸與無知嗎？巨魚「枯涸在旁」，不正是志向高遠，心地坦蕩者不幸的遭遇嗎？小魚嬉戲自若，不是奸佞得勢，橫行於世的反映麼？作者對此慨嘆不已，所以有感而作〈養魚記〉。

此文前半部分極寫景物的宜人與心境的曠達，後半部分則盡抒對巨魚厄運的哀痛。一寫池，一寫魚：一寫樂、一寫哀，看似銜接鬆散，實則雲斷峰連，意脈貫通。在對比之中，寫出了理想在現實中的幻滅，十分眞實地反映出作者對朝廷、對當政者由期望到失望的心理變化過程。

本文以記事爲主，但却具有沉鬱的寓意。作者在客觀的描寫中，浸透了醇摯的感情，因而含蓄自然，搖曳生姿，小中見大，言近旨遠，發人聯想。

## (二) 醉翁亭記

首段借介紹醉翁亭的位置、來由，道出「與客來飲於此」的怡然自得之情。

環滁皆山㊀也。其西南諸峯，林壑㊁尤美。望之蔚然㊂而深秀㊃者，琅琊㊄也。山行六七里，漸聞水聲潺潺㊅，而瀉出於兩峯之間者，釀泉㊆也。峯回路轉㊇，有亭翼然㊈，臨㊉於泉上者，醉翁亭也。作亭者誰？山之僧智僊⑪也。名之者誰？太守自謂也⑫。太守與客來飲於此，飲少輒醉⑬，而年⑭又最高，故自號曰醉翁⑮也。醉翁之意不在酒，在乎山水之間也。山水之樂⑯，得之心而寓之酒⑰也。

次段寫朝暮四時之景不同，歸結到「樂亦無窮」。

若夫⑱日出而林霏開⑲，雲歸⑳而巖穴暝㉑，晦明變化㉒者，山間之朝暮也。野芳發而幽香㉓，佳木秀而繁陰㉔，風霜高潔㉕，水落㉖而石出者，山間之四時也。朝而往，暮而歸，四時之景不同，而樂亦無窮也。

三段寫與滁人遊宴之樂。

至於負者㉗歌於塗，行者休於樹㉘，前者呼，後者應，傴僂㉙提攜㉚，往來而不絕者，滁人遊也。臨谿而漁㉛，谿深而魚肥；釀泉爲酒，泉香而酒洌㉜；山肴野蔌㉝，雜然而前陳者㉞，太守宴也。宴酣之樂，非絲非竹㉟。射者中㊱，弈者勝㊲，觥籌交錯㊳，起坐而諠譁者，衆賓懽也。蒼顏㊴白髮，頹然乎其間者

㊵，太守醉也。

已而㊶，夕陽在山㊷，人影散亂，太守歸而賓客從也。樹林陰翳㊸，鳴聲上下，遊人去而禽鳥樂也。然而禽鳥知山林之樂，而不知人之樂；人知從太守遊而樂，而不知太守之樂其樂也㊹。醉能同其樂，醒能述以文者㊺，太守也。太守謂誰㊻？廬陵㊼歐陽脩也。

末段寫歸來時，前後之景與情，最後並點出作記人的姓名。

## 【解　題】

宋仁宗慶曆五年（西元一〇四五年）八月，歐陽脩被貶滁州，十月至郡，六年，公四十歲，自號醉翁。慶曆八年正月又徙知揚州，則〈醉翁亭記〉之寫作時間，當在慶曆六年，在他自號醉翁之後，到八年將離開滁州之前。

時作者四十歲左右，即自稱「醉翁」，並作〈題滁州醉翁亭〉詩云：「四十未爲老，醉翁偶題篇。醉中遺萬物，豈復記吾年。但愛亭下水，來從亂峯間。聲如自空落，瀉向兩檐前。流入岩下溪，幽泉助涓涓。響不亂人語，其清非管弦，豈不美絲竹，絲竹不勝繁。所以屢攜酒，遠步就潺湲。野鳥窺我醉，溪雲留我眠，山花徒然笑，不解與我言。惟有岩風來，吹我還醒然。」透露出被貶後在政治上的壓抑心情，但他牢記在貶所「不作戚戚之文」的信條，借詩酒山水以自放，故文中「醉翁之意不在酒，在乎山水之間也」，「蒼顏白髮，頹然乎其間者，太守醉也」諸語，直有長歌當哭之意。此記駢散結合，每句結尾基本用「也」字，爲作者傳世之力作。宋羅大經《鶴林玉露》云：「韓、柳猶用奇字、重字，歐陽唯用平常輕虛字，而妙麗古雅，自不可及。」據《滁州志》：「歐陽公記成，遠近爭傳，疲於摹打。山僧云：『寺庫有氈，打碑用盡，至取僧室臥氈給用。凡商賈來，亦多求其本，所遇關徵，以贈監官，可以免稅。』」歐陽脩此記爲世人所重如此。

清初吳楚材《古文觀止》曾評此文：「通篇共用二十一個也字，逐層脫卸，逐步頓跌，句句是記山水，却句句是記亭，句句是記太守。似散非散，似排非排，文家之創調也。」

## 【注釋】

㈠ **環滁皆山** 環，環繞。滁，卽滁州（今安徽省滁縣）。朱熹《語類》卷三百十九云：「歐公文多是修改到妙處，頃有人買得他〈醉翁亭記〉原稿，初說『滁州四面有山』，凡數十字，末後改定，只曰『環滁皆山也』，五字而已。」

㈡ **壑** 山谷。

㈢ **蔚然** 草木茂盛的樣子。

㈣ **深秀** 幽深秀麗。

㈤ **琅琊** 山名，在滁縣西南十里，東晉時元帝爲琅琊王時，曾避居此山，故名。琅琊，音ㄌㄤˊ ㄧㄝˊ。

㈥ **潺潺** 水流的聲音。

㈦ **釀泉** 水清可以釀酒，故名。

㈧ **峯回路轉** 山勢回環，路也隨之轉彎。

⑨有亭翼然　有個亭子四角翹起，猶如鳥兒張開翅膀要飛的樣子。

⑩臨　高踞。

⑪智僊　琅琊山琅琊寺的僧人。

⑫名之者誰二句　給亭子題名的是誰呢？是自稱「醉翁」的太守。太守，古時地方行政長官，秦代稱郡守，漢代稱一郡長官爲太守，宋代以後改郡爲府，故稱知府爲太守。自謂，自稱。

⑬飲少輒醉　飲少量的酒就醉。輒，就。

⑭年　年齡。

⑮自號曰醉翁　作者〈贈沈遵〉詩：「我時四十猶彊力，自號醉翁聊戲客。」

⑯山水之樂　遊山玩水的樂趣。

⑰得之心而寓之酒　意承上句，是說將山水之樂領略在心裏，並寄託於飲酒之中。寓，寄託。

⑱若夫　發語詞，相當於「至於」。

⑲林霏開　樹林裏的霧氣消散了。

⑳雲歸　指傍晚時候雲霧聚攏山間。古時說雲由山中出，故說「雲歸」。

㉑巖穴暝　山谷昏暗。

㉒晦明變化　指山間天氣陰晴明暗，變化無常。晦，音ㄏㄨㄟ。

㉓野芳發而幽香　指春季野花開放，散發出清幽的香氣。芳，花。發，開放。

㉔佳木秀而繁陰　指夏季美好的樹木，長得枝葉茂盛，成爲一片濃密的綠陰。秀，茂盛。繁陰，樹陰

濃鬱。

㉕**風霜高潔** 指秋天天高氣爽，霜色潔白。

㉖**水落** 指冬天水位降落。

㉗**負者** 背東西的人。

㉘**休於樹** 在樹下休息。

㉙**傴僂** 彎腰駝背，這裏指老年人。傴僂，音ㄩˇ ㄌㄡˊ。

㉚**提攜** 攙領牽引而言，此指孩童。《禮記・曲禮上》：「長者與之提攜，則兩手奉長者之手。」

㉛**漁** 捕魚、釣魚。

㉜**泉香而酒冽** 宋代方勺《泊宅編》說：「歐陽永叔守滁，作〈醉翁亭記〉。後四十五年，東坡爲大書重刻，改『泉冽而酒甘』爲『泉甘而酒冽』。今讀之，實勝原句。」冽，清。

㉝**山肴野蔌** 山上的野味和蔬菜。

㉞**雜然而前陳者** 承上句，指野味、蔬菜交錯地放在面前。雜然，交錯的樣子。前，面前。陳，擺，放。

㉟**非絲非竹** 即不用樂器。絲，指琴、瑟等弦樂器。竹，指簫、管等管樂器。

㊱**射者中** 古代宴飲時的一種投壺遊戲，用箭投入壺中，以中否決勝負，投不中的罰酒。

㊲**弈者勝** 下棋的贏了。弈，音ㄧˋ，下圍棋。

㊳**觥籌交錯** 酒杯、酒籌交互錯雜。觥，酒器。籌，音ㄔㄡˊ，酒籌，用來行酒令或飲酒計數的簽子，

用竹、木或象牙等製成的小棍或小片。交錯，雜亂。

㊴ **蒼顏**　蒼老的容顏。

㊵ **頹然乎其間者**　昏昏沉沉地倒在衆人中間的。頹然，原指精神不振，這裏形容酒醉後昏然無力。乎，於、在。其間，指衆人之間。

㊶ **已而**　過了一會兒。

㊷ **在山**　落山。

㊸ **陰翳**　樹木枝葉茂密，遮蔽成陰。翳，音ㄧ，遮蔽。

㊹ **不知太守之樂其樂也**　言人們不知道太守之所以快樂，是因爲他能夠使滁人和衆賓快樂。樂其樂，前一個「樂」字是動詞，後一個「樂」字爲名詞，其，指滁人和衆賓。

㊺ **醉能同其樂二句**　喝醉了酒，能同滁人和衆賓一起歡樂，醒了酒後，能將歡樂的滁人和衆賓共樂的情形，記述到文章裏。

㊻ **謂誰**　是誰？謂，通爲。

㊼ **廬陵**　今江西吉安，卽歐陽脩的祖籍。

## 【賞　析】

標題是〈醉翁亭記〉，照一般地寫法，一定着力於「亭」上，不外寫「亭」的地理位置，自然環境以及營建經過等。如果作者也是這樣，固然仍不失爲一篇佳作，但可以肯定決不會產生這樣高的藝術效果。可是作者並不在「亭」字上作文章，而是集中筆力於「醉翁」二字。在自然風光的描寫中，酣暢地宣達了「醉翁」的心態和風神，而這正是本文傳誦千古的魅力所在。

就寫「亭」而言，他從遠處、大處寫起，「環滁皆山也」，平平寫來，五個字已將滁州四圍環境淺淺勾出，同時也表現作者惜墨如金的精神。這樣處理，使文章注意力更集中、更醒目，而避免枝蔓。接着作者將範圍縮小於「西南諸峯」，用「林壑尤美」作總評價，而一筆帶過。在「西南諸峯」中，作者又特別標舉出醉翁亭所在的琅琊山。「望之蔚然而深秀者，琅琊也。」兩句簡潔生動，具有傳神之妙，彷彿略加點染，就將蒼翠欲滴的山勢和盤托出，眞不愧一代大手筆。

以上寫遠望，繼而寫入山。山行六、七里，所見景物不少，但作者均一切略去，直赴醉翁亭。先是「漸聞水聲」，次見釀泉「瀉出於兩峯之間」，然後「峯回路轉」。見「有亭翼然臨於泉上者，醉翁亭也。」「翼然」，形容亭子四角上翹，如鳥翼飛舉，一種凌空躍動之勢，呈現眼前。但是作者不在亭子的細部多費筆墨，立刻由景而人。「作亭者誰？山之僧智僊也；名之者誰？太守自謂也。」兩問兩答，把亭子的營建略作交代，至於其他情形則一概不提。接下去作者解釋道：「太守與客來飲於此，飲少輒醉，而年又最高，故自號醉翁也。」於此，文義似已充足，但如果就此打住，則會使人誤解，以爲醉翁之取名，因作者貪杯的緣故，於是緊接着補充兩句：「醉翁之意不在酒，在乎山水之間也。山水之樂，得之心而寓之酒也。」這兩句是全文精義所在，風趣而又深刻地表現出作者在逆境中的開朗、曠達的胸懷。

整個第一段由遠山而近山，由山而水，由水而亭，由亭而人，由人的行爲而人的內心世界，逐層推展，那情形就像電影鏡頭的推搖，先是遠景，再是近景，然後是特寫。次序井然，十分吸引人。

第二段、作者進一步作具體描述，這種描寫是具體的，但又不是巨細不遺的工筆細描，而是抓住一朝一暮和四季的特徵，作寫意式的點染。如「日出而林霏開，雲歸而巖穴暝」，朝陽初開，林間霧散；傍晚雲聚，山谷轉暗。「野芳發而幽香，佳木秀而繁陰，風霜高潔，水落石出」，四句分別寫出春、夏、秋、多景色的特徵。一句一個季節，語雖不多，却寫出山中自然景色的美麗，和周而復始的季節性變化，傳達出作者自己的獨特感受。

第三段、寫遊人之樂，分爲兩層：第一層，寫滁人之遊，寥寥數句，宛然一幅具有鄉土氣息的風俗畫，情調和平安閒，隱含著作者不是獨樂，而是與民同樂。第二層，寫太守的宴飲，於此又分兩點：一、宴飲之物，二、宴飲之歡快場面。宴飲之物，非珍饈美味，不過是些「山肴野蔌」，而且是就地取材，並不講究，只是「臨谿而漁」，「釀泉爲酒。」言宴飲的場面，只幾句話就將歡樂的情感推向高潮。「宴酣之樂，非絲非竹，射者中，弈者勝，觥籌交錯，起坐而諠譁者，衆賓歡也。」而「蒼顏白髮，頹然乎其間者，太守醉也。」逼眞地寫出作者縱情自適，超然物外的神態。

最後一段，寫宴罷而歸，又有總結全文，深化主題的用意。「已而，夕陽在山，人影散亂，太守歸而賓客從也。」數句狀出賓客雜沓而歸的情形。接着作者以「然而」一詞提振，寫出幾句深刻的話，以作全文的結束。所謂：「禽鳥知山林之樂，而不知人之樂；人知從太守遊而樂，不知太守之樂其樂也。」三種快樂有層次上的差別，有境界上的高下。禽鳥之樂是一種無知之樂，衆賓之樂僅僅是從遊宴飲之樂，禽鳥不知人之樂，人不知太守之樂，那麼太守之樂何在呢？太守以遊人之樂爲樂，點明與民同樂的主旨。意雋味永，最堪玩索。

總而言之，全文的藝術成就有五點：一、作者善於寫景，他不是毫無選擇的客觀地加以羅列，而是用精煉的語言，勾勒出景物的主要精神和氣韵，給人留下深刻印象。二、充沛的情感。文中無論敍事寫景，均躍動着作者發自內心的怡悅之情，顯得筆酣墨飽，暢快淋漓，具有極強烈的感染力和濃郁的詩意。三、結構嚴謹，構思精巧。全文圍繞着一個「樂」字，一層深一層，從容婉曲，極盡波瀾起伏之妙。四、駢散結合，在語言上既有整齊的偶對，又有奇零變化的散句，錯落有致，具整齊與錯綜之美。而且皆平易自然，酣暢流動，毫無雕琢痕跡。五、文中共用二十一個「也」字，使全文呈現一種十分引人注目的特色。不僅毫無累贅板滯之弊，相反地，顯得生動活潑，給人以從容不迫之感，有一唱三歎的音韵之美，增加了文章的抒情氣氛。

## (三) 豐樂亭(一)記

首段寫豐樂亭興建的位置、目的。

脩既治滁之明年(二)，夏，始飲滁水而甘(三)。問諸滁人，得於州南百步之近。其上豐山，聳然(四)而特立(五)，下則幽谷(六)，窈(七)然而深藏；中有清泉，滃然(八)而仰出(九)。俯仰左右，顧而樂之。於是疏泉鑿石，闢地以爲亭(一〇)，而與滁人往遊其間。

次段追憶太祖開國之功，休養生息，涵煦百年之深。

滁於五代(一一)干戈之際，用武之地也。昔太祖皇帝嘗以周師破李景兵十五萬於清流山下，生擒其將皇甫暉、姚鳳於滁東門之外，遂以平滁(一二)。脩嘗考其山川，按(一三)其圖記(一四)，升高以望清流之關(一五)，欲求暉、鳳就擒之所，而故老(一六)皆無在者。蓋天下之平久矣。自唐失其政，海內(一七)分裂，豪傑並起而爭，所在爲敵國者，何可勝數(一八)！及宋受天命，聖人出而四海一(一九)。嚮之憑恃險阻，剗削消磨(二〇)，百年之間，漠然(二一)徒見山高而水清。欲問其事，而遺老(二二)盡矣。今滁介(二三)於江淮之間，舟車商賈四方賓客之所不至。民生不見外事，而安於畎畝(二四)衣食，以樂生送死(二五)。而孰知上之功德，休養生息(二六)，涵煦(二七)百年之深也。

三段寫作記

脩之來此，樂其地僻而事簡，又愛其俗之安閑。既得斯泉於山谷之間，乃日與滁人仰而望山，俯而聽泉。掇幽芳而蔭喬木，風霜冰雪，刻露清秀，四時之景無不可愛㉘。又幸其民樂其歲物之豐成，而喜與予遊也。因為本其山川，道其風俗之美，使民知所以安此豐年之樂者，幸生無事之時也。夫宣上恩德以與民共樂，刺史㉙之事也。遂書以名其亭焉。

的目的在宣上恩德，以與民同樂。

慶曆丙戌㉚六月日，右正言㉛知制誥㉜知滁州軍州事㉝歐陽脩記。

文末點明作記的時間和作者。

## 【解　題】

本文作於宋仁宗慶曆六年（西元一〇四六年）。慶曆五年春，執政大臣杜衍、范仲淹、韓琦、富弼因為推行新政失敗，相繼罷去，《宋史紀事本末》記此事說：「仲淹亦以天下為己任，與富弼日夜謀慮，興致太平。然更張無漸，規模闊大，論者籍籍，以為難行。及按察使出，多所舉劾，衆心不悅，任子之恩薄，磨勘之法密，僥幸者不便。由是謗毀寖盛，而朋黨之論滋不可解。」歐陽脩這時任河北都轉運使，上〈論杜衍范仲淹等罷政事狀〉，極力為四人辯誣，並說：「自古小人讒害忠賢，其識不遠。欲廣陷良善，則不過指為朋黨，欲動搖大臣，則必須誣以專權。」於是觸怒了反對派，傅致以罪，貶為滁州知州。

滁州，宋代屬淮南東路，州治在今安徽滁縣，五代時為用武之地，兵連禍結。經過宋朝立國以來近百年的休養生息，雖然賦役繁重，但江淮地區較之河東、河北諸路相對安定。「民生不見外事，而安於畎畝衣食」，這在當時來說，已是世外桃源般的境界。文章極力強調這個安定得來不易，建亭名「豐樂」，即有紀念之意。

本文與〈醉翁亭記〉爲同時作品，本文側重於議論，〈醉翁亭記〉側重於描寫、抒情，但都屬於山水遊記文章。從兩篇文章的內容上看，除了都有一個「與民同樂」的主題外，也皆體現了作者善於把敍事，寫景、抒情、議論相互結合的寫作藝術，有鮮明的現實意義和時代感。

清初吳楚材《古文觀止》評此文：「作記遊文，却歸到大宋功德，休養生息所致，立言何等闊大。其俯仰今昔，感慨係之，又增無數煙波。較之柳州諸記，是爲過之。」

## 【注釋】

㈠**豐樂亭**　在今安徽滁縣西豐山北麓，蘇軾曾將這篇〈豐樂亭記〉書刻於碑，亭東有紫薇泉。

㈡**明年**　即宋仁宗慶曆六年，歐陽脩於慶曆五年（西元一〇四五年）知滁州。

㈢**始飲滁水而甘**　作者〈與韓忠獻王書〉云：「山川窮絕，比乏水泉，昨夏秋之初，偶得一泉於（滁）州城之西南豐山之谷中，水味甘冷，因愛其山勢回抱，構小亭於泉側。」又有〈幽谷泉〉詩。

㈣**聳然**　高高矗立的樣子。

㈤**特立**　獨立。

㈥**幽谷**　幽深的山谷，指紫薇谷。

㈦**窈然**　幽暗深遠的樣子。

㈧**滃然**　水勢盛大的樣子。滃，音ㄨㄥ。

㈨**仰出**　由地面向上湧出

(一〇) **闢地以爲亭**　豐樂亭在滁州幽谷紫薇泉上，《滁州志》引呂元中記：「歐陽脩謫守滁上，明年得醴泉於醉翁亭東南隅。一日，會僚屬於州廨，有以新茶獻者，公敕吏汲泉未至，而汲者仆出水，且慮後期，遽酌他泉以進。公已知其非醴泉也，窮問之，乃得它泉於幽谷山下。文忠博學多識而又好奇，既得是泉，乃作亭以臨泉上，名之曰豐樂。」

(一一) **五代**　唐亡，中原各地相繼建立了梁、唐、晉、漢、周五個王朝，歷時五十三年，史稱五代。

(一二) **昔太祖皇帝三句**　宋太祖趙匡胤在後周時官殿前都虞侯，據《資治通鑑》後周紀三，世宗顯德三年（西元九五六年），「上命太祖皇帝倍道襲清流關，皇甫暉等陣於山下，方與前鋒戰。太祖皇帝引兵出山後，暉等大驚，走入滁州，欲斷橋自守。太祖皇帝躍馬麾兵涉水，直抵城下。……暉整衆而出，太祖皇帝擁馬頸突陣而入，大呼曰：吾止取皇甫暉，他人非吾敵也。手劍擊暉中腦，生擒之，並擒姚鳳，遂克滁州。」李景：**南唐中主**，原名璟，避周廟諱改景。

(一三) **按**　依照。

(一四) **圖記**　指地理志之類著作。

(一五) **清流之關**　清流關在滁縣西北清流山上，是江淮地區的重要關隘，宋太祖大破南唐兵的地方，宋時在此設清流縣。

(一六) **故老**　年老而有聲望的人。

(一七) **海內**　四海之內，指全國。劉向《說苑・辨物》：「八荒之內有四海，四海之內有九州。」

(一八) **所在爲敵國者何可勝數**　意思是指到處都割據稱王，難以數計。勝，盡。

⑲ **聖人出而四海一** 指宋太祖平定天下。聖人，對帝王的尊稱，此處指宋太祖趙匡胤。

⑳ **嚮之憑恃險阻二句** 意思是說以前憑險割據稱霸的人，有的被誅，有的已經老死。剗削，鏟除。消磨，消除・剗，音ㄔㄢ，消滅。

㉑ **漠然** 茫然，不可見的樣子。

㉒ **遺老** 經歷事變的老人。

㉓ **介** 居中。

㉔ **畎畝** 田地。畎，田間小溝。

㉕ **樂生送死** 即養生送死，指過太平日子。《孟子・離婁》：「養生者不足以當大事，惟送死可以當大事。」養生，養活父母。送死，爲父母送終。

㉖ **休養生息** 保育民力，增殖人口。

㉗ **涵煦** 滋潤教化。

㉘ **掇幽芳而蔭喬木以下四句** 寫四季景色，掇幽芳指春，蔭喬木指夏，風霜冰雪指秋冬，秋冬草枯葉落，山勢巉岩畢露，所以說「刻露清秀」。作者有〈謝判官幽谷種花〉詩：「淺深紅白宜相間，先後仍須次第開。我欲四時携酒去，莫教一日不花開。」即作於滁州。掇，音ㄉㄨㄛ，拾取。

㉙ **刺史** 漢、唐時郡的主管官稱太守，州的主管官稱刺史，和宋的知州地位相等，所以用作代稱。

㉚ **慶曆丙戌** 即慶曆六年（西元一〇四六年）。

㉛ **右正言** 諫官名。唐有左、右拾遺，宋改爲左、右正言。左正言，屬中書省，從七品。

㊂ **知制誥** 官名，唐始有此職，宋沿襲下來，掌起草詔令。

㊃ **知滁州軍州事** 即滁州知州。知州，宋代派朝臣擔任州一級行政長官，稱「權知某軍州事」，意謂暫行照管本軍本州事務，簡稱知州。知，主持。

## 【賞析】

本文記敘作者貶到滁州之後，在豐山腳下建造豐樂亭的經過，描繪豐山一帶山清水秀的美麗風光，和人民安居樂業的生活。

首段，寫在豐山下建豐樂亭的經過。由於豐山下有甘甜的泉水，景色又好：山勢「聳然而特立」，幽谷「窈然而深藏」，泉水「滃然而仰出」。作者於是主持疏通泉流，闢地建亭，使這裏成為滁人遊覽的地方。

次段，寫滁地的沿革，及當地人民「安於畎畝衣食，以樂生送死」的情況。先寫五代時滁州是用武之地，作者有意於察訪遺迹，終因年代久遠而不可得。繼寫唐朝後期，「海內分裂，豪傑並起而爭」，到了「宋受天命」而出現的太平之世。歷史上屢次紛亂，更顯得宋朝太平之可貴。最後寫滁地閉塞，「民生不見外事」，當地人只知樂生送死，甚至不懂得他們是趕上了好的朝代。這一部分由古寫今，在襯托鋪墊中，說明豐樂的由來，當歸功於朝廷的恩德。

三段，寫與民同遊豐樂亭與作記的本意。同首段的尾句遙相呼應，作者寫自己「日與滁人仰而望山，俯而聽泉」，在這裏觀賞四時之景，並且在遊賞中，為滁人述說當地山川的變遷，風俗的演變，「

使民知所以安此豐年之樂者，幸生無事時也」，盡「宣上恩德，以與民共樂」的刺史的職責，交待了亭子命名「豐樂亭」的緣由。這一部分照應開頭，緊扣題旨，正面表達主題思想。

這篇〈豐樂亭記〉同他的〈醉翁亭記〉可以說是姊妹篇，兩文寫於同一年；所寫兩亭地域有關，一在滁州之南，一在滁州西南；兩亭與作者的經歷有關，一是作者到任後修造的，另一雖係原有，但係由作者爲之命名；兩文都表達了作者被貶滁州後的心境與志趣。但是，有意思的是兩篇「亭記」的基調雖然都是樂觀的，而在情感上却又有明顯的不同。〈醉翁亭記〉重在抒寫景色優美及陶然自適的心情，着眼點強調的是人與自然的關係；〈豐樂亭記〉重點在贊美宋朝的功德和人民生活的安樂，「宣上恩德，以與民共樂」，着眼點強調的是人與社會的關係，如果說在〈醉翁亭記〉裏作者的醉態微笑中透露着苦澀的話，而在〈豐樂亭記〉裏則表現出更爲明快、積極的情緒。

詩文寫作忌諱平直，講究抑揚頓挫，曲折開合，使其在有限的容量中，內容上更充實，行文上有波瀾。但要做到這些並不容易，韓愈總結自己的寫作體會說：「歡愉之辭難工，而窮苦之言易好」（〈荆潭唱和詩序〉）。〈豐樂亭記〉應該說是屬於「歡愉之辭」一類，篇幅又短，寫作的難度很大。但作者能夠化難爲巧，把文章組織得開合自如，精美異常。如文章的第一段，緊扣題義，先寫建亭經過。爲什麼要在這裏建這座亭子？因爲這裏有難得的甘泉，「其上豐山，聳然而特立；下則幽谷，窈然而深藏；中有清泉，滃然而仰出」。由於這種自然美的因素，才「疏泉鑿石，闢地以爲亭」。景是美的，亭又築成了，於是作者「與滁人往遊於其間」，這最後一句是上文的自然歸結，又是對下文的引逗與勾連。緣第一段的尾句，文脈的走向似應續寫同滁人遊樂的種種情形了，但作者却按下了遊賞豐樂亭不寫，另闢蹊徑，轉而寫滁州的歷史沿革。說「滁州於五代干戈之際，用武之地也」，五代後周時期，宋太祖趙匡胤在滁州清流山下，打敗了南唐李璟的十萬兵馬，擒獲了他的將軍皇甫暉、姚鳳，從而平定了滁州。作者想訪求古戰場的遺迹，但由於年代久遠而不可得了，「蓋天下之平久矣」一句，輕輕地點出五代之亂，用意在於贊頌宋初的昇平，寫古是爲了頌今，就文脈的走向來看，此處可以同首段的尾句接續，但作者又一次地把筆鋒向更久遠的時代宕開：「自唐失其政，海內分裂，豪傑並起，所在爲敵國者，何可勝數！」用唐末的分裂，對比宋朝百年來的承平，文章至此，收束住對歷史的感懷。可以看出文中迭次運用一古一今，一反一正的寫法，反意正出，逼出主題，極盡開合變化之妙。

作者寫作的匠心，從首段看，修建豐樂亭的原因，是出於自然環境的因素，文中寫作者在這裏「日與滁人仰而望山，俯而聽泉」，欣賞「幽芳」、「喬木」、「風霜」、「冰雪」等四時美景的情況，就是這一內容的延伸和展開，而後邊爲了豐富內容，增加深度，作者又從新的角度拓開，寫由於滁州環境閉塞，「舟車商賈四方賓客之所不至」，因而滁州民衆只知道自己「安於畎畝衣食，以樂生送死」，他們不了解世事的變化，不知道自己趕上了宋朝開國百年來的好時候。作者之所以要主持修建豐樂亭，目的是「使民知所以安此豐年之樂者，幸生無事之時也」，這樣，就使得人與自然、人與社會，這兩個方面的內容，相生相對，拓開了「豐樂」的深義所在，從而突出了「宣上恩德，以與民共樂」的主題。

清人劉熙載說過：「凡作一篇文，其用意俱要可以一言以蔽之，擴之則爲千萬言，約之則爲一言，所謂主腦者是也。」（《藝概‧經義概》）〈豐樂亭記〉可以說很精到地體現了這種特點。文章主旨簡約明確的爲「宣上恩德，以與民共樂」這一句話，文筆宕開去，則有對「聳然特立」的山勢、「滃然仰出」的水態的描摹、有對「仰而望山，俯而聽泉」與滁人一起遊賞的敍述、有對五代兵亂戰禍的回顧、有對唐亡後，豪傑並起，世局紛爭的感慨、有對滁人民風古樸，只知「樂生送死」的描述。所有這一切，都在主腦的控制下，熠熠生輝。本文不僅編排上匠心獨運，而且在語言表達方面也頗有特色，它不像〈醉翁亭記〉那樣駢散兼用，韻味十足，它不用偶句，也少有藻飾，語言簡淡而傳神，意象超遠，搖曳多姿。因此，篇幅上本文雖屬短篇小制，但其文筆縱橫，開合曲折，却是頗值得品味的佳作。

〈豐樂亭記〉是歐陽脩散文中的優秀作品。它的成功，正在於全篇所體現的那種整體氛圍的成功。我們誦讀〈醉翁亭記〉，感覺到的是一種活潑、幽默、機智以及一種節奏的跳躍、音律的頓挫。而〈豐樂亭記〉則完全給人另外一種感受。那就是安祥、深沉和雍容的情調。它成功地將作者對於久亂稍定的豐樂局面的欣慰之情，傳達給了讀者，使讀者能夠分明感受到古代一個正直官吏，對國對民的忠誠之心。宋人李耆卿《文章精義》評曰：「畫出太平氣象。」明人茅坤《唐宋八大家文鈔》則說：「太守之文。」雖然語極簡練，却都切中肯綮，把握住了文章的總體風格與特色。相比之下，文章的其他優點，比如寫景、抒情、議論三者天衣無縫的融合，文筆的簡煉、蘊藉、生動等等，就是比較次要的了。

## ㈣ 王彥章畫像記

首段介紹主人公的姓名、字號、籍貫、官職、死因、葬地及謚號。二段概述王彥章的生平。

太師王公㈠諱彥章，字子明，鄆州壽張㈡人也。事梁，爲宣義軍節度使㈢，以身死國，葬於鄭州之管城㈣。晉天福二年㈤，始贈太師㈥。

公在梁，以智勇聞。梁晉之爭㈦數百戰，其爲勇將多矣，而晉人獨畏彥章㈧。自乾化㈨後，常與晉戰，屢困莊宗於河上㈩。及梁末年，小人趙巖等用事，梁之大臣老將多以讒不見信，皆怒而有怠心；而梁亦盡失河北，事勢已去(十一)。諸將多懷顧望，獨公奮然自必(十二)，不少屈懈。志雖不就，卒死以忠。公既死，而梁亦亡矣。悲夫！

三段補正舊史，並借古論今。

五代終始纔五十年，而更十有三君，五易國而八姓，士之不幸而出乎其時，能不汚其身，得全其節者鮮矣(十三)！公本武人(十四)，不知書，其語質。平生嘗謂人曰：「豹死留皮，人死留名。」蓋其義勇忠信出於天性而然。予於《五代書》(十五)，竊有善善惡惡(十六)之志。至於公傳，未嘗不感憤嘆息。惜乎舊史(十七)殘略，不能備(十八)公之事。康定元年(十九)，予以節度判官來此，求於滑人，得公之孫睿所錄家傳(二十)，頗多於舊史，其記德勝之戰(二十一)尤詳。又言敬翔(二十二)怒末帝不肯用公，欲自經於帝前；公因用笏畫山川，爲御史彈而見廢㉓。又言公五子，其二同公死節。此皆舊史無之。又云公在滑，以讒自歸於京師；而史云「召之」。是時梁兵盡屬段凝㉔，京師羸兵㉕不滿數千，公得保鑾㉖五百人，之鄆州，以力寡，敗於中都㉗，而史云將五千以往者，亦皆非也。

四段敍彥章用兵出奇制勝，並引發下文議論。

公之攻德勝也，初受命於帝前，期以三日破敵，梁之將相，聞者皆竊笑；及破南城，果三日。是時莊宗在魏㉘，聞公復用，料公必速攻，自魏馳馬來救，已不及矣。莊宗之善料，公之善出奇，何其神哉！

五段聯想當前時事，痛惜出奇之名將已不可得。

今國家罷兵四十年㉙，一旦元昊反㉚，敗軍殺將，連四五年，而攻守之計，至今未決。予嘗獨持用奇取勝之議，而歎邊將屢失其機；時人聞予說者，或笑以爲狂，或忽若不聞，雖予亦惑，不能自信。及讀公家傳，至於德勝之捷，乃知古之名將必出於奇，然後能勝。然非審㉛於爲計者不能出奇，奇在速，速在果㉜，此天下偉男子之所爲，非拘牽常算㉝之士可到也。每讀其傳，未嘗不想見其人。

六段由一槍之勇，突顯彥章忠義之節，照應前文。

後二年㉞，予復來通判州事。歲㉟之正月。過俗所謂鐵槍寺者，又得公畫像而拜焉。歲久磨滅，隱隱可見，亟命工完理之㊱，而不敢有加焉，懼失其眞也。公尤善用槍，當時號「王鐵槍」。公死已百年，至今，俗猶以名其寺，童兒牧豎皆知王鐵槍之爲良將也。一槍之勇，同時豈無？而公獨不朽者，豈其忠義之節使然歟？

畫已百餘年矣，完之，復可百年。然公之不泯㉗者，不繫乎畫之存不存也，而予尤區區㉘如此者，蓋其希慕之至焉耳。讀其書，尚想乎其人㉙，況得拜其像，識其面目，不忍見其壞也。畫既完，因書予所得者於後而歸其人，使藏之。

末段收拾全文，入畫像記，如史公論贊。

## 【解　題】

王彥章爲五代名將，出身士伍，積戰功爲梁節度使，死於梁晉之役。慶曆二年（西元一〇四二年），歐陽脩任滑州（今河南滑縣）通判時，曾去過「鐵槍寺」，瞻拜王彥章畫像，並加以修復，第二年寫成此記。

歐陽脩《新五代史》把王彥章和裴約、劉仁贍三人寫入〈死節傳〉，並加贊語說：「自古忠臣義士之難得也。五代之亂，三人者，或出於軍卒，或出於僞國之臣，可勝嘆哉！可勝嘆哉！」作者認爲，在混亂的五代時期，不少文臣武將朝秦暮楚，棄弱奉强，寡廉鮮恥，故王彥章的節操顯得特別可貴。本文則對王彥章的善於用兵，能夠出奇制勝，備加贊揚，同時結合現實，來評論歷史人物與歷史事件，表現出作者史論文簡而明、信而通的特色。

此文與韓愈〈張中丞傳後敘〉同爲表彰功臣，補充史料之作，在寫作上也都採用了敍議結合的手法，都從典型事例中，飽含作者的愛憎，都有較濃的史傳味；但韓文先敍後議，敍多於議，歐文夾敍夾議，議多於敍。韓文感情激昂悲憤，一氣直注；歐文感情沉痛低迴，一唱三嘆，同爲千古名文。

## 【注釋】

㈠ **太師王公** 王彥章死後，追贈太師官銜。太師是「三公」之一，故稱王公。

㈡ **鄆州壽張** 今山東壽張縣。

㈢ **事梁爲宣義軍節度使** 王彥章是後梁太祖朱全忠部將，驍勇善戰。根據《舊五代史・梁書・末帝紀》曰：「龍德元年（西元九二一年）王彥章爲宣義軍節度副大使，知節度事。」宣義軍節度使治所在滑州（今河南滑縣）。

㈣ **管城** 在今河南鄭州。

㈤ **晉天福二年** 西元九三七年。石敬塘滅後唐，國號晉，史稱後晉，年號天福（西元九三六年——九四四年）。

㈥ **太師** 古代「三公」之一。舊時新王朝往往以褒揚爲前朝死難者，來收拾民心，激勵部屬，王彥章即以此獲贈太師的封號。

㈦ **梁晉之爭** 指梁軍與晉王李克用之間進行的戰爭。

㈧ **晉人獨畏彥章** 晉，指後唐莊宗李存勗，因彥章驍勇善戰，故畏之。

㈨ **乾化** 後梁太祖朱溫年號（西元九一一年——九一二年）。

㈩ **屢困莊宗於河上** 指在黃河兩岸屢次使晉王李存勗受困。莊宗，李克用子李存勗，滅梁建立後唐，年號同光（西元九二三年——九二六年）。

(一一) **及梁末年以下數句**　指乾化二年，朱溫爲其子朱友珪所殺，次年二月，朱友貞殺朱友珪繼位，爲梁末帝。這時，晉攻拔梁燕、順、薊、檀八州，到年底，全失河北之地；末帝由於帝位係殺奪所得，猜忌老臣宿將，梁朝人心離散，岌岌可危。趙巖，當時官駙馬都尉。後梁亡，趙亦被殺。

(一二) **自必**　自己下定「必死」的決心。

(一三) **五代終始纔五十年以下數句**　指唐亡後，繼起的梁、唐、晉、漢、周，史稱「五代」，共五十四年（西元九〇七年——九六〇年），其間有十三個皇帝，八個姓氏（後唐明宗李嗣源，是李克用的養子；廢帝李從珂，是明宗的養子，故後唐實有三姓。後周郭威的繼位者柴榮，是郭威內侄，故後周有二姓），混亂已極。歐陽脩慨嘆士大夫生活在這樣的時期，很難從一而終。

(一四) **公本武人**　《新五代史・死節傳》：「王彥章少爲軍卒，事梁太祖，爲開封府押衙、左親從指揮使、行營先鋒馬軍使」。行伍出身，不知詩書。

(一五) **五代書**　即歐陽脩所著《五代史記》，今稱《新五代史》，七十四卷。

(一六) **善善惡惡**　褒善貶惡。前面的「善」「惡」字是動詞，後面的是名詞，語本《史記・太史公自序》：「善善惡惡，賢賢賤不肖。」

(一七) **舊史**　指宋太祖開寶年間宰相薛居正編纂的《五代史》，今稱《舊五代史》，一百五十卷。歐陽脩認爲：「史者，國家之典法也。」而《舊五代史》有「繁猥失實」處，不宜於「垂勸戒，示後世」，故發願重編。

(十八) **備**　詳備。

(十九) **康定元年**　康定，宋仁宗年號。元年，卽西元一〇四〇年。是歲春，歐陽脩由乾德令升任武成軍節度判官，到達滑州，滑州州治在今河南滑縣。宋太宗太平興國初年，改滑州爲武成軍。

(二十) **家傳**　後代爲自己祖先寫的，保存在家中的傳記。

(二一) **德勝之戰**　德勝，是黃河重要渡口。根據《新五代史・死節傳》：是時晉已盡有河北，以鐵鎖斷德勝口，築河南北爲兩城，號夾寨。……龍德三年（西元九二三年）夏，晉取鄆州，梁人大恐，彥章受命至滑州，陰遣甲士六百人，皆持巨斧，載冶者，具鞴（音ㄅㄟ）炭，乘流而下，沿河以趨德勝，舟兵擧鎖燒斷之，因以巨斧斬浮橋，而彥章引兵急擊南城。浮橋斷，南城遂破。

(二二) **敬翔**　字王振，馮翊（今陝西省大荔縣）人，後梁開國重臣，官至同中書門下平章事。後梁亡國，自縊而死。

(二三) **公因用笏畫山川二句**　據《新五代史・死節傳》：王彥章於德勝城獲勝後，又攻楊劉未克，而副使段凝却冒德勝之捷爲己功，誣陷王彥章使酒輕敵，以至於敗。於是末帝罷王彥章，任段凝爲招討使。「彥章馳至京師入見，以笏畫地，自陳勝敗之迹。凝等諷有司劾彥章不恭，勒還第。」笏，大臣上朝時記事用的手板。

(二四) **段凝**　名明遠，開封（今屬河南）人，原爲招討副使，因上書誣陷王彥章，代彥章爲招封使，率精兵五萬人投降後唐。

(二五) **羸兵**　老弱士兵。

㉖ **保鑾** 保衛皇帝的禁衛軍。

㉗ **中都** 故址在今山東汶上縣西南。

㉘ **魏** 魏州（今河北大名）。

㉙ **今國家罷兵四十年** 自宋眞宗景德元年（西元一〇〇四年）與契丹訂立澶淵和議後，雙方停戰，至慶曆三年（西元一〇四三年）整四十年。

㉚ **元昊反** 宋仁宗寶元元年（西元一〇三八年），西夏主趙元昊（西元一〇三二年—一〇四八年）稱帝，宋軍與戰屢敗，至此亦已五年，戰事形成對峙的局面。

㉛ **審** 明決。

㉜ **果** 果斷。

㉝ **拘牽常算** 拘泥常規，不能突破現狀。

㉞ **後二年** 指上文「康定元年」之「後二年」，即宋仁宗慶曆二年（西元一〇四二年）。歐陽脩於康定元年六月，由滑州通判任上召回開封，任館閣校勘；慶曆二年，因諫阻呂夷簡任命富弼出使契丹，並應詔上書力主改革積弊，都未獲重視，於是自請外任，同年九月，再次任命爲滑州通判。

㉟ **歲** 指慶曆三年。

㊱ **完理之** 指整修畫像。下文「完之」，指修復。

㊲ **不泯** 不被滅沒。

㊳ **區區** 懇切、愛慕之意。

㊴ **讀其書尚想乎其人**　意出《史記・孔子世家》「太史公曰：《詩》有之：高山仰止，景行行止。雖不能至，然心鄉往之。余讀孔氏書，想見其爲人。」

## 【賞　析】

蘇東坡在〈六一居士集敍〉中，稱揚歐陽脩「記事似司馬遷」，所謂「記事」，既包括歐陽脩《新唐書》、《新五代史》，也含有他所撰寫的爲數不少的記事散文。〈王彥章畫像記〉便是歐陽脩一篇有名的記事性散文。

文章一開始，就介紹主人公的姓名、字號、籍貫、官職、死因、葬地及諡號，簡潔明瞭，毫不浪費筆墨。下面，夾敍夾議，概述王彥章的生平。敍和議，都圍繞着王彥章的忠和勇來寫。不斤斤於屑屑瑣事。「梁晉之爭數百戰，其爲勇將多矣。而晉人獨畏彥章」，彥章「常與晉戰，屢困莊宗於河上」，寥寥數語，就活畫出了一個勇將的形象來。這是突出王彥章的勇。下面寫忠。後梁末年，忠賢被黜，羣小用事，政治十分腐敗，其亡國已事在必然，梁的大臣老將皆怒而有惰心，朝廷上下，人各異志，多懷顧望，而彥章獨「奮然自必，不少屈懈。」小人趙巖、段凝之輩，上欺昏君，下害忠良，將戰功竊爲己有，以敗績陷於彥章，彥章蒙受不白之冤，累遭貶謫。在這樣情況下，他仍忠心不二，直到最後戰敗被俘。莊宗見其武勇，欲誘降，彥章義正辭嚴地答道：「臣與陛下血戰十餘年，今兵敗力窮，不死何待？且臣受梁恩，非死不能報，豈有朝事梁而暮事晉，生何面目見天下之人乎！」而文章只用「卒死以忠」四個字來概括。無論寫勇還是寫忠，全用概述方式；這是因爲在薛居正的《舊五代史》中，已爲王彥章立了傳，彥章的忠勇，早已彪炳史册，所以，作者於此只用大筆揮灑。下面，作者發出議論：五代始終，不過五十餘載，五易其國，八易其姓，歷君十三，戰亂如此頻仍，而朝代、君王的更替，更是如此的頻繁，士處此世，最終能全其名節者，是既少且難！然而，彥章却能以「豹死留皮，人死留名」這兩句擲地有聲的語言，表現出自己的高風亮節。寫此文時，作者的《新五代史》尚未撰成，所以他說：「予於《五代書》竊有善善惡惡之志」，由於「舊史殘略」，不能備述彥章行事，作者於此，「未嘗不感憤嘆息」。

接着，作者在補正舊史，借古論今的動機下，談到宋仁宗康定元年（西元一〇四〇年），以節度判官守滑州，得彥章的孫兒王睿所錄《王氏家傳》，記彥章事，頗多於薛居正《舊五代史》。作者用高度壓縮的語言，補正舊事，突出了以下幾點，一、《家傳》記德勝之役詳於舊史。二、宰相敬翔怒梁末帝不肯用彥章，欲自經於帝前。彥章因段凝掠功邀賞，至京師入見末帝，以笏畫地，自陳勝敗之迹，爲小人趙巖等使御史彈劾而見廢。三、彥章共五個兒子，其中二人同彥章死節。四、彥章由滑州赴京師，本是由於被讒而自歸，舊史云「召之」，誤。五、彥章之敗，主要是由於寡不敵衆，本來只有五百保鑾兵士，而舊史云「將兵五千」，亦誤。作者因是寫「記」，而不是寫「傳」，敍及彥章行事，不宜過多，否則喧賓奪主。而這些事，又不得不寫，作者匠心獨具地採用這種提綱挈領的手法，來補正舊史，使得文章結構勻稱，布局合理。此五事，除第三點外，後來全部採入《新五代史·王彥章傳》中。

繼而，作者抓住德勝之捷發表議論，借古論今。德勝之役之所以取勝，關鍵在於用兵神速。只有出奇才能制勝。作者由德勝之捷，聯想到北宋的時事。由於天下承平日久，國家罷兵已四十餘年，一旦西夏趙元昊犯邊，敗軍殺將歷四五年，是戰是守，朝廷一直猶豫不決。作者不能目睹邊將貽誤戰機，曾獻出奇制勝之策，聞者，或笑其狂，或譏其不知兵，或置之不理，以至作者自己也懷疑獻策的成效。由德勝之捷說到趙元昊犯邊，進而說到自己獻策，似乎已偏離主題，但作者却馬上打住，由「及讀公《家傳》」一語，又把話題轉了回來。下面作者發出議論：「乃知古之名將必出於奇，然後能勝。然非審於爲計者不能出奇，奇在速，速在果，此天下偉男子之所爲，非拘牽常算之士可到也。」以「每讀其傳，未嘗不想見其人」，來回應前文，緊扣主旨。

文章最後，寫王彥章的畫像，這才落到本題上來。因爲時隔兩年，作者又來通判滑州，過鐵槍寺，見到王彥章的畫像，得睹其風采。由於歲久磨滅，畫面已模糊不清，爲使其長留人世，便急命工修復。這一層，只是客觀敍事，未加渲染。下面，便乘機發議。首先就鐵槍寺的命名爲說。王彥章生前善用槍，當時號稱「王鐵槍」，他死後百餘年，仍以鐵槍名其寺，使後代婦孺皆知王鐵槍爲良將。「一槍之勇，同時豈無？而公獨不朽者，豈其忠義之節使然歟？」由鐵槍寺說到忠勇，又照應了前文，使文章跌宕生姿。其次，就畫像發議。畫已百餘年了，修復之後，又可保留百餘年。然而，王彥章名垂後世，並不憑藉此畫。那麼，修復此畫，似無必要，作者之所以有此舉，主要是對彥章「希慕之至」，「不忍見其壞也。」作者最後以「畫既完，因書予所得者於後而歸其人，使藏之」，結束了全文。作者「善善惡惡」的目的已經達到，文章也就此收尾。

這篇散文，名爲畫像記，實際上是在爲王彥章樹碑立傳。然而，它又不同於史書的傳記，史傳文章，特點在於客觀敘事，這篇畫像記，記事之外，更多的却是議論和抒情，融於一體。作者本着「不虛美，不隱惡」這一原則，而「不虛美，不隱惡」，又是司馬遷《史記》的一大特點。所以蘇東坡稱他「記事似司馬遷」，看來實非溢美之辭。

## 三、贈序文選讀

在歐陽脩以「序」爲題的四十九篇文章中，依其內容性質可分兩大類：一是專門送別親友而寫的贈序，一是對某一著作或詩文字畫進行說明的序跋。說明詩文著作的序，多置於著作之前或後；放在書後叫做跋或跋尾；放在書前的稱爲序或敍。至於專門送別親友而寫的纔叫稱贈序，所謂：「君子贈人以善言」者，這和序跋方面的序文或跋語，在性質用法上是不同的。

序跋和贈序之爲用，今雖有別，但古實同源。蓋古代文士在親朋師友離別之際，往往設宴餞行，在惜別宴會上，常有飲酒賦詩，以記離情之擧。詩成，則由在場某人爲之作序，後來則發展到雖無餞別聚會或詩文相贈，而送行者仍寫一篇文章表示惜別、祝福和勸勉之詞相贈。這樣以來，贈言之序便切斷了和詩文序跋的關係，而各自獨立。所以同名贈序，卻早已貌合而神離了。

時至唐宋，以贈序爲題的文章，在韓愈集子裡共收三十四篇，文中詩文序跋就有十六篇；柳宗元的集子裡共收二十九篇，其中詩文序跋有十篇，歐陽脩文集中共收贈序四十九篇，而以詩文字畫的題跋爲內容者有三十一篇。此處選錄歐陽公代表作四篇，前三篇〈送曾鞏秀才序〉、〈送楊寘序〉、〈送徐无黨南歸序〉等屬贈序，末篇〈梅聖俞詩集序〉屬書序。贈序雖是歐陽公送別親朋好友的應酬之作，但表達敬重，勉勵與惜別等感情，實爲抒情中的佳選。〈梅聖俞詩集序〉立論在前，敍事、抒情在後，文辭低昂頓挫；尤其他那「窮而後工」的理論，在北宋詩文革新運動中，起了重要的作用。

# (一) 送曾鞏秀才序

首段先說明曾鞏的身分、籍貫以及北宋考試制度的流弊。

廣文㈠曾生㈡來自南豐，入太學，與其㈢諸生羣進於有司㈣。有司斂羣材㈤，操尺度㈥，概㈦以一法，考其不中㈧者而棄之。雖有魁壘拔出之材㈨，其一累黍㈩不中尺度，則棄不敢取。幸而得良有司⑪，不過反同衆人，嘆嗟愛惜，若取舍非己事者⑫。諉⑬曰：「有司有法，奈不中何⑭！」有司固不自任⑮其責，而天下之人亦不以⑯責有司，皆曰其⑰不中，法也」。不幸有司尺度一失手⑱，則往往失多而得少⑲。嗚呼！有司所操，果良法邪⑳？何其久而不思革㉑也？

二段言曾鞏的學業和才智，以印證有司的黜落曾鞏，完全是闈於選度，失去人材。

況若曾生之業㉒，其大者㉓固已魁壘；其於小者㉔亦可以中尺度，而有司棄之，可怪也。然曾生不非同進㉕。不罪有司㉖，告予以歸，思廣其學㉗而堅其守㉘。予初駭其文㉙，又壯其志㉚。夫農夫不咎歲㉛而菑播㉜是勤，其水旱則已㉝。使一有穫，則豈不多邪㉞？

文末闡述作者與曾鞏的親密關係，並點明本文作意。

曾生橐其文㉟數十萬言來京師，京師之人無求曾生者，然曾生亦不以干㊱也，予豈敢求生㊲，而生辱以顧予㊳。是京師之人既不求之，而有司又失之㊴，而獨余得也㊵。於其行㊶也，遂見於文㊷。使知生者可以弔有司之失㊸，而賀余之獨得也。

【解　題】

慶曆初，曾鞏自南豐來京師參加進士考試。因仰慕歐陽脩的道德文章，特携文拜見。歐陽脩讀其文，大加贊賞。但這次應試，曾鞏居然落選，歐陽脩極爲惋惜，故作此文以贈。

文章從兩方面著筆，一從曾鞏方面來說，對於他落選後「不非同進，不罪有司」，和「思廣其學，而堅其守」的態度，表示贊揚，一從錄取標準來說，集中地剖析了它存在的弊病。認爲以一種固定不變的方式取士，就勢必難以衡量出應試者的實際才能，因而必須革新。這番論述，旣給曾鞏以最好的勸慰，也是向當時奉「時文」爲法，因循守舊勢力的大膽挑戰。

時文之弊，積重難返。直到嘉祐二年（西元一〇五七年）歐陽脩知貢學，才以他反潮流的精神，對於一切險怪之文棄之不顧，而取了文義暢達像曾鞏、蘇軾、蘇轍等眞才實學之士。從本文中，亦可看出歐陽脩志在革新科學取士標準，扭轉文風的堅定立場。

當時，歐陽脩已二十五歲，在文壇上頗負盛名，曾鞏才二十三歲，但歐陽脩不以尊者自居，而以「獨得」曾鞏爲快慰，可見其善於識別人才的慧眼，和眞誠獎掖後進的精神。曾鞏不負所望，回鄉以後，加倍努力，還帶領幾個弟弟一起勤奮學習。經過十五年的潛心苦讀，到嘉祐二年（西元一〇五七年），曾鞏和三個弟弟，二個妹夫，一門六人赴京應試，全部考中進士，曾鞏後來成了歐陽脩學術上的主要繼承人。他的作品風格也與歐陽脩相近，時人以「歐曾」並稱，後被列爲唐宋八大家之一。

文中多感歎詞語。結尾又置有司於自己的對立面，以「失」與「得」，「弔」與「賀」相對照，一唱三歎，突出送別時內心憤激不平的感情，寫得曲折委婉，頗爲感人。

【注釋】

㈠ **廣文** 唐設國子、太學、廣文、四門、律、書、算七學，屬國子監。這裏是宋代應試或落第學人講習之所，義同太學（當時的最高學府）。

㈡ **曾生** 曾鞏字子固，南豐（今屬江西）人。宋仁宗嘉祐二年（西元一〇五七年）進士，歷任館閣校理、集賢校理、越州通判、濟州知州、史館修撰等職，是北宋著名的散文家。

㈢ **其** 指太學。

㈣ **羣進於有司** 一同推薦到主考官那裏。有司，指主管考試的禮部及其試官。

㈤ **斂羣材** 收聚衆多的人材。斂，收集。材，通「才」。

㈥ **操尺度** 掌握標準。尺度，標準，這裡指衡量文章的標準。

㈦ **概** 古代量米麥時刮平斗斛的器具，後引申爲刮平或削平。

㈧ **不中** 指不合標準。

㈨ **魁壘拔出之材** 正直磊落，技能出衆的人材。魁壘，正直磊落。拔出，技能出衆。

㈩ **累黍** 輕微的重量或體積，亦作「黍累」。《漢書，律曆志》上：「權輕重者，不失黍累。」顏師古注引應劭說：「十黍爲累，十累爲一銖。」

⑪ **良有司** 指好的主考官員。

(一二) **若取舍非己事者**　言取與不取，似乎不是自己的職務。

(一三) **諉**　推卸，推託。

(一四) **奈不中何**　即不中奈何，謂考不中也沒有什麼辦法。

(一五) **任**　承擔。

(一六) **以**　其後省略賓語「之」字，作因此解。

(一七) **其**　指考生中落選的優秀人才。

(一八) **尺度一失手**　指標準掌握上出了偏差。失手，疏失、錯誤。

(一九) **失多而得少**　指眞正的人才失去的多，錄取的少。

(二〇) **果良法邪**　謂當前主考官所掌握的錄取標準，果眞是好辦法嗎？

(二一) **久而不思革**　謂長期以來，就不顧改革這種考試方法。

(二二) **業**　學業。

(二三) **大者**　大的方面，隱指品德修養。

(二四) **小者**　小的方面，隱指文章技巧。

(二五) **不非同進**　意謂不去責怪那些與他一同應試而被錄取的人。

(二六) **不罪有司**　不怪罪於主考的官員。罪，作動詞用，怪罪、責怪。

(二七) **廣其學**　擴大自己的學業。

(二八) **堅其守**　堅定自己的操守。

㉙ **駭其文** 驚歎他的文才。

㉚ **壯其志** 鼓勵他的宏志。壯，意動用法。

㉛ **不咎歲** 謂不歸咎年景。《左傳・昭公》三十二年：「閔閔焉如農夫之望歲。」

㉜ **菑播** 耕地播種。菑（音ㄗ），鋤草。播，播種。

㉝ **水旱則已** 謂農夫勤於耕種，只有受到水、旱之災，農事無法進行時才停止。

㉞ **豈不多邪** 指收成難道會不豐足嗎。多，充足。

㉟ **橐其文** 用袋子裝著他的文稿。橐（音ㄊㄨㄛ），盛物的袋子。

㊱ **不以干** 指不用這些文稿來干謁權貴。

㊲ **生** 指曾鞏。

㊳ **辱以顧予** 謂承蒙曾生將其文稿送來給我看。辱，謙詞，猶言承蒙。顧，拜訪。

㊴ **失之** 不錄取他。

㊵ **獨余得也** 唯獨我獲得了這樣突出的人才。

㊶ **於其行** 當他臨行的時候。

㊷ **見於文** 指用文字將曾生的情況表現出來。

㊸ **弔有司之失** 意謂痛惜有司失掉了賢才。弔，哀惜。

## 【賞析】

本文是北宋仁宗慶曆元年（西元一〇四一年）歐陽脩給曾鞏的臨別贈言。上一年，歐陽脩從乾德軍召還，復充館閣校勘，遷太子中允，曾鞏有〈上歐陽學士第一書〉，歐陽公見而奇之。到慶曆元年，歐陽脩求補外通判滑州。曾鞏則入太學，居數月後歸，有〈上歐陽第二書〉。這篇文章就是在曾鞏回去之前，歐陽脩還未通判滑州之時寫的。這一年，曾鞏赴禮部應考，被有司黜落。後來去見歐陽脩，歐陽脩對他的遭遇深表同情，在他回去時，寫了這篇序文贈送給他。這一方面說明歐陽脩慧眼識英才，另一方面，也說明歐陽脩對當時不合理的科擧制度，以及徒具形式而不切實際的文風，表示强烈的不滿，從而爲他今後的科擧改革和古文的振興埋伏了先兆。

作者先說明曾鞏的身份和籍貫，說他是廣文館的太學生，當時他正與一羣生員，赴禮部接受試官的考試。文筆恬淡流暢，提綱挈領，不支不蔓，敍事分明。接着談到試官的收集衆多人材，所掌握文章的標準，是只重形式而不重實際的辦法，考生考不中便要遭到拋棄。卽使有出類拔萃的人材，只要有一點小毛病，就要被試官黜落。繼而指出北宋考試制度的弊端，批評試官執一而論，糟塌了人材。態度極其鮮明，觀點十分正確。而文字依然是那樣的質樸翔實，切中時弊。這裏指摘的主要是「有司」，作者在分析有司時指出：有司本來不負其責任，天下的人也不因此而去責問有司。他們都說：這些優秀生考不中，都是制度問題。而有司的考試尺度一有差池，就往往坑害了那些有用的人材。這裏文筆婉轉，氣勢跌宕，很有章法。但他通過情感深重的感嘆之後，鄭重地質問：「有司掌握的果然是好辦法嗎？爲什麼長期不去改革他呢？」這一段，歐陽脩連續八次提到了「有司」，眞是鍥而不舍，窮追到底。不合理的考試制度，總是由人所制訂，而且是由人去執行的。雖然「有司」上面還有更高的決策者，但在考場，試官則是具體行使法度的人，對於人材的損失，他們是負有直接責任的。

第二段、着重談曾鞏的學業和才智，印證「有司」的黜落曾鞏，完全是囿於法度，偏於試制，坑害了人材，從而使上下兩段文章前後呼應，形成了有機的契合。在立論上增强了行文的邏輯性和說服力。《宋史・曾鞏傳》記載：「生而警敏，讀書數百言，脫口輒誦。年十二，試作〈六論〉，援筆而成，辭甚偉。甫冠，名聞四方。歐陽脩見其文，奇之。」因此，歐陽脩在這裏說他的學業，「其大者固已魁壘，其於小者亦可以中尺度。」是符合客觀事實的，可是有司把他摒棄了，眞是奇怪的事。這裏又突出刻劃有司的過失，在這種情況下，曾鞏是怎麼樣的態度呢？他並沒有去非難那些考取的同行，不怪罪有司，只是對歐陽脩告辭而去，打算進一步廣求學同，堅持自己的道德修養，這種自我砥礪的氣度，是多麼高尚而恢宏！因而歐陽脩初時爲曾鞏的文章所驚奇，後來又激勵他自恃的操守和志向，就是順理成章的了。在這一段的末尾，歐陽脩以農民的耕耘爲例，說明農民羣衆不責難年成不好，而一樣勤勞操作。如果其碰到自然災害，自不用說；一旦得手，那收穫不是更多嗎？作者用這樣生動的比喻來勉勵曾鞏，情辭十分懇切！

末段、作者進一步闡述曾鞏同他的親密關係。說明禮部會試以後，曾鞏在京師曾帶着數十萬言的書稿，京師的人並沒有賞識他，而他也並沒有以此去求告於人。既然是京師的人不賞識曾鞏，而有司又失掉了他，那麼只有歐陽脩自己結識他了。於是在他臨行時，就寫了這篇序文，使了解曾鞏的人能夠知道有司不能識拔曾鞏，是一個莫大的遺憾。這裏，作者雖強調了他同曾鞏認識的由來，以及彼此之間關係的密切，但更突出的是，把「有司」始終擺在受批判的地位，從而顯示出對不合理的科舉制度，亟須徹底改革的必要，使主題思想隨之脫穎而出。

## (二) 送楊寘序(一)

首段簡敍自己學琴的益處。

予嘗有幽憂之疾(二)，退而閒居，不能治也。既(三)而學琴於友人孫道滋，受宮聲數引(四)，久而樂之，不知疾之在其體也(五)。

次段具體描述琴聲動人心絃，陶冶性情的力量。

夫琴之爲技(六)，小矣；及其至(七)也，大者爲宮，細者爲羽(八)，操絃驟作(九)，忽然變(一〇)之；急者悽然以促(一一)，緩者舒然以和(一二)。如崩崖裂石，高山出泉，而風雨夜至也；如怨夫、寡婦之歎息，雌雄雍雍之相鳴(一三)也。其憂深思遠，則舜與文王、孔子之遺音(一四)也；悲愁感憤，則伯奇孤子、屈原忠臣之所嘆(一五)也。喜怒哀樂，動人心深，而純古淡泊，與夫堯舜三代之言語，孔子之文章，《易》之憂患，《詩》之怨刺無以異(一六)。其能聽之以耳，應之以手(一七)，取其和者，道其堙鬱(一八)，寫其憂思(一九)，則感人之際，亦有至者(二〇)焉。

末段介紹楊寘，並點出寫作本文的意圖。

予友楊君，好學有文，累以進士擧，不得志(二一)。及從蔭(二二)，調爲尉於劍浦(二三)，區區(二四)在東南數千里外，是(二五)其心固有不平者。且少又多疾，而南方少醫藥，風俗飲食異宜(二六)。以多疾之體，有不平之心，居異宜之俗，其能鬱鬱以久乎(二七)？然欲平其心以養其疾，於琴亦將有得焉(二八)。故予作〈琴說〉(二九)以贈其行，且邀道滋酌酒㊂進琴㊂以爲別。

【解　題】

本篇作於慶曆七年（西元一〇四七年），時作者在開封，因友人楊君，以多疾之體，不平之心，將赴東南數千里外作縣尉，作者爲他送行，寫下了這篇贈序。

歐陽脩喜琴，在〈六一居士傳〉中專門提出「有琴一張」，可見他的愛好。這篇文章，在贈序文中，別具一格，所以作者也自稱〈琴說〉。文章先從自己學琴有得寫起，極力形容琴聲可以移情。諸如大細急緩的抑揚音調，喜怒哀樂的感情色彩，都能予人的感情相應。演奏者既可「聽之以耳，應之以手」，又可「取其和者，道其堙鬱，寫其憂思」，宣洩內心的鬱憤，從中得到無窮的享受，進而將琴和友人心懷不平的處境聯繫起來，提出了「於琴亦將有得焉」的忠告，點明了作序的本意。其所以如此，正欲爲楊寘解其鬱抑，「欲平其心，以養其疾。」

唐代詩人孟郊爲溧陽尉，韓愈因作〈送孟東野序〉，提出「大凡物不得其平則鳴」，最後說：「東野之役於江南也，若有不釋然者，故吾道其命於天者以解之。」本篇明顯受韓文的影響，主旨也是懷才不遇者鳴不平，但表達方式却較韓文委婉，體現了歐文的特色。

【注　釋】

㊀ **送楊寘序**　一本作〈送楊二赴劍浦序〉，楊寘，歐陽脩的朋友，生平不詳。

㊁ **幽憂之疾**　感世傷時之情，過度憂勞成病的宛轉說法，作者〈奉答原甫見過寵示之作〉詩云：「不

作流水聲，行將二十年。吾生少賤足憂患，懷昔有罪初南遷。飛帆洞庭入白浪，墮淚三峽聽流泉。援情寫得入此曲，聊以自慰窮山間。……」

㊂**既**　不久之後。

㊃**受宮聲數引**　意謂從友人孫道滋處接受了演奏琴曲的技能。宮聲，古樂五聲之一，這裏泛指樂聲。引，樂曲體裁之一，這裏泛指樂曲。

㊄**不知疾之在其體也**　意為琴聲能使人移情，故不知疾病纏身。作者〈贈無為軍李道士〉詩云：「無為道士三尺琴，中有萬古無窮音。音如石上瀉流水，瀉之不竭由源深。彈雖在指聲在意，聽不以耳而以心。心意既得形骸忘，不覺天地白日愁雲陰」，可為此句注腳。

㊅**琴之為技**　演奏琴的技能。技，技藝。

㊆**至**　極。指演奏技能達到精美程度。

㊇**大者為宮細者為羽**　大細，指樂聲，宮聲浩大，羽聲微弱。

㊈**操絃驟作**　調弦之後，迅急彈奏。

㊉**變**　指聲調發生急緩的變化。

⑪**悽然以促**　情調淒涼而節奏急促。

⑫**舒然以和**　情調舒暢而節奏和順。

⑬**如崩崖裂石四句**　形容聲調激越中的各種琴聲，用崩崖裂石、高山出泉、風雨夜至，寫琴聲的迸發，清幽、急驟；用怨夫寡婦歎息，寫琴聲的哀怨，用鴻雁雌雄和鳴，寫琴聲的和諧。怨夫，曠

夫，無妻而成年的男子。雍雍，鳥和鳴聲，《詩經・邶風・匏有苦葉》：「雍雍鳴雁」。

㈣ **舜與文王孔子之遺音**　傳說舜、周文王、孔子都善於用琴聲表達情意。《孔子家語》：「舜彈五弦之琴，造〈南風〉之詩，其詩曰：『南風之熏兮，可以解我民之慍兮；南風之時兮，可以阜我民之財兮。』」周文王曾作琴曲〈文王操〉，桓譚《新論》：「〈文王操〉者，文王之時，紂無道，……文王躬被法度，陰行仁義，援琴作操，故其聲紛以憂，駭角震商。」《禮記・檀弓》：「孔子既祥，五日，彈琴而不成聲，十日，而成笙歌。」以上描寫琴聲中傳達的思想感情。

㈤ **伯奇孤子屈原忠臣之所嘆**　伯奇，周朝人，周憲王臣尹吉甫之子，韓愈〈琴操序〉：「尹吉甫子伯奇，無罪，爲後母譖而見逐，自傷，作〈履霜操〉。」屈原，楚國愛國詩人，因忠諫不從，爲楚王所逐，在秦破楚郢都時，自投汨羅江而死。這句話，指琴聲中抒發出忠而被逐的悲憤感情。

㈥ **與夫堯舜三代之言語四句**　此以國人視爲經典的《尚書》、《春秋》、《易》、《詩》，比喻琴聲的「純古淡泊」，和《詩》的怨刺作用，沒有甚麼不同。堯舜三代之語言，指《尚書》，《尚書》收有堯舜三代的文章。孔子的文章指《春秋》，傳說《春秋》爲孔子所修纂。《易》之憂患，《易》即《周易》，也稱《易經》，《易・繫辭》：「《易之興也，其於中古乎？作《易》者，其有憂患乎！」《漢書・禮樂志》：「周道始缺，怨刺之詩起！王澤既竭，而詩不能作。」、《詩》，即《詩經》。

㈦ **聽之以耳應之以手**　即耳聽手應，指琴聲的感染力。

㈧ **取其和者道其堙鬱**　言取其和諧之音，來宣洩胸中悶塞不暢的情緒。和，和諧之音。道，通導，宣洩之意。堙鬱，阻塞。

⑲ **寫其憂思**　言宣洩其憂愁與思慮。寫，通瀉，有宣洩之意。

⑳ **至者**　指琴聲感人可至極妙的境界。

㉑ **累以進士舉不得志**　言多次應進士試不取。

㉒ **蔭**　憑祖先官爵而得官，叫蔭。

㉓ **劍浦**　宋時爲南劍州治所，在今福建南平。

㉔ **區區**　小，這裏指縣尉官職卑微。

㉕ **是**　這樣。

㉖ **異宜**　指日常生活不習慣。

㉗ **其能鬱鬱以久乎**　是說在上述情況下，心情抑鬱，生命不能持久。鬱鬱，憂傷貌。以，而。

㉘ **然欲平其心以養其疾二句**　是說然而要想平靜他自己的心緒，調養好自己的疾病，取琴而彈，也將會有收穫的。於，取。《詩、豳風、七月》：「晝爾於茅，宵爾索綯。」鄭箋：「於作取解。」得，收穫。

㉙ **作琴說**　指寫下這篇解說琴的作用的序文。

㉚ **酌酒**　飲酒。

㉛ **進琴**　彈琴。

【賞析】

本文作於宋仁宗慶曆七年（西元一〇四七年）丁亥，先生四十一歲。贈序之文，一般重在寫作者與友人的關係、友誼，以及對友人的關心、勸勉、期望等。而這篇贈序却別樹一格。開篇一句也不提作者與友人的關係，而是用大量篇幅寫自己如何學琴、愛琴，以及琴聲對於陶冶心情的作用，究其用意不外兩點：一、是楊寘的經歷對作者和被送者而言，都非常清楚，無須浪費筆墨。二、是楊的遭遇本已不幸，過多宣染，反而增加被送者的不快，也將使送行場面更加黯然。但是作者又不能完全迴避，所以以十分技巧而傳神精煉之筆，點明楊的身體狀況和曲折經歷，將重點放在對楊的勸勉和安慰上。這樣使接受贈言的人，感到既切合自己的實際，又能體會作者的款款深情。

文章分爲三段：第一段、作者根據自身的體驗，簡述音樂的陶情怡性，有使人樂而忘憂之功，而引出下文，並爲結尾作「琴說」設下伏筆，已初步展示了作者爲文紆徐委曲，流暢婉轉而結構自然的特點。「夫琴之爲技小矣」第二段、作者用形象生動具體的事物，比擬各種不同的音樂曲調產生的强烈的藝術效果，揭示出樂曲中的遙深寄託。作者進而指出音樂的功能，足可與三代的宏文，孔子的典籍及《易》、《詩》等經典相媲美；也可排遣心中的鬱悶，抒發內在的憤懣，起到感人至深的作用。最後一段、作者才把此文的中心點明，將筆墨揮洒到被送者楊寘的身上。文章一方面指出楊寘所赴之地荒遠，其地風俗飲食習慣異於中原，兼之楊寘體弱多病，因而提醒並寬慰對方不可抑鬱沉淪；另一方面希望楊注意調養身心，寄情於琴，用音樂來陶冶情性，可免除體弱赴遠之憾，從而收住全篇。

這篇文章，在篇章結構上甚見工力。作者以迤邐多致的風格，先寫自己，續談琴聲，層層鋪敍，曲盡其妙。如其運用一連串疊寫，從崩崖裂石，風雨夜至，到怨夫寡婦的悲歎，再及伯奇、屈子的怨憤，恍如飛瀑三折，絡繹下瀉，作了淋漓盡致的發揮。而最後點明主題。這種寫法，即先運用一系列相輔相成的事例或見解，聯轉搖曳，從而陪襯突出主題，使文章顯得富於變化，逶迤不窮，耐人尋味。其格局之不落俗套，筆意之委婉眞切，毫端之富於感情，都是本篇過人之處。王安石評歐文說：「其積於中者，浩如江河之停蓄；其發於外者，爛如日星之光輝。其淸音幽韵，淒如飄風急雨之驟至；其雄詞宏辯，快如輕車駿馬之奔馳。」歐陽公此文顯然有意想和唐代送人的序文如李白的〈春於姑熟送趙四流炎方序〉、韓愈〈送董邵南序〉等展示不同的風貌，另闢蹊徑；同時，本文倒與他〈送徐無黨南歸序〉的寫法，有異曲同工之妙。

## (三) 送徐無黨(一)南歸序

草木鳥獸之爲物，衆人之爲人，其爲生雖異，而爲死則同，一歸於腐壞、澌盡(二)、泯滅(三)而已。而衆人之中有聖賢者，固亦生且死於其間，而獨異於草木鳥獸衆人者，雖死而不朽，逾(四)遠而彌(五)存也。其所以爲聖賢者，修之於身，施之於事，見之於言，是三者所以能不朽(六)而存也。

修於身者，無所不獲；施於事者，有得有不得(七)焉；其見於言者，則又有能有不能也。施於事矣，不見於言可也。自《詩》、《書》、《史記》所傳，其人(八)豈必皆能言之士哉？修於身矣，而不施於事，不見於言，亦可也。孔子弟子(九)有能政事者矣，有能言語者矣。若顏回者，在陋巷(十)，曲肱(十一)飢臥而已，其羣居則默然終日(十二)如愚人。然自(十三)當時羣弟子皆推尊之，以爲不敢望而及(十四)，而後世更(十五)百千歲，亦未有能及之者。其不朽而存者，固不待施於事，況於言乎！

予讀班固《藝文志》(十六)、唐《四庫書目》(十七)，見其所列，自三代、秦、漢以來，著書之士多者至百餘篇，少者猶三四十篇；其人不可勝數，而散亡磨滅，百不一、二存焉。予竊悲其人，文章麗(十八)矣，言語工(十九)矣，無異草木榮華(二十)之飄

首段先從正面立論，言聖人所以異於鳥獸、草木、眾人者，修之於身，施之於事，見之於言，而三者之中，以修身爲尤重。次段引證，闡明聖賢不朽，靠修之於身，不是靠施之於事和見之於言。

三段再用三代以來古籍，所剩無幾，進一步證明言之不可恃。並對當世學者埋頭於

寫作，發出慨嘆。

風，鳥獸好音之過耳也。方其用心與力之勞，亦何異衆人之汲汲營營㉑？而忽焉㉒以死者，雖有遲有速，而卒與三者㉓同歸於泯滅。夫言之不可恃也蓋如此。今之學者，莫不慕古聖賢之不朽，而勤一世㉔以盡心於文字間者，皆可悲也。

文末敍述作記原由，作者並把自己置於其中，文章更見波瀾。

東陽徐生，少從予學爲文章，稍稍見稱㉕於人。既去，而與羣士試於禮部㉖，得高第，由是知名。其文辭㉗日進，如水涌而山出㉘。予欲摧㉙其盛氣而勉其思㉚也，故於其歸，告以是言。然予固亦喜爲文辭者，亦因以自警焉。

## 【解　題】

本文作於至和元年（西元一〇五四年）。徐無黨，婺州東陽永康（今浙江永康）人，曾從歐陽脩學古文辭，並爲歐陽脩修纂的《新五代史》作過注。徐於宋仁宗皇祐年間中進士後歸鄉，永康在開封南，所以稱「南歸」，作者爲之作序贈行。

文中「三不朽」的說法，最早見於《左傳》襄公二十四年叔孫豹之語：「太上有立德，其次有立功，其次有立言，雖久不廢，此之謂三不朽。」在本序中，作者一方面把文章提到「立言」的高度，同時又以顏淵爲例，指出「修於身矣，而不施於事，不見於言，亦可也」。就是說，爲人必須以德行（修身）爲本，有了德，即使沒有言，亦可揚名後世；否則即使「文章麗矣，言語工矣」，也「無異草木榮華之飄風，鳥獸好音之過耳」。爲文而文，以文自喜，是文弊的根源，故作者一再提醒後學，不能「勤一世以盡心於文字間」。其時徐無黨文章已爲世所稱，又中進士甲科，由是知名。如果以此自滿，正如作者〈答吳充秀才書〉所謂：「蓋文之爲言，難工而可喜，易悅而自足。世之學者往往溺之，一有工焉，則曰吾學足矣，甚者至棄百事不關於心」，就不能繼續進步，因而要「摧其盛氣而勉其思」。

本文立意高遠，有襯託，有照應，言詞懇切，平易近人，實爲贈序中的名篇。尚節之評曰：「須知此文句句言文之不可恃，實在句句嘆文之難工，而慮傳世之不易，所謂愛之深，言之切，乃歐文之最訴詭者，細細涵咏，自得其意。」

## 【注釋】

㈠ **徐無黨** 婺州東陽郡永康縣（今浙江省永康縣）人。皇祐年間進士，曾從歐陽脩學古文，並爲《新五代史》作注，說它「妙得良史筆意」，（見《兩浙名賢錄・文苑傳》）。官至郡教授而卒。

㈡ **澌盡** 全部消失之意。澌，（音ㄙ），盡。

㈢ **泯滅** 消滅淨盡。泯，滅。

㈣ **逾** 通「愈」。

㈤ **彌** 更加。

㈥ **不朽** 不可磨滅。《左傳》襄公二十四年：「太上有立德，其次有立功，其次有立言，雖久不廢，此之謂三不朽。」句中「修之於身」指「立德」，「施之於事」指「立功」，「見之於言」指「立言」。

㈦ **有得有不得** 指有的能成功，有的不能成功。「施於事」牽涉到客觀社會條件，不以個人主觀意志為轉移，即作者說的「其成與否，有不在我者」（見《范公神道碑銘》），故言「有得有不得」。至於下文「見之於言」：由人的才能決定，故言：「有能有不能」。

(八) **其人** 指《詩經》、《尚書》、《史記》等典籍中所提到的人物。

(九) **孔子弟子** 《史記‧仲尼弟子列傳》：「孔子曰：受業身通者七十有七人，皆異能之士也，德行：顏淵、閔子騫、冉伯牛、仲弓。政事：冉有、季路。言語：宰我、子貢。文學：子游、子夏。師也僻、參也魯、柴也愚、由也喭、回也屢空，賜不受命而貨殖焉，億則屢中。」均可為下文注腳。

(一〇) **陋巷** 狹小的巷子。《論語‧雍也》：「賢哉回也，一簞食，一瓢飲，在陋巷，人不堪其憂，回也不改其樂。」

(一一) **肱** 指胳膊。《論語‧述而》：「子曰：飯蔬食，飲水，曲肱而枕之，樂亦在其中矣。」

(一二) **默然終日** 《論語‧為政》：「子曰：吾與回言終日，不違如愚。」

(一三) **自** 即使。

(一四) **不敢望而及** 即「望塵莫及」之意。《論語‧公冶長》：「子謂子貢曰：『女與回也，孰愈？』對曰：『賜也何敢望回？回也聞一以知十，賜也，聞一以知二』。」及，趕上。

(一五) **更** 經歷。

(一六) **班固藝文志** 班固字孟堅，東漢史學家、文學家，扶風安陵（今陝西省咸陽東北）人。著有《漢書》等著作。藝文志，指《漢書》中的〈藝文志〉，其中分為六藝、諸子、詩賦、兵書、術數，方技六略，著錄圖書目錄。

㊄唐四庫書目　唐玄宗時分別在長安、洛陽設書庫，各分甲、乙、丙、丁四庫，分藏經、史、子、集四類書籍。
㊅麗　華美。
㊆工　精巧。
㊇草木榮華　草木的花朵。《爾雅・釋草》：「木謂之華，草謂之榮。」
㊈汲汲營營　指不停地經營、謀劃。《漢書・揚雄傳》顏師古注：「汲汲，欲速之意。營營，周旋貌。」
㊉忽焉　忽然。
㊀三者　指草木、鳥獸、衆人。
㊁一世　一生，一輩子。
㊂稍稍見稱　逐漸被人稱道。
㊃禮部　宋制，進士科考試由禮部主持，禮部考試合格後，由皇帝殿試複審，然後分爲五甲（五等）放榜。《兩浙名賢錄》：徐無黨，「皇祐中以南省（尚書省，禮部屬尚書省）第一人登進士第。」
㊄文辭　文章。
㊅如水涌而山出　如水流奔湧，山巒拔地而出。作者曾稱徐文「文辭馳騁之際，豈常人筆力可到」（見〈答徐無黨第一書〉）。
㊆摧　折，抑制。

㉒ **勉其思** 指勸勉他用心思考立德、立功、立言三不朽的關係，從而明確自己的努力方向。

㉓ **然予固亦喜爲文辭者二句** 歐陽脩當時官翰林學士兼史館修撰，奉詔修《唐書》，在文壇上已居領導位地，故此二句以自警作結，以增重懇摯之意。

## 【賞　析】

序有兩種，一種是爲文章書稿作的書序，一種是友人臨別贈言的贈序，清人姚鼐著《古文辭類纂》，將贈序列爲第五類，並以爲：「唐初贈人，始以序名，作者亦衆。至於昌黎，乃得古人之意。其文冠絕前後作者。蘇明允之考名序，故蘇氏諱序，或曰引，或曰說。」這種文體是從詩序演變而成，經過韓愈、柳宗元的提倡，才興盛起來。韓愈文集中共收贈序三十四篇，文中提到贈詩的有十六篇。柳宗元文集中共收贈序二十九篇。

歐陽脩這篇〈送徐無黨南歸序〉，其內容主旨，以爲一切作品的生命力在於獨創性。如果僅在一個固定的框框中打轉，那就是僵化的「八股」。

〈送徐無黨南歸序〉的特色，以議論寫抒情，文章分爲三段，重點在第一第二段，即如何使人生的事業得以在歷史上長留不滅。末段短短數行筆墨，聯系到徐無黨，匆匆扣題，使人頓感餘味無窮，這就顯出文貴獨創，文無定式的重要了。

徐無黨曾隨歐陽公學習古文，並爲歐公《新五代史》作注。這篇贈序就是歐陽公以師長身份寫的一篇語重心長的勸勉辭，文章前兩大段未提徐無黨，却是針對徐無黨而發，一旦與末段合題，則覺得大段文章非但不是廢話，且盡成病人的苦口良藥了。本文的論點可與歐陽脩的〈答吳充秀才書〉互相補充。所謂：「道勝者文不難而自至」，主張重道以立文，而在本文中，他把「三不朽」分開來講，說明德行之士，不一定都能著書爲文，並以古聖賢爲榜樣，批判了時人棄道求文的浮艷文風。在北宋詩文運動中起了重大的指導作用。

文章第一層，標出人爲萬物之靈，所追求的不同於草木鳥獸，要求生命價値能夠永恒，符合《左傳・襄公二十四年》中所云：「太上有立德，其次有立功，其次有立言，雖久不廢，此之謂三不朽。」作者强調了「修於身者，無所不獲」的道理，人的一切行爲，是無所逃於天地之間的，可見修身養德的重要。古人中做出這種業績的很多，而政事、言語、行爲未能傳世者亦有，如顏回其人，在陋巷，耐貧寒，默然終日無語，不僅儒家學者對他尊崇，就連莊子都很推崇他。這裏，作者特別强調「三不朽」的道德行爲，是人得以永存不朽的基因。

文章第二層，敍述自古以來，書籍浩瀚，而佚亡者多，留傳者少，主要原因在於追求文章華麗的人太多，於修身行事却不注重。文章用尖刻的語言，諷刺那些一味追求文章工巧，以博功名富貴的行爲的可悲。這些工麗的文章，就如同「草木榮華之飄風，鳥獸好音之過耳」，其人心勞力絀，只是「汲汲營營」之徒。歐陽公之意，那班以時義謀取科擧功名，進而希圖高官厚祿者，和市井之徒的謀利鑽營，實是毫無區別。結尾歐陽公結論說：「今之學者，莫不慕古聖賢之不朽，而勤一世以盡心於文字間者，皆可悲也。」如畫龍點睛，從夭矯空中翻筆落到徐無黨身上，說他學文有成，得高第，文如山出水涌。這些話看似褒詞，其實在「摧其盛氣而勉其思也」，告誡他不能終日沉緬於文章華麗、語言工整之中，應在立德、立功上痛下功夫。文章至此本可結束，但歐陽公不以師長自居，說：「予固亦喜爲文辭者，亦因以自警焉」。這就帶着一種自責的味道，不但勉人，兼以自勉。

在〈答吳充秀才書〉中，歐陽公寫道：「蓋文之爲言，難工而可喜，易悅而自足。世之學者往往溺之。一有工焉，則曰：吾學足矣！」這段話，可以作爲本文的重要注脚，他勉勵作文章的人，絕對不應沉溺於形式上的華美，而應在進德修業上下工夫。這一點，千載而下，對我們仍然有很高於教育價值。

# (四) 梅聖俞詩集序㊀

首段論述「非詩之能窮人，而是窮人」，囚人不得意，纔寫出好詩。

次段綜述堯臣一生窮愁，雖為政治長才，但終身未得施展。

予聞世謂詩人少達而多窮㊁，夫豈然哉？蓋世所傳詩者，多出於古窮人㊂之辭也。凡士之蘊其所有，而不得施於世者㊃，多喜自放於山巔水涯之外，見蟲魚草木風雲鳥獸之狀類，往往探其奇怪；內有憂思感憤之鬱積，其興於怨刺，以道羈臣寡婦之所嘆㊄，而寫人情之難言，蓋愈窮則愈工。然則非詩之能窮人，殆窮者而後工也㊅。

予友梅聖俞，少以蔭補為吏㊆，累舉進士，輒抑於有司㊇。困於州縣㊈凡十餘年。年今五十，猶從辟書，為人之佐㊉。鬱其所蓄，不得奮見於事業⑪。其家宛陵⑫，幼習於詩，自為童子，出語已驚其長老。既長，學乎六經仁義之說，其為文章，簡古純粹，不求苟說於世⑬。世之人徒知其詩而已。然時無賢愚，語詩者必求之聖俞；聖俞亦自以其不得志者，樂於詩而發之。故其平生所作，於詩尤多。世既知之矣，而未有薦於上者。昔王文康公⑭嘗見而嘆曰：「二百年無此作矣！」雖知之深，亦不果薦⑮也。若使其幸得用於朝廷，作為雅頌，以歌詠大宋之功德，薦之清廟，而追商、周、魯頌之作者，豈不偉歟⑯！奈何使其老不得志，而爲窮者之詩，乃徒發於蟲魚物類、羈愁感嘆之言？世徒喜其工，不知其窮之久而將老也，可不惜哉！

三段敘述堯臣詩作，幸有其妻兄整理，但並非完稿。

聖俞詩既多，不自收拾。其妻之兄子謝景初㊆，懼其多而易失也，取其自洛陽至於吳興㊇以來所作，次㊈爲十卷。予嘗嗜聖俞詩，而患不能盡得之，遽喜謝氏之能類次也，輒序而藏之。

文末言在堯臣歿後，整理其全部詩稿，並記作序始末。

其後十五年，聖俞以疾卒於京師㊉，余既哭而銘㊀之，因索於其家，得其遺稿千餘篇，並舊所藏，掇其尤者㊁六百七十七篇，爲一十五卷。嗚呼！吾於聖俞詩，論之詳矣，故不復云㊂。廬陵歐陽脩序。

【解 題】

本文作於嘉祐六年（西元一〇六一年）；梅聖俞去世後的一年，時作者在開封。梅堯臣，字聖俞，宣城（今安徽省宣城縣）人，著有《宛陵先生集》。

自明道初年（宋仁宗年號，西元一〇三二年），歐陽脩在洛陽時，和梅堯臣、蘇舜欽等，以詩文相唱和，宋代詩文革新運動，至此時已取得澈底勝利。對於宋詩革新，梅堯臣起了很重要的作用，歐陽脩始終稱之爲「詩老」。陸游於〈書宛陵集後〉，評梅爲唐代李白、杜甫後的第一位作家，有「突過元和作」的稱譽。劉克莊的《後村詩話》，更推爲宋詩的「開山祖師」。

梅堯臣一生仕途坎坷，作者提出詩歌「殆窮者而後工」，認爲詩人「內有憂思感憤之鬱積，其興於怨刺」，纔能寫出「人情之難言」的作品來。也就是說，詩人必須具有眞情實感，纔能把難以描摹的感情形之於詩篇。這個見解與司馬遷〈報任少卿書〉「詩三百篇，大抵聖賢發憤之所爲作也」、韓愈〈荊潭唱和詩序〉「夫和平之音淡薄，而愁思之聲要妙；歡愉之辭難工，窮苦之言易好也」，是一脈相承的，對後代的詩作起著重要影響。

本文立論在前，將議論、敍事、抒情糅爲一體，文辭低昂頓挫，具有濃厚的抒情意味。清金聖嘆《天下才子必讀書》評曰：「不知是論、是記、是傳、是序，隨手所到，皆成低昂曲折。」

## 【注釋】

㈠**梅聖俞詩集序**　梅聖俞，（西元一〇〇二年——一〇六〇年。）名堯臣，安徽宣城人。是北宋前期的詩人，當時與歐陽脩齊名，稱爲「歐梅」。本文感歎梅堯臣的才能未得發揮，又提出「詩窮而後工」的論點，感慨極深。文章用平淡無華的語言，寫出對朋友的深切情感，代表了歐陽脩文風的特色。

㈡**予聞世謂詩人少達而多窮**　指我聽說，詩人得意的少，窮困潦倒的多。達，顯達。窮，困厄不得志。杜甫〈天末懷李白〉：「文章憎命達，魑魅喜人過」。楊倫注：「文人多遭困躓，反似憎命達者，即詩能窮人意。」

㈢**窮人**　即窮困不得志的人。

㈣**凡士之蘊其所有而不得施於世者**　言大凡讀書人胸中蘊藏著才智和抱負，又不能施展於當世的。蘊其所有：指懷有政治抱負和才幹。不得施於世，懷才不遇之意。

㈤ **見蟲魚草木風雲鳥獸之狀類以下數句**　言看見蟲魚、草木、風雲、鳥獸這一類東西，往往探索、描繪其種種奇異的情狀，而內心又鬱結著憂思感憤，因而便產生怨恨和諷刺的表現技巧，以此來抒發羈臣和寡婦的哀嘆。興，產生。以，用以。道，傾訴、表達。羈臣，羈旅之臣。

㈥ **殆窮者而後工也**　是說大概因爲人不得意，才能寫出好的歌詩吧。殆，大概。

㈦ **少以蔭補爲吏**　言年輕時靠先輩的功名做了官。蔭，古代官員的子弟，憑著先輩功名獲得仕宦資格，梅堯臣蔭襲他叔文梅詢的官銜爲河南主簿。

㈧ **累舉進士以下二句**　言屢次參加進士考試，都被主考官壓抑。累舉進士：累次應進士考試。司：主管，有司：古時設官分職，各有所司，所以把取吏稱爲有司。這裏指主考官。抑於有司：被有司所壓抑，意卽沒有考取。

㈨ **困於州縣**　言長期作州縣小官。梅堯臣曾從太廟郎出任河南、河陽、桐城等縣主簿，和德興、建德等縣知縣。

㈩ **猶從辟書爲人之佐**　言還在靠著地方長官的聘書，給人作幕僚。辟書，聘書。佐，僚佐，卽幕僚。

⑾ **鬱其所蓄不得奮見於事業**　此二句卽上文所說「蘊其所有，而不得施於世者」的意思。奮見，發揮、表現。

⑿ **宛陵**　今安徽省宣城縣，梅堯臣的故鄉。

⒀ **不求苟說於世**　言不願苟且迎合世人的歡心。苟，苟且迎合。說，通悅。

㊃ **王文康公** 卽王曙，字晦叔，河南人，卒謚文康。宋仁宗時官至樞密使，同中書門下平章事。宋曾敏行《獨醒雜誌》卷一載，王曙曾對梅聖俞說：「子之詩有晉宋遺風，自杜子美沒後，二百餘年不見此作。」

㊄ **不果薦** 終於沒有舉薦。

㊅ **薦之清廟而追商周魯頌之作者豈不偉歟** 言奉獻給帝王的宗廟，以媲美於商頌、周頌、魯頌的作者們，豈不是偉大的事業嗎？薦，奉獻。清廟，宗廟，皇帝祭祀祖宗的廟堂。商、周、魯頌：指《詩經》中的三頌。

㊆ **謝景初** 字師厚，謝絳子。宋仁宗慶曆年間進士，博學能文，尤長於詩。

㊇ **吳興** 縣名，在今浙江省。梅氏曾於康定元年（西元一〇四〇年）在此任監理鹽稅之官。

㊈ **次** 編排。下文「類次」，也是編排之意。

㊉ **以疾卒於京師** 謂因病死於京都汴梁（今河南開封）。作者〈梅聖俞墓誌銘〉：「嘉祐五年（西元一〇六〇年），京師大疫，四月乙亥，聖俞得疾，……辰八日，癸未，聖俞卒。」

㉑ **銘** 動詞，指作墓誌銘。

㉒ **掇其尤者** 選取其中最好的作品。掇，選取。

㉓ **吾於聖俞詩三句** 意謂在〈書梅聖俞稿後〉以及〈六一詩話〉、〈梅聖俞墓志銘〉中已經較詳細地談過梅堯臣詩作的成就，所以這裏不再談。

## 【賞析】

本文寫作要旨，在於提出「窮而後工」的觀點，對好友梅聖俞的詩歌才能，作了高度的評價；對他的仕途坎坷，不被重用的遭遇，寄於極大的同情。第一段、先引一個似是而非的俗說：「詩人少達而多窮」作發端，「夫豈然哉」，用反問句作頓挫，已見否定之意，含蓄有力。接着，「蓋世所傳詩者，多出於古窮人之辭也。」似乎在爲俗說辯解，爲下文展開自己的論述立下基礎。論述伊始，以「凡」字總起，足見論述的深廣度，而非一偏之見。「窮」的標幟主要在政治上，而非生活上。爲甚麼窮者能「寫人情之難言」；而且「愈窮愈工」呢？因爲在主觀條件上，內心有憂思感憤，噴薄傾吐之鬱積；在客觀條件上，有充滿生機的自然萬物，盡可寄興託意。所以窮者能「興於怨刺」，創作出大量優秀篇章。最後，用兩句話收束：「然則非詩之能窮人，殆窮者而後工也。」水到渠成，一方面點出俗說之誤，一方面揭出千古名言。

第二段、緊承上文，寫梅聖俞其人其詩。第一層承上文「窮」字，第二層承上文「工」字。第三層感歎其「窮而工」。寫梅氏之「窮」，從「少」開始，到「年今五十」，其中不少時間，而梅氏皆沉淪下僚，爲人屬吏，確實是「窮之久」，「輒抑」「困於」「猶從」等語，皆透露出作者的不平與同情。「鬱其所蓄，不得奮見於事業」，上結其「窮」，下啓其「詩」。並照應首段「士之蘊其所有，而不得施於世者」，文字十分巧妙。寫梅氏之詩，從多角度反映：首先寫他從「童子」時卽有詩才；接着用「文章」陪襯，說他「簡古純粹，不求苟悅於世。」又寫詩的內容，是「不得志」，扣住「窮」字；寫詩的數量，則「於詩尤多」；最後寫世人對其詩的推崇。前面「然時無賢愚，語詩者必求之聖俞」，是概說，以見其廣度；再用王文康公語作贊，是特寫，以見其深度。有點有面，極言梅聖俞詩作之「工」。詩雖工，世雖知，竟未得其用，於是引出下面一層感慨。「若使」句是虛寫，「奈何」句陡然一轉折，是寫實。這感情上的一揚一抑，兩相對比，把無奈和惋惜之情，表達得淋漓盡致。最後一句「世徒喜其工，不知其窮之久而將老也，可不惜哉！」用「工」「窮」「惜」三字，總收第二大段作結，又照應了首段，眞是細鍼密線，極具匠心，妙絕之至！

三、四段，言對梅聖詩集編輯的情況。謝景初編之於生前，歐陽脩編之於歿後。此不僅說明梅氏詩作之多，同時，也表達了歐陽脩對他的傾慕和哀痛心情。其中「嗜」、「遽喜」、「輒序而藏之」、「哭而銘之」、「索」、「掇」等各種動態詞彙的運用，皆準確生動，而且一往情深。前人曾說：「此篇是歐公最得意文字」，如就全篇用情之深、結構之精、下字之生動、造語之警惕而言，洵非虛譽。

以下特將後人評語，分次錄之於後，俾供讀者參考玩味。

一、明茅坤《唐宋八大家文鈔》：「絕佳。」

二、清金聖歎《天下才子必讀書》：「只『窮工』二字，往復議論悲歎，古今絕調。」

三、清沈德潛《唐宋八家文讀本》：「窮而後工四字，是歐公獨創之言，實爲千古不易之論。通篇寫來，低昂頓挫，一往情深。若使其幸得用於朝廷一段，尤突兀爭奇。」

四、清浦起龍《古文眉詮》：「以窮而後工作主，反覆翻騰，情至低廻無窮。」

# 四、碑祭文選讀

碑祭文包括碑和祭兩種文體，而碑又包括墓誌銘、神道碑、墓表等。碑祭二體表述的對象，雖同為生人以告死者的作品，但在內容和作法上，却顯有差別。墓誌多以記述死者生平，贊頌死者功德為主，且多請人代筆之作。而祭文則偏重於對死者的追悼哀痛。多是作者為亡親故友而作；雖也追述生平，稱頌德業，但感情色彩比較濃厚。

在〈居士集〉和〈居士外集〉中收錄的歐陽公碑誌約一百一十篇，祭文約四十一篇，在這些文章中，難免有因人請託的敷衍之辭，但大多數的篇幅，是歐陽脩在為親朋好友撰寫碑誌或祭文時，敍骨肉之情、弔友朋之喪、抒離合之感、言生死之悲，往往文情並茂，讀之令人聲淚俱下。王安石〈居士集序〉說：「看似尋常最奇崛，成如容易却艱辛。」正見歐陽公之所以能達到如此高超的藝術成就，這和他為文的嚴肅認眞，艱苦踏實的寫作態度，是分不開的。

〈瀧岡阡表〉是歐陽脩為其先父亡母撰寫的墓表。這是作者在二十年前的舊稿〈先君墓表〉的基礎上，精心改寫而成的。全文以「有待於汝也」一句為綱，採遐實寫虛，以虛求實的手法，巧妙的借用亡母之言，敍述父親生前為人，父德母節，相映生輝，語言舒緩，眞切動情。在歐陽公碑祭文中，享有「千古絕調」的美譽。

〈祭石曼卿文〉是歐公抒情名篇。他和石曼卿是意氣相投的至交，在石曼卿作古六十多年後，歐陽脩寫下了這篇懷念老友的祭文。追懷往事，抒發感慨，面墓地的荒涼，嘆人生的悲苦，眞乃聲聲驚魂，字字懾魄。不禁令人臨文隕涕，唏嘘不已！

〈祭尹師魯文〉是歐陽脩爲故友尹洙寫的一篇祭文。敍事懷人，情致哀婉。歐公先作〈尹師魯墓誌銘〉，文出後，引起尹氏家族及朋友的不滿，爲了回答外界的非議，又寫了一篇〈論尹師魯墓誌銘〉和本文。皆成於宋仁宗慶曆八年（西元一〇四八年）。前文對尹師魯的文學、議論、才能與其「處窮達、臨禍福，無愧於古之君子」的忠義氣慨，作重點性的介紹和讚頌。後文在對寫作〈墓誌銘〉的意圖，逐段逐句進行分析、答辯，並進而提出了一系列的寫作理論問題。本文集中抒發對朋友懷才不遇的遭遇，生死達觀的態度，反復感嘆，所謂：「寓辭千里，侑此一尊，冀以慰子，聞乎不聞？」辭悲情切，思之悽梗。讀此作，應三篇合觀，方得歐公行文筆法之眞！

# (一) 瀧岡阡表㊀

首段敍述六十年後「始克表於其阡」的原因。

次段透過母親的對話，敍述父親仁愛之志，以及父母對子女的期盼，並堅信兒子一定繼志述事，榮宗耀祖。

嗚呼！惟我皇考㊁崇公㊂卜吉㊃於瀧岡之六十年，其子脩始克㊄表於其阡，非敢緩㊅也，蓋有待㊆也。

脩不幸，生四歲而孤㊇。太夫人守節㊈自誓，居窮㊉，自力於衣食⑪，以長以教⑫，俾至於成人。太夫人告之⑬曰：「汝父爲吏，廉而好施與⑭，喜賓客，其俸祿雖薄，常不使有餘，曰：『毋以是爲我累。』故其亡也，無一瓦之覆、一壠⑮之植，以庇⑯而爲生，吾何恃⑰而能自守邪？吾於汝父，知其一二，以有待於汝也。自吾爲汝家婦，不及事吾姑⑱，然知汝父之能養⑲也；汝孤而幼，吾不能知汝之必有立⑳，然知汝父之必將有後㉑也。吾之始歸㉒也，汝父免於母喪㉓方逾年，歲時㉔祭祀，則必涕泣曰：『祭而豐，不如養之薄也。』間御㉕酒食，則又涕泣曰：『昔常不足而今有餘，其何及㉖也！』吾始一二見之，以爲新免於喪適然㉗耳。既而，其後常然，至其終身，未嘗不然。吾雖不及事姑，而以此知汝父之能養也。汝父爲吏，嘗夜燭治官書㉘，屢廢㉙而嘆。吾問之，則曰：『此死獄㉚也，我求其生不得爾！』吾曰：『生可求乎？』曰：『求其生而不得，則死者與我，皆無恨㉛也，矧㉜求而有得邪！以其有得，則知不求而死者有恨也。夫常求其生，猶恐失之死㉝，而世常求其死也。』回顧乳者㉞劍汝㉟而立於旁，因指而嘆曰：『術者㊱謂我歲行在戌㊲將死，使其言然，吾不及見兒之立也。後當以我語告之。』其平居㊳教他子弟，常用此語㊴，吾耳熟焉，故能詳也。其施於外事㊵，吾不能知；其居於家，無所矜飾㊶，而所爲如此，是眞發於中者邪。嗚呼！其心厚於仁者邪，此我知汝父之必將有後也，汝其勉之！夫養不必豐，要㊷於孝；利雖不得博於物，要其心之厚於仁。吾不能教汝，此汝父之志也。」脩泣而志之，不敢忘。

三段概述父母履歷和高尚品德。

先公少孤力學，咸平三年㊸進士及第，爲道州㊹判官，泗㊺、綿㊻二州推官㊼，又爲泰州㊽判官，享年五十有九，葬沙溪之瀧岡。太夫人姓鄭氏，考諱德儀㊾，世爲江南名族。太夫人恭儉㊿仁愛而有禮，初封福昌〔51〕縣太君，進封樂安〔52〕、安康〔53〕、彭城〔54〕三郡太君〔55〕。自其家少微〔56〕時，治其家以儉約，其後常不使過之，曰：「吾兒不能苟合〔57〕於世，儉薄所以居〔58〕患難也。」其後脩貶夷陵，太夫人言笑自若，曰：「汝家故貧賤也，吾處之有素矣；汝能安之，吾亦安矣。」

四段記敍自己的祿位和祖先所得的

自先公之亡二十年，脩始得祿〔59〕而養。又十有二年，列官於朝，始得贈封其親〔60〕。又十年〔61〕，脩爲龍圖閣直學士、尚書吏部郎中，留守南京〔62〕，太夫人以疾

贈封，這是「有待」率致的結果。

五段表彰祖先，說明作者之專今日，是木有根，水有源的，其寫作本文的目的由此亦可突顯。

文末敍述作阡表的時間，及作者當時全部官銜和封爵。

終於官舍，享年七十有二。又八年(六三)，脩以非才(六四)，入副樞密，遂參政事。又七年而罷。自登二府(六五)，天子推恩，褒(六六)其三世(六七)，故自嘉祐以來，逢國大慶(六八)，必加寵錫(六九)。皇曾祖府君(七〇)，累贈(七一)金紫光祿大夫(七二)、太師(七三)、中書令(七四)；曾祖妣(七五)，累封楚國太夫人；皇祖府君(七六)，累贈金紫光祿大夫、太師、中書令兼尚書令；祖妣(七七)，累封吳國太夫人。皇考崇公，累贈金紫光祿大夫、太師、中書令兼尚書令；皇妣，累封越國太夫人。今上(七八)初郊(七九)，皇考賜爵爲崇國公，太夫人進號魏國(八〇)。

於是，小子脩泣而言曰：嗚呼！爲善無不報，而遲速有時，此理之常也。惟我祖考，積善成德，宜享其隆。雖不克(八一)有於其躬(八二)，而賜爵受封，顯榮褒大，實有三朝(八三)之錫命(八四)。是足以表見於後世，而庇賴(八五)其子孫矣。迺列其世譜，具刻於碑。既又載我皇考崇公之遺訓，太夫人之所以教而有待於脩者，並(八六)揭(八七)於阡。俾知夫小子脩之德薄能鮮(八八)，遭時竊位(八九)，而幸全大節(九〇)，不辱其先者，其來有自。

熙寧三年(九一)，歲次庚戌，四月辛酉朔(九二)，十有五日乙亥(九三)，男(九四)推誠保德崇仁翊戴功臣(九五)、觀文殿學士(九六)、特進(九七)、行(九八)兵部尚書(九九)、知青州(一〇〇)軍州事、兼管內勸農使(一〇一)、充京東東路(一〇二)安撫使(一〇三)、上柱國(一〇四)、樂安郡開國公(一〇五)，食邑(一〇六)四千三百戶、食實封㉜一千二百戶，脩表。

【解　題】

宋神宗熙寧元年（西元一〇六七年），歐陽脩在亳州知州任內，多次上表請求退休，皆未獲准。同年八月改官青州知州，充京東東路安撫使，九月到青州（州治在今山東益都）就職。歐陽脩父親歐陽觀卒於宋眞宗大中祥符三年（西元一〇一〇年），作者早在宋仁宗皇祐五年（西元一〇五四年）護母喪歸葬吉州瀧岡時，即作有〈先君墓表〉，未刻石。〈瀧岡阡表〉是熙寧三年（西元一〇七一年）在青州任上就〈先君墓表〉精心改寫而成，時作者已六十四歲。

從初稿到改寫稿，時間相距約二十年。〈瀧岡阡表〉嚮以感情眞摯、刻劃細膩見稱，生動地寫出了作者幼年喪父，家境貧寒，依靠母親辛勤撫育，以及父親爲官處世，宅心仁厚，表裏如一的態度；並眞切地表達了作者爲官能堅持操守，不苟全於世，完全有賴於父親的遺訓和母親的教誨。顯然，作者對北宋詩文革新運動，同情人民疾苦與有志改革弊政思想的形成，和幼年貧困的生活經歷與母親的教育有關。但文中再三强調光宗耀祖和爲善必有好報的因果看法，居今而言，雖然略嫌陳舊，不過木之有本，水之有源，一個人的成敗得失，亦必有其機遇，決非憑空倖致。

瀧岡，在今江西永豐縣南。阡表，即墓表，樹在墓道上的石碑碑文，和碑碣有別。碑碣須有一定官位纔能樹立，而阡表則不論有官無官，均可用來表彰死者的「學行德履」。

本文敍其父母事迹，不事藻飾，只是通過母親之口，略述一二瑣事，而語語入情，娓娓動人。

【注釋】

㈠ **瀧岡阡表**　瀧岡，地名。位於今江西省永豐縣沙溪南鳳凰山。阡，墓道，通向墓室的甬道。「阡表」，立於墓道的碑文。

㈡ **皇考**　對亡父的尊稱。《禮記．曲禮下》：「父曰皇考。」又曰：「生曰父，死曰考。」皇，顯美，作爲對先輩的尊稱。

㈢ **崇公**　崇國公。歐陽脩的父親名觀，字仲賓。韓琦〈歐陽文忠公墓誌銘〉、吳充〈歐陽公行狀〉以及蘇轍〈神道碑〉皆言封「鄭國公」，崇國公當爲後來改封的名號。

㈣ **卜吉**　選擇吉日下葬。《歐陽文忠公年譜》：「大中祥符四年（西元一〇一一年）辛亥，是歲葬鄭公（鄭國公）於吉州吉水縣瀧岡。

㈤ **克**　能夠。

㈥ **緩**　慢，拖延。

㈦ **有待**　指等待自己成名後，博得皇帝對先人的誥封。

㈧ **孤**　年幼無父稱孤。歐陽觀卒於大中祥符三年（西元一〇一〇年）。

㈨ **太夫人守節**　太夫人，指歐陽脩的母親鄭氏夫人。太，對長一輩人的尊稱。守節，婦女在丈夫死後守寡不嫁，稱爲守節。

㈩ **居窮**　家境貧寒。

⑪ **衣食**　指生活。

⑫ **以長以教**　長，撫養。教，教育。歐陽發等述《先公事迹》云：「先公四歲而孤，家貧無資，太夫人以荻畫地，教以書字，多誦古人篇章，使學爲詩。」

⑬ **之**　指作者自己。

⑭ **廉而好施與**　廉，廉節。作者《七賢畫序》曰：「某爲兒童時，先妣嘗爲某曰，吾歸汝家時極貧，汝父爲吏至廉，又於物無所嗜，喜賓客，不計其家有無以具酒食。在綿州三年，他人皆多買蜀物以歸，汝父不營一物，而俸祿待賓客亦無餘。」施與，指用資財周濟他人。

⑮ **壠**　田埂，這裡指田地。壠，音ㄌㄨㄥ。

⑯ **庇**　庇護。

⑰ **恃**　依靠。

⑱ **姑**　媳婦稱丈夫的母親爲姑，這裏指歐陽脩的祖母。

⑲ **能養**　養，奉養，以飲食供養父母。「能養」，指盡孝。《論語，爲政》：「今之孝者，是謂能養。」

⑳ **立**　成立，建樹。

㉑ **有後**　指後世有子孫能光耀門第。

㉒ **歸**　女子出嫁稱「歸」。

㉓ **母喪**　古代母死，兒子與長房長孫須謝絕人事，解除官職，在家守喪三年。

㉔ **歲時** 指逢年過節。

㉕ **間御** 間，間或，御，進用。

㉖ **何及** 意謂已無法用「今有餘」的條件，奉養老母了。

㉗ **適然** 偶然這樣。

㉘ **治官書** 治，處理。官書：官府文書，這裡指有關刑獄案件。

㉙ **廢** 止，停下來。

㉚ **死獄** 該判死刑的案子。獄，官司，訟事。

㉛ **恨** 遺憾，不滿意。

㉜ **矧** 況且。

㉝ **失之死** 指因失誤而判死刑。

㉞ **乳者** 奶媽。

㉟ **劍** 挾在脇下，指抱着。姚寬《西溪叢語》引《曲禮》曰：「負劍辟咡詔之。」注云：「負，謂置之於背；劍謂挾之於旁。」劍，一本作「抱」。

㊱ **術者** 指占卜、算命、相面以推斷人事吉凶禍福的人。

㊲ **歲行在戌** 指歲星（木星）經行到戌年。宋代以干支紀年，歐陽脩的父親歐陽觀，卒於宋眞宗大中祥符三年（西元一〇一〇年）庚戌。

㊳ **平居** 平時。

㊴ **此語**　即上句「我語」，指歐陽觀對治獄的看法。他的看法對作者治獄確有影響。歐陽發回憶說：「公天性仁恕，斷獄常務從寬。嘗云：『漢法惟殺人者死，後世死刑多矣。』故凡死罪非己殺人而法可出入者，皆全活之。曰：『此吾先君之志也。』」（見《歐陽文忠公文集》）

㊵ **施於外事**　在社會上做事。施，施行。

㊶ **矜飾**　矜持掩飾，即裝模作樣。

㊷ **要**　關鍵。

㊸ **咸平三年**　即西元一〇〇〇年。咸平是宋眞宗的年號。

㊹ **道州**　治所在今湖南省道縣。

㊺ **泗州**　治所在今安徽省泗縣。

㊻ **綿州**　治所在今四川省綿陽縣。

㊼ **推官**　此處指州郡長官的僚屬，掌勘問刑獄。

㊽ **泰州**　治所在今江蘇省泰縣。

㊾ **考諱德儀**　諱，代指死者之名。德儀，言鄭氏之父名德儀。

㊿ **恭儉**　爲人謙遜有禮。儉，卑謙，不放縱。

(51) **福昌**　古縣名，治所在今河南省宜陽縣。

(52) **樂安**　古郡名，治所在臨濟（今山東省高宛鎭西北）。

(53) **安康**　古郡名，治所在今陝西省漢陰縣西。

〔五四〕**彭城**　古郡名，治所在今江蘇省徐州市。

〔五五〕**太君**　宋制，朝廷按不同官階，可將文武羣臣之母封爲國太夫人、郡太君、縣太君。朝廷侍郎、學士和地方觀察、留後之母封郡太君；朝廷卿、監和地方知州等官之母封縣太君。（見《宋史・職官志》）

〔五六〕**少微**　略爲貧困。

〔五七〕**苟合**　指毫無原則地迎合世俗。

〔五八〕**居**　處於其中。

〔五九〕**得祿**　天聖八年，作者及進士第，任西京留守推官始得官祿。《宋史・職官志》：「奉祿，留守推官十五千，春冬絹各五匹，冬綿十兩。」

〔六〇〕**贈封其親**　按《歐陽文忠公年譜》：「慶曆元年辛巳，十一月丙寅，祀南郊，攝太常博士，引終獻。十二月，加騎都尉。」宋仁宗祭天，加恩百官，歐陽脩的父母得何封號，不詳。

〔六一〕**又十年**　指到了皇祐四年（西元一〇五二年），歐母卒。《年譜》皇祐二年引《制詞》：「修可特授尚書吏部郎中，依前充龍圖閣直學士加輕車都尉。散官封賜如故。」皇祐二年七月，作者已知應天府兼南京留守。龍圖閣建於大中祥符年間，北宋朝廷收藏圖書典籍的館閣之一，中設學士、直學士、待制、直閣等職。

〔六二〕**留守南京**　南京的行政長官。北宋把開封府稱爲東京，把河南府（洛陽）稱爲西京，把應天府（商丘）稱爲南京，把大名府（今河北省大名縣東）稱爲北京。宋時官名分爲「職」、「官」、「差遺」三類。這裡「龍圖閣直學士」是職，是朝官出任外官時的官號；「尚書吏部郎中」是官，但也是虛銜；實際職務是知應天府兼南京留守，這是差遣。

(六三) **又八年** 指到了嘉祐五年（西元一〇六〇年）九月，任禮部侍郎兼翰林侍讀學士，十一月拜樞密副使。嘉祐六年，轉戶部侍郎、參知政事，進封開國公。宋英宗治平四年（西元一〇六七年），歐陽脩罷參知政事，除觀文殿學士轉刑部尚書、知亳州。樞密院爲北宋主管軍事的最高機構，長官稱樞密使。北宋以同中書，門下平章事爲宰相，參知政事爲副相。

(六四) **非才** 才非其人，意謂自己的才能與所任職務不相稱，此爲謙詞。

(六五) **二府** 指中書省和樞密院。宋代樞密院主管軍事，中書省主管政務，同爲國家最高行政機關，故並稱「二府」。

(六六) **褒** 表揚。

(六七) **三世** 指曾祖父、母，祖父、母，父、母三代。

(六八) **大慶** 指皇帝祭祀天地祖宗、立太子、册封后妃等活動。

(六九) **寵錫** 賜予榮譽，贈封爵位。錫，同「賜」。

(七〇) **曾祖府君** 即曾祖父。府君，是子孫對其祖先（男性）的尊稱。歐陽脩的曾祖父名郴，仕南唐爲武昌令，累贈太師、中書令。曾祖妣劉氏，追封楚國太夫人。

(七一) **累贈** 指最後封贈的最高官爵。

(七二) **金紫光祿大夫** 官名，戰國時設中大夫，漢武帝時改稱光祿大夫，備皇帝咨詢。魏晉以後，加金章紫綬者，稱金紫光祿大夫。加銀章青綬者，稱銀青光祿大夫。光祿大夫在宋時爲正二品散官銜，加予文官。

㉓ **太師** 周代始置，爲輔弼國君之官。歷代相沿以太師、太傅、太保爲三公，多爲大官所加之銜，表示恩寵而無實職。

㉔ **中書令** 中書省的長官，隋唐時爲宰相職。宋時中書令多作加官、贈官用。

㉕ **曾祖妣** 即曾祖母。妣，母死稱妣。

㉖ **皇祖府君** 即祖父。歐陽脩的祖父名偃，強學，善屬文。南唐時獻所爲文十餘萬言，召試補南京街院判官。累贈太師、中書令兼尙書令。祖妣李氏。追封吳國太夫人。

㉗ **祖妣** 祖母。

㉘ **今上** 指當今皇帝宋神宗。神宗熙寧元年（西元一〇〇八年）登基，是年十一月首次擧行祭天大典。

㉙ **郊** 郊祭，祭天。

㉚ **崇國公太夫人進號魏國** 韓琦〈歐陽公墓誌銘〉、吳充〈行狀〉、蘇轍〈神道碑〉、胡柯《歐陽文忠公年譜》均言歐陽觀追封鄭國公，其妻鄭氏追封韓國太夫人。疑「崇國公、魏國太夫人」爲歐陽觀夫婦的最後封號。

㉛ **克** 能夠。

㉜ **有於其躬** 躬，自身。有於其躬，指親身領受。

㊃三朝　指宋仁宗、宋英宗、宋神宗三朝。
㊄錫命　皇帝賜予臣子爵位的詔書。
㊅庇賴　庇蔭，依靠。
㊆並　一起。
㊇揭　揭示，這裡指記載下來。
㊈鮮　少，這裡有微小之意。
㊉遭時竊位　爲時所用，竊據高位。爲官者自謙之詞。
㊈㊉幸全大節　何焯《義門讀書記》說：「〈韓吏部行狀〉：『幸不失大節，以下見先人，可謂榮矣。』公蓋本此語。」
㊈㊀熙寧三年　熙寧，宋神宗年號。三年，即西元一〇七〇年，農曆爲庚戌年。
㊈㊁四月辛酉朔　謂當年四月初一爲辛酉日。
㊈㊂乙亥　四月十五爲乙亥日，卽作者寫作本文完成之日。
㊈㊃男　兒子。
㊈㊄推誠保德崇仁翊戴　宋時加給臣僚的功臣封號。
㊈㊅觀文殿學士　宋時加給執政大臣的榮譽稱號。
㊈㊆特進　文散官，正二品，亦爲賜位封號。
㊈㊇行　宋制，以高一品官位任下級職務者，稱行。

(九九)**兵部尚書** 本當掌管全國武官選用以及兵籍、軍械、軍令之政，但宋時軍權歸樞密院，兵部尚書權力較小。

(一〇〇)**青州** 治所在今山東省益都縣。

(一〇一)**內勸農使** 為知州的兼職，掌勸勉農作。

(一〇二)**京東東路** 宋時路（行政區域）名，轄區相當於今山東省中部、東部地區，治所在青州。熙寧七年（西元一〇七四年）又將京東分為東西二路。

(一〇三)**安撫使** 掌一路兵政，多以知州兼任。

(一〇四)**上柱國** 戰國時楚置官名，唐以後沿用作勳官的稱號。宋朝勳官共分十二級，上柱國為最高級。

(一〇五)**開國公** 宋朝封爵共分十二等，開國公屬第六等。

(一〇六)**食邑** 亦稱「采邑」或「封地」，指徵收封地內百姓的賦稅作食祿。

(一〇七)**食實封** 指實封的食邑。宋制，食邑自一萬戶至二百戶，食實封自一千戶至一百戶，有時可以特加。封爵的食邑唐時已形同虛設，實封每年尚有一定的收入。到了宋代，食邑、食實封都只是一種榮譽待遇，被封者並不能收取封地內的賦稅。

## 【賞析】

歐陽脩的散文，具有文從字順，流暢自然、紆迴曲折、娓娓而談的特點。〈瀧岡阡表〉出自他晚年手筆，敍事懷人，更覺感情濃烈；遣詞造句，絕無華辭麗藻，然而於平淡樸實之中，却見搖曳生姿，眞切感人。全文讀下來，令人對「返璞歸眞」、「爐火純青」的藝術境地，產生强烈的欣羨。

〈瀧岡阡表〉是歐陽脩爲其先父寫的墓表。歐陽脩父親歐陽觀死於大中祥符三年（西元一〇一〇年），作者於皇祐五年（西元一〇五四年）護母喪歸葬於吉州瀧岡時，卽作有〈先君墓表〉，未刻石。〈瀧岡阡表〉是熙寧三年（西元一〇七一年）在青州任上就〈先君墓表〉精心改寫而成，時作者已六十四歲。瀧岡，地處於吉州吉水縣（今江西永平縣）境內。阡表，卽墓道上的石碑文字，用來敍述死者的「學行德履」。

〈瀧岡阡表〉落筆便似實而虛，交待出父死六十年才「表於其阡」的原因，並非故意拖延，而是有所等待。首段至此，戛然而止，《古文觀止》評道：「提出綏表之故，包下種種恩榮」，「包」字用得十分得當。此段留一迴旋之虛處，爲下文從容追敍設伏，這樣便有峯回路轉之奇趣，却不見人工斧斲之痕迹，同時，也起到了實處虛點，提綱挈領地總括全文的作用。

歐陽脩認爲：「爲善無不報，而遲速有時，此理之常也。」這是歐公思想上的一個重要方面，也是他寫作本文要說明的主要論點。爲確立這個論點，歐公便一一列擧必報之善，以爲論據。但他不是直接追敍，而是借其母親之口，用一段「告之曰」，將其亡父生前行事徐徐道來，增加了文章的曲折性，同時顯得親切可感，還便下文「賜爵受封，顯榮褒大」之筆，有了著落。

「脩不幸，生四歲而孤」，歐陽脩四歲喪父。其父居官清廉，又好施捨，不以錢財爲意；故死後房無一間，地無一壠，致使歐氏母子經濟窘迫，生計艱難。然而其母却「守節自誓，居窮，自力於衣食，以長以敎」。母兼父職，盡養育與敎化的責任，很是難爲。但「何恃而能自守」呢？這一問句，語意深沉，使文章顯出鮮明的層次和節奏感。「吾於汝父，知其一二，以有待於汝也」。此爲有德者必有後之意。歐陽脩〈孫氏碑陰記〉曰：「爲善之效無不報，然其遲速不必問也。故不在身者，必在子孫，或晦於當時者，必顯於後世」。歐公之母感其夫之言行，寄子於厚望。這句話既是對「自守」做結，同時也是以旁襯手法；寫其母行事之卓然不群，爲其父「積善成德」做鋪墊。接著，歐陽脩從私事、公事的不同角度各選一個例子以概括其餘：「吾之始歸也」，歸，古時稱女子出嫁爲歸。歐陽脩的母親嫁過來的時候，歐父服完母喪剛一年，年節祭祀，一定哭泣著說：「祭品豐盛，不如在世時微薄的供養啊！」有時供獻酒食，又哭泣著說：「以前常常短缺，今日有了富餘，又有什麼用呢？」歐母初見此，以爲「新免於喪適然耳」。然而此後常常如此，直到死前沒有哪一次不是這樣。這是一個「孝母」的例證。第二個例證，表彰其父爲官之仁厚，仍從其母口中敍出：汝父爲吏，嘗夜燭治官書，屢廢而嘆，吾問之，則曰：「此死獄也，我求其生不得爾。」吾曰：「生可求乎？」曰「求其生而不得，則死者與我皆無恨也。夫常求其生，猶失之死，而況常求其死也？」這「而況常求其死也」七字，字字沉重，聲聲血淚，想見歐父面對治獄者多欲治人於死罪的現實，他只能以推官、判官小吏之所能，獄口奪生，以求公正。又歐父恐自己將死，不及見兒之成立，故囑歐母「後當以我語告之」，而「其平居教他子弟，常用此語」。由此可見，這種仁厚之心，在歐父思想中的地位，以及對歐陽脩的影響。

北宋政治改革家范仲淹在其〈岳陽樓記〉中稱「古仁人之心，不以物喜，不以己悲」，「先天下之憂而憂，後天下之樂而樂」。對范仲淹的爲人及其仁愛觀，歐陽脩深爲欽敬，他積極參加范仲淹主持的「慶歷新政」，將改變宋王朝積貧積弱的政治局面，視爲自己的畢生理想，慶歷新政失敗後，他直率地爲范仲淹辯護，遭貶夷陵令。《宋史》本傳說他「貶夷陵時，無以自遣，因取舊案反復觀之，見其枉直乖錯不可勝數，於是仰天嘆曰：「以荒遠小邑如此，天下固可知。」以一荒遠小縣的黑暗現實，推思整個宋朝政治，歐陽脩對其父遺訓，有了更深刻的體認。

「夫養不必豐，要於孝；利雖不得博於物，要其心之厚於仁。吾不能教汝，此汝父之志也。」歐母的這一大段囑咐，歸結到「孝」與「仁」。「脩泣而志之，不敢忘」，他不避危難，一生不苟，「果敢之氣，剛正之節，至晚而不衰」（王安石〈祭歐陽文忠公文〉），都歸結到「父訓」的作用，所以，其父受封，「宜享其隆。」

文字以其眞摯的感情，爲其祖考所得的榮耀做了有力的鋪墊。其潛移默化之功用，在於使讀者讀之動情，毫不牽强地領受作者的觀點。然而，歐公至此猶有未盡之意，他歷經數十年宦海浮沉，暮年迫近；深感自己既不能補弊政於萬一，又不肯阿附取容，只是身置虛位，徒招怨憤而已，故意志漸趨消沉，屢次上表請求退休。這篇阡表便是在此種心境下，必欲一吐爲快之作。文中所記歐母之言：「吾兒不能苟合於世，儉薄所以居患難也」，在原〈先君墓表〉裡，寫作「吾兒多不合於世」，將「多」改爲「苟」字，語氣變得堅決且憤然。「其後修貶夷陵，」太夫人言笑自若，曰：「汝家故貧賤也，吾處之有素矣。汝能安之，吾亦安矣。」歐陽脩被貶夷陵令，其母隨之江行赴任，語多慰勉，益堅歐陽脩「不以物喜，不以己悲」之心志。

至此，「皇考崇公之遺訓，太夫人之所以教而有待於脩者，並揭於阡」。父訓母教，寫來毫無遺漏。下文則以平直的筆鋒，追敍榮寵：天子推廣恩德，褒奬歐公三代祖先，數年來，不斷得到封贈。雖然他們生前未能親身享榮，但是賜爵封號；有王朝皇上的封贈詔書，到底崇高偉大，顯赫榮耀。這就足以宣揚於後世，蔭庇他們的子孫了。於是，在祖宗光耀有加之時，始爲阡表，「俾知夫小子修之德薄能鮮，遭時竊位，而幸全大節，不辱其先者，其來有自。」

視名利如浮雲的思想，和倚名利而光宗耀祖的潛意識，統一在歐公身上。前者是歐公作爲學識淵博的文人，對社會、人生長期思索與深刻認識的結果，而後者則是歐公用世於當時，顯名於千古的自慰之心的體現。可以說，這一身二任的現象，實在是十分正常而未可苛求的。

〈瀧岡阡表〉一文在藝術手法上臻於爐火純青，「其言簡而明，信而通，引物連類，折之於至理，以服人心」（《宋史・歐陽脩傳》）。歐陽脩用從容而簡潔的筆墨敍事追懷，渲染氣氛，其抒情一唱三嘆，音調和諧，文學表現雍容閑雅，不動聲色，徐徐道來，娓娓不倦，却又徐疾得法，在文章的曲折變化中，體現出內在的韻律美和感情力量。同時，精心於謀篇布局，使前後照應，互有關聯，設懸案圓潤自然，文勢起伏，却絕不故爲奇險。確如金代作家趙秉文對歐文之論：「亡宋百餘年間，唯歐陽公之文，不爲尖新艱險之語，而有從容閑雅之態，平而不餘一言，約而不失一辭，使人讀之者娓娓不倦，蓋非務奇古爲尚，而其勢不得不然之爲尚也」。（見〈竹溪先生文集引〉）

## (二) 祭石曼卿文㊀

首段以通常格式，作祭文的開頭。

維治平四年七月日㊁，具官㊂歐陽脩，謹遣尚書都省令史李敭，至於太清㊃，以清酌庶羞之奠㊄，致祭於亡友曼卿之墓下，而弔之以文。曰：

次段以各種不朽立論。

嗚呼曼卿！生而爲英，死而爲靈。其同乎萬物生死，而復歸於無物者，暫聚之形；不與萬物共盡，而卓然㊅其㊆不朽者，後世之名。此自古聖賢，莫不皆然，而著在簡册㊇者，昭㊈如日星。

三段想像石曼卿生前，死後的情況，刻意描寫了墓地的荒涼悽愴景象。

嗚呼曼卿！吾不見子久矣，猶能髣髴㊉子之平生。其軒昂磊落⑪，突兀崢嶸⑫，而埋藏於地下者，意其不化爲朽壤⑬，而爲金玉之精。不然，生長松之千尺，產靈芝而九莖⑭。奈何荒煙野蔓，荆棘縱橫；風淒露下，走燐飛螢⑮？但見牧童樵叟，歌吟而上下⑯；與夫驚禽駭獸，悲鳴躑躅而咿嚶⑰。今固⑱如此，更⑲千秋⑳而萬歲兮，安知其不穴藏狐貉與鼯鼪㉑？此自古聖賢亦皆然兮，獨不見夫纍纍㉒乎曠野與荒城㉓！

文末自述悲涼悽愴之感。

嗚呼曼卿！盛衰㉔之理，吾固知其如此，而感念疇昔㉕，悲涼悽愴㉖，不覺臨風而隕涕㉗者，有愧乎太上之忘情㉘。尚饗㉙！

## 【解　題】

石曼卿（西元九九四年—一〇四一年），名延年，祖籍幽州，後遷居宋州的宋城（今河南省商丘縣南），遂稱之爲宋人。宋眞宗時，官大理寺丞，宋仁宗時，遷太子中允。他爲人率直酣放，任氣節，通大略。因一生境遇不佳，才幹未能施展，所以養成了憤世嫉俗，蔑視禮法的性情。歐陽脩對他的詩文極其推崇和贊許，兩人情深意濃，爲至情之交。石曼卿死後，歐陽脩懷着無比悲痛和惋惜的感情，曾爲其撰作墓碑，對石曼卿遭遇冷落，懷才不遇，深表同情。

這篇祭文並非是石曼卿剛死時的悼念、吊奠之詞，而是在石曼卿死後二十六年祭墓之作。它的突出特點是：以極其簡練的筆墨，渲染出十分濃厚的抒情氣氛，寫得感情眞摯、哀痛深重。並且通過三呼曼卿的幾層意思，表達得淋漓盡致。一呼曼卿，頌揚他「生而爲英，死而爲靈」，「不與萬物共盡」，卓絕不朽，名傳後世，表達了作者對石曼卿的無比敬仰、贊頌之情。二呼曼卿，贊揚他氣度不凡，心地明正，才能特出，對他的才幹未得施展，深表惋惜。接着寫墓地「荒煙野蔓，荆棘縱橫，風淒露下，走燐飛螢」，以及禽獸悲鳴的淒涼蕭瑟景象。作者借景生情，對舊友之死，表示沉痛的悲哀。三呼曼卿，感念與其生前的深厚友情，更是悲涼悽愴，直抒胸懷的哀思，以無比的悲痛之情，悼念和緬懷亡友。

本文在寫作上的顯著特色，卽用韵文句法來寫散文。通篇除末段外，大都押韵。讀來音節淒楚哀惋，彷彿聽到作者的嗚咽之聲。

## 【注　釋】

㊀**祭石曼卿文**　祭：一作「弔」。石曼卿名延年。作者是石延年的舊友，也曾爲石撰作墓碑，對他的高才未得施展，深表惋惜。其〈石曼卿墓表〉云：「曼卿少亦以氣自豪。讀書不治章句，獨慕古人奇節、偉行、非常之功，視世俗屑屑，無足動其意者。自顧不合於時，乃一於混酒。然好劇飲，大醉，頹然自放。由是益與時不合。……其爲文章，勁健稱其意氣。」這篇祭文，是石延年死後二十六年祭墓之作，感嘆舊友之死，肯定其不朽之名，感情眞摯，音節悲哀。用散文句法來寫韵文，別具風格。

㊁**維治平四年七月日**　維，發語詞。治平，宋英宗年號。四年，即西元一〇六七年。月日，某月某日。

㊂**具官**　官銜的省稱。唐宋以來，在一些公牘應酬文字中，常把應寫明的官職品級簡寫爲「具官」二字，代表應全部寫出的官銜。等抄正時，再詳細寫出來。

㊃**謹遣尚書都省令史李敭至於太清**　謹，表敬意，副詞。尚書都省，官署名。是六部尚書的總辦公處。令史，官名，三省，六部的一種低級事務員。李敭，人名。太清，地名，在今河南省商邱縣東南，石氏祖墳所在地。

㊄**清酌庶羞之奠**　清酌，祭奠時所用的酒。《禮記・曲禮下》：「凡祭宗廟之禮……酒曰清酌。」庶羞，多種珍肴，這裏指祭品。奠，祭品。

㊅**卓然**　優秀卓越。

㊆**其**　語氣助詞。

㊇ **簡冊** 指史書。戰國至艱吾時期，以竹片、木片作爲書寫材料，單獨的竹片稱簡、篇或畢，單獨的木片稱牘或札，許多竹片或木片綴合在一起叫做策或册。

㊈ **昭** 明亮。

㊉ **髣髴** 見不眞切的様子，這裏有依稀、想像之意。

⑪ **軒昂磊落** 軒昂，氣度不凡。磊落：心地光明正大。

⑫ **突兀崢嶸** 原本形容山勢高聳的樣子，此處比喻才具品格超羣出衆。

⑬ **朽壞** 腐爛的土壤。

⑭ **産靈芝而九莖** 靈芝，菌類植物，一幹九莖，古人認爲是仙草，食之，能使人長生不老。九莖的靈芝，更被視爲祥瑞。《漢書・宣帝紀》：「金芝九莖，産於涵德殿池中。」

⑮ **走燐飛螢** 走燐，飄動的燐火，燐，一種非金屬元素，人屍腐爛時，即可分解出燐化氫，並自動燃燒，發藍綠色火焰，夜間易見，俗稱鬼火。螢，螢火蟲。《禮記・月令》鄭注：「螢，飛蟲螢火也。」

⑯ **歌吟而上下** 是說唱著山歌，在墳墓間上上下下。上下，來回走動。

⑰ **躑躅而咿嚶** 躑躅（音ㄓˊ ㄓㄨˊ），以足擊地之意。咿嚶（音一 一ㄥ），禽鳥悲鳴之聲。

⑱ **固** 誠然。

⑲ **更** 經過。

⑳ **千秋** 千年。

㉒ **狐貉與鼯鼪**　貉，野獸名，形似狐狸，皮可製裘。鼯（音ㄨˊ），松鼠類的動物，亦稱大飛鼠。鼪（音ㄕㄥ），黃鼠狼一類的動物，亦稱黃鼬（音一ㄡˋ）。

㉓ **纍纍**　連綿不絕之意。

㉔ **荒城**　指荒郊野外的墳墓。

㉕ **盛衰**　此處指人的生死。

㉖ **疇昔**　往昔，從前。

㉗ **悽愴**　悲痛。

㉘ **隕涕**　掉淚。

㉙ **太上之忘情**　太上，最高的意思，此處指聖人。忘情，不爲人世間一切喜怒哀樂的情感所動，《世說新語・傷逝》記王戎喪兒，悲不自勝，有人相勸，王戎說：「聖人忘情，最下不及情，情之所鍾，正在我輩。」這裏作者是說慚愧做不到聖人那樣。

㉚ **尙饗**　祭文結語，意謂希望死者來享用祭品。尙，表示勸勉、希望的語氣詞，饗，通享。

## 【賞　析】

一代文壇領袖歐陽脩，給後人留下了不少傳世之作，〈祭石曼卿文〉便是其中的一篇。它所發揮的是古來常說的生命易逝，聲名不朽的老話題。而它所寄託的，卻是作者個人對於亡友石曼卿的難舍難分的情愫和深沉哀思。於是老話題就有了新鮮感。

文章以三呼曼卿生出三層意緒，呈現三度開合與頓挫，數重曲折，格局了然如畫，節奏十分鮮明，也給全文塗上了濃烈的哀悼悲悽的感情色彩。一呼曼卿，明說生死聲名之理，隱贊亡友雖簡册不載，但也聲名不朽。曼卿一生無事功，作者據此避實言虛，反覺要言妙理，高視遠瞻，足可慰亡靈，啓心智。二呼曼卿，仍然根據曼卿一生無事功的實況，以墓地情狀爲言事敍情的中心點，先盛贊他「軒昂磊落、突兀崢嶸」的出類拔萃的人品，繼而爲他墓地的荒涼冷寂而深爲喟嘆，然後却以「自古聖賢亦皆然」的超脫之想自慰慰人，尋求心理上的平衡；尺水興波，可見大家氣象。「奈何荒煙野蔓」數句，用極爲簡練明快的筆墨，描繪了一幅生動感人的荒墓之圖，使人如臨其境，不能不生悲淒之念。三呼曼卿，是說自己在理智上，盡管知曉生死之理如此，本不足以繫念，但是感情上畢竟不能像那些高尚的人物一樣，進入忘情無我的境界而感到慚愧。極沉痛之情，却用極冷靜之筆寫出，行文徐緩委曲；這實際上是改變一個面目，直接抒發在舊友死去二十餘年後，還不能忘却，還思之落淚的心境。這也是只有在二十多年後的祭悼中，才說得出的話；老朋友逝世之初，人正在悲痛之中，是說不出這番話的。

歐陽脩寫這篇此文章時，年已六十，而且因爲受人誣陷，而被罷去參知政事，遠斥亳州。官場進退四十年，其中甘苦當已品嘗殆盡。長年仕宦的陰影，投映到字裏行間，既有對現實人生的徹悟，又有對早逝舊友的哀悼。一方面，看穿了塵世的功名利祿，不爲進退榮辱所困，另一方面，對人間最可寶貴的友情，十分珍惜，爲朋友的生不得志，死後蕭條而感到萬分遺憾。看前者，像是出世之文；想後者，又是入世之筆。超脫而又不能超脫的心理矛盾，糾纏扭結，難解難分。這也如前人所評：「胸中自有透頂見解，意中却是透骨相思。於是一筆已自透頂寫出去，不覺一筆又自透骨寫入來。」因此，形成了祭文

「淒清逸調」的特殊風格。

這篇祭文與韓愈的〈祭十二郎文〉在內容上如出一轍，都未具體追思逝者的生平事迹而純寄感慨。但是，韓愈往往困於叔侄親情之關係不能自拔，歐陽脩則是超乎其外，注入了自己的深情。讀者在感佩歐陽脩不忘舊交的同時，也應對文中的要言妙理，作出深一層的思考。

## ㈢ 祭尹師魯文

首段言師魯被貶，窮困至死，然亦由於天命。

維㈠年月日㈡，具官㈢歐陽脩，謹以清酌㈣庶羞㈤之奠，祭於亡友師魯十二兄之靈曰：

嗟乎師魯！辯足以窮萬物㈥，而不能當一獄吏；志可以狹四海，而無所措其一身。窮山之崖㈦，野水之濱，猿猱之窟，麋鹿之羣，猶不容於其間兮，遂卽萬鬼而爲鄰。嗟乎師魯！世之惡子之多，未必若愛子者之衆，何其窮而至此兮，得非命在乎天，而不在乎人？

二段言師魯不以得失死生動其心。

方其㈧奔顚斥逐，困厄艱屯，舉世皆寃，而語言未嘗以自及；以窮至死，而妻子不見其悲忻。用舍進退㈨，屈伸語默，夫何能然？乃學之力。至其握手爲訣㈩，隱几待終，顏色不變，笑言從容；死生之間，既已能通於性命；憂患之至，宜其不累於心胸。

三段言師魯，雖不以死生爲念，而朋友不能忘情。文末致祭。

自子云㈠逝，善人宜哀；子能自達㈡，予又何悲！惟其師友之益㈢，平生之舊，情之難忘，言不可究。

嗟乎師魯！自古㈣有死，皆歸無物，惟聖與賢，雖埋不沒。尤於文章，焯若並強調師魯文章必傳於後。

星日。子之所爲㊄，後世師法。雖嗣子尚幼㊅，未足以付予；而世人藏之，庶可無於墜失。子於衆人，最愛予文。寓辭千里㊆，侑㊇此一罇，冀以慰子，聞乎不聞？尚饗。

【解　題】

宋仁宗慶曆八年（西元一〇四八年）作。尹洙字師魯，是宋初古文運動的開拓者。歐陽脩初官洛陽時與之相識，茲後即成爲政治、文學上的知交，在〈尹師魯墓誌銘〉中，稱之爲「兄弟交」。根據〈記舊本韓文後〉說：「官於洛陽，而尹師魯之徒皆在，遂相與作爲古文」。可知歐陽脩寫作古文，即受其影響。慶曆七年，尹洙四十七歲，染病卒於貶所。身後家無餘資，子女皆幼。脩深爲惋惜和同情，除撰寫墓誌銘外，又作了這篇祭文。祭文的作法和墓誌銘一樣，基本上用韻。這是作者精心結撰作品。

【注　釋】

㈠ **維**　發語詞，引出下面的時間。

㈡ **年月日**　時當宋仁宗慶曆八年（西元一〇四八年），即尹洙逝世的第二年。

㈢ **具官**　文稿上個人官職的省寫。（參考本書〈祭石曼卿文〉注釋㈢）

㈣ **清酌**　清酒。

㈤ **庶羞**　衆多的佳肴。

⑥**辯足以窮萬物以下四句**　意謂尹洙辯才無礙，却不能辯明自己無罪；志量宏大，其身却不能爲世所容。作者〈尹師魯墓志銘〉云：「初，師魯在渭州，將吏有違其節度者，欲按軍法斬之而不果。其後吏至京師，上書訟師魯以公使錢貸部將，貶崇信軍節度副使，徙監均州酒稅。得疾，無醫藥，舁至南陽求醫。」辯，有口才。尹洙在歐陽脩洛陽友人中，以辯才著稱，歐陽脩致梅堯臣書，曾稱：「師魯之辯，亦仲尼、孟子之功也。」獄吏，審理案件的官員。狹，作蔑視、小看解。措身，安身、置身。

⑦**窮山之崖以下六句**　意謂天地之大，竟無處可以容身，祇能就鬼爲憐。猱，猿屬，善爬樹；即，就。

⑧**方其四句**　極寫其身家困厄而不改其淵默。作者〈尹師魯墓誌銘〉說：「師魯凡十年間三貶官，喪其父，又喪其兄。有子四人，連喪其三。女一適人，亦卒。而其身終以貶死。一子三歲，四女未嫁，家無餘資，客其喪於南陽不能歸。」又：「疾革，隱几而坐，顧稚子在前，無甚憐之色；與賓客言，終不及其私。」

⑨**用舍進退以下四句**　指被任用和遭貶棄，即下句之「伸」和「屈」。這四句寫其沖淡自守，深得古人仁義之道。歐陽脩〈論尹師魯墓誌〉：「其大節乃篤於仁義，窮達禍福，不愧古人。其事不可遍擧，故擧其要者一兩事以取信，如上書范公而自請同貶，臨死而語不及私，則平生忠義可知也，其臨窮達禍福不愧古人，又可知也。」

⑩**至其握手爲訣以下八句**　寫其知命不累。宋沈括《夢溪筆談》：尹師魯「後移鄧州，是時范文正公

守南陽，師魯忽手書與文正別，仍屬以後事。文正極訝之，使掌書記朱炎詣見。師魯已沐浴衣冠而坐，見炎來，道文正意，乃笑曰：何希文（范仲淹字）猶以生人見待，洙死矣。遂隱几而卒。炎使人馳報，文正至，哭甚哀。師魯忽擧頭曰：早已與公別，安用復來？文正驚問所以，師魯笑曰：死生常理，希文豈不達此。又問其後事，尹曰：此在公耳。乃揖希文，復逝。俄頃，又擧頭顧文正曰：亦無鬼神，亦無恐怖。言訖長往。」隱几，憑几而坐。

⑪ **云**　語助詞，無義。

⑫ 達：通達、達觀。

⑬ **惟其師友之益以下四句**　意謂與師魯的友誼深摯，非言語所能窮究和表達。凡可以求教請益的人，統稱師友。究，窮盡。

⑭ **自古以下六句**　言人生於世，莫不當死，惟有道德文章，可垂世不朽。歐陽脩〈雜說〉：「人之死，骨肉臭腐，螻蟻之食爾。其貴乎萬物者，亦精氣也。其精氣不奪於物，則蘊而爲思慮，發而爲事業，著而爲文章，昭乎百世之上，而仰乎百世之下，非如星之精氣，隨其斃而滅也。」又〈祭石曼卿文〉：「其同乎萬物生死而復歸於無物者，暫聚之形；不與萬物共盡而卓然其不朽者，後世之名。此自古聖賢莫不皆然，而著在簡册者，昭如日星。」焯（音ㄓㄨㄛ），顯明。

⑮ **所爲**　指所作詩文。尹洙著作今存《河南文集》。

⑯ **嗣子尚幼**　尹洙子尹樸，尹洙死時年僅三歲，後亦早亡。

⑰ **寓辭千里**　尹洙是洛陽人，根據〈尹師魯墓志銘〉記載，因其死時「家無餘資，客其喪於南陽，不

能歸」，所以「平生故人無遠邇皆往賻之（贈送財物幫助辦理喪事），然後妻子得以其柩歸河南（即西京，河南府洛陽郡）」。此文作於尹歸葬洛陽之後，作者是時方由滁州改知揚州，故曰相距千里。寓，託人寄信。

㈧ 侑 音一ㄡ，勸、輔助。

## 【賞析】

〈祭尹師魯文〉是歐陽脩慶曆八年（西元一〇四八年）為已故好友尹洙所寫的一篇祭文。敍事懷人，情致哀婉深沉，在反復感嘆之中，表達了對朋友無限的哀思，讀來淒惻動人。

尹洙，字師魯，洛陽人，是宋初古文運動的開拓者，對歐陽脩棄駢文作古文有一定的啓發和影響，受到歐陽脩的推崇。他是一位襟懷磊落、見識超絕、才華卓越的人物，然而運途多乖，屢遭貶斥，於四十七歲時染病而死。歐陽脩為此深感痛惜，文中哀嘆尹師魯懷才不遇的不幸溢於言表，同時又在咏嘆朋友生死禍福不係於心的達觀態度中，體現出尹師魯的悲劇性色彩，從而在哀嘆聲中更增添了悲憤之意。

第一段，歐陽脩這尹師魯窮困至死大概是天命所致。在這裏，作者用筆曲折變化，靈活流暢。首先感嘆尹師魯被貶以至死，空有奇偉的辯才，却不能對付一個審判案件的獄吏，遠大的志向，却沒有辦法安排個人的命運。接著，又寫到尹師魯死後，也無安身之處。荒涼的山崖，僻遠的水邊，猿猴的洞穴，麋鹿的族羣，這些地方都沒有死者容身的地方，只好去和那些在千鬼萬魂做鄰居。如此寫來，頓時如風雨驟至，表現出尹師魯的生與死悲涼之至，可謂妙筆。就是說隨貶謫過後的，是死亡的到來，被貶本是身不由己，何況在死後更無力安置自己。於此，作者深爲尹師魯扼腕不平。不過作者不用直筆來寫自己的悲情，而是用天命來寬解自己。

第二段、言尹師魯如何不以其得失、生死而動心。這裏歐陽脩是以議論之筆來取代敍事，在議論中委曲抒情，面對着尹師魯貶謫遭斥，奔波挫折，困窘艱難，盡管天下的人都爲之鳴不平，而他自己却在言談中從不提及這些。卽使到了走投無路的時候，連他的妻子兒女也始終沒有看到他流露過悲欣之情。尹師魯從不計較個人的得失、榮辱，其動靜語默，始終如一。尹師魯所以具有這樣的修養，歐陽脩認爲這是學識的功力。因而他在垂危之際，可與朋友握手告別，可依伏几案等待壽終。對死亡神色不變，猶如平時一樣談笑從容。這種內心恬靜，做到連死生都可以無動於心的修養，更何況禍福憂患呢。

第三段、是講尹師魯雖然可以做到解脫死生與憂慮，但是作爲他的朋友，作者却不能忘懷舊情。尹師魯逝世後，所有善良的人們都同聲悲悼。作者先道出應爲亡友哀悼之理，接下來，筆鋒一轉，又從尹師魯達觀自處的生活態度下手，感嘆這位政治上的同志、文學上的知交的舊情往事。令人難以忘懷。

末段、言尹師魯的文章必傳於後世。世變無涯，人生有盡，自古以來，人皆有死，死後也都會歸於烏有。不過，若是聖人賢士雖死猶存，肉體埋入地下，其名聲不會泯滅，尤其是他們所留下來的文章，如日月星輝，光芒回射。當然，尹師魯的詩文，堪稱後世楷模，流傳不朽。雖然他的遺孤年紀尚小，不能將詩文交付給他，但是若讓世人收藏其詩文，也是不會失傳的。歐陽脩不忘舊交，把對故人的情懷表現於祭文，告慰亡靈。這樣一來，在文章結尾處就又添加了一層情誼。

在這篇感情深沉，凄惻動人的祭文中，對朋友懷才不遇的遭際，和生死禍福不繫於心的達觀態度，反復感嘆，曲折盡致。在行文方面，構思巧妙，議論迂徐。雖然全篇均用議論代替敍事抒情，但在議論中又有事有情，頗具感人之力。

# 五、其他雜文選讀

歐陽脩的散文具有多樣性，如這裡所選的幾篇文章，有讀書札記，有辭賦，有個人傳記，有筆記小品。各從不同角度表現作者的思想感情和議論主張。在藝術上，顯示出平易曉暢，委曲婉轉的特點，充分體現「六一風神」的韵致。

〈讀李翺文〉與〈記舊本韓文後〉同係歐公讀書札記，前者是篇憂時傷世之作，表面贊揚李翺，實際上却是借李翺的酒杯，澆自己胸中的塊壘。內容曲折感愴，眞能令古今之誤國庸臣爲之羞愧無地。後者相當於題跋，文章雖然圍繞著發現、收藏、補綴、校定，直到「韓文遂行於世」的線索，而主要在說明作者志在學韓的經過，以及反映文壇的變化，文短意長，它的思想容量是很大的。

〈秋聲賦〉是通過宣染秋聲、秋意，抒發飽經憂患後的人生感慨，有言近旨遠之妙。其駢散結合，以散爲主的表達形式，開創了宋代文賦的新天地，成爲歷久彌新，傳誦不已的名作。

〈六一居士傳〉是歐公晚年退居潁上前的作品，採用漢賦常用的主客問答的方式，抒寫自已晚年的生活情趣和心理狀態。筆墨疏淡有致，行文跌宕多采，與陶淵明的〈五柳先生傳〉相較，同爲傳記中的別裁。

〈歸田錄〉選共三則小品，〈歸田錄〉者，蓋歐陽公「退避榮寵，而優遊田畝，盡其天年」之意。與後起的沈括《夢溪筆談》、蘇軾的《東坡志林》、陸游的《老學庵筆記》、莊季裕的《鷄肋篇》、周密的《癸辛雜識》、岳珂的《桯史》等，均屬同一性質。文中或敍逸聞軼事、或記典章名物、或借事發議，幾乎無所不包。其行文大多短小精賅，含意深遠，描寫生動的片斷。在宋代得到長足發展的筆記小品中，歐陽脩是開風氣之先的作家。

# ㈠ 讀李翺㈠文

首段寫作者通過讀李翺文章，對其思想觀點逐步認識的經過。

予始讀翺〈復性書〉三篇㈡，曰：此《中庸》之義疏爾㈢。智者識其性，當讀《中庸》㈣；愚者雖讀此，不曉也㈤，不作可焉㈥。又讀〈與韓侍郎薦賢書〉，㈦以謂翺特窮時憤世㈧無薦己者，故丁寧㈨如此；使其得志，亦未必；然以韓㈩爲秦漢間好俠行義之一豪俊⑪，亦善論人者也。最後讀〈幽懷賦〉，然後置書而嘆，嘆已復讀，不自休。恨翺不生於今，不得與之交；又恨予不得生翺時，與翺上下其論⑫也。

二段因李翺「幽懷賦」，盛嘆當時士大夫缺乏憂國憂民的胸懷。

況迺翺一時人⑬，有道而能文者⑭莫若韓愈。愈嘗有賦⑮矣，不過羡二鳥之光榮，嘆一飽之無時爾⑯。推是心使光榮而飽，則不復云矣⑰。若⑱翺獨不然，其賢曰：「衆囂囂⑲而雜處兮，咸嘆老而嗟卑⑳；視予心之不然兮，慮行道之猶非㉑。」又怪神堯以一旅取天下㉒，後世子孫，不能以天下取河北㉓，以爲憂。嗚呼，使當時君子皆易其嘆老嗟卑之心，爲翺所憂之心，則唐之天下，豈有亂與亡哉！

三段言北宋

然翺幸不生今時，見今之事㉔，則其憂又甚矣！奈何今之人不憂也？余行天下，見人多矣，脫有㉕一人能如翺憂者，又皆疏遠㉖，與翺無異㉗；其餘光榮而飽者㉘，一聞憂世之言，不以為狂人，則以為病癡子，不怒則笑之矣，嗚呼，在位而不肯自憂，又禁他人使皆不得憂，可嘆也夫！

社會弊端諸唐代更加嚴重，對執政者不關心國家命運表示憤慨。

景祐三年十月十七日，歐陽脩書。

文末附記寫作時間和署名。

## 【解　題】

這是作者於宋仁宗景祐三年（西元一〇五六年）抵達夷陵前夕作。歐陽脩因為范仲淹慶曆革新事被貶。李翺（西元七七二年—八四一年），字習之，韓愈的門人，有《李文公集》。歐陽脩論文，強調明道致用，以期達到古人立言不朽的目的。而古代文人失意時，往往多作愁怨之文，但作者〈與尹師魯書〉說：「又常與安道（余靖）言，每見前世有名人，當論事時，感激不避誅死，眞若知義者，及到貶所，則戚戚怨嗟，有不堪之窮愁形於文字，其心歡戚無異庸人，雖韓文公（韓愈）不免此累。用此戒安道，愼勿作戚戚之文。」這時作者雖在貶謫中，但關懷的仍是國家安危，人民福祉，所以讀到李翺〈幽懷賦〉中「衆囂囂而雜處兮，咸嘆老而嗟卑；視予心之不然兮，慮行道之猶非」，便視為不世知己。並進一步指出當時的形勢，較之李翺所處的中唐時期尤加險惡，而主張變革的范仲淹等人卻紛遭貶斥，遂不由自己的發出「可嘆也夫」的悲憤。

此文開頭欲揚故抑，從作者讀李翺〈復性書〉、〈與韓侍郎薦賢書〉、〈幽懷賦〉三篇文章產生的不同反應中，逐步顯示出李翺其人與其文的價值；接著，以韓愈〈感二鳥賦〉來襯託〈幽懷賦〉，以當時君子嘆老嗟卑之心，反襯李翺憂天下之心，進一步突出李翺思想之可貴，將當今不肯自憂，而又禁止別人憂的在位者，和假設生於今世的李翺對比，對當時不關心國事，只顧個人享樂的官僚，進行了強烈的譏諷。

## 【注釋】

㈠ **李翺** 字習之，隴西成紀（今甘肅省天水縣）人，唐代散文家、哲學家。唐德宗貞元十四年（西元七九八年）考中進士，授校書郎，歷禮部郎中、廬州刺史、諫議大夫、中書舍人等職，官至檢校工部尚書，山南東道節度使。幼年勤於儒學，博雅好古，後學文於韓愈，寫文章重視內容，並以意態取勝。蘇洵在〈上歐陽內翰書〉中稱贊說「惟李翺之文，其味黯然而長，其光油然而幽。」文章風格與韓愈近似，故時人稱爲「韓李」。著有《李文公集》。

㈡ **復性書三篇** 這是李翺哲學方面的論文，分上、中、下三篇，其基本觀點是說明，人有性和情兩個方面，人性天生是善的，情是後天邪惡的，若情欲消除，本性回復，即可成爲聖人。

㈢ **中庸之義疏爾** 是禮記中庸篇的注釋而已。中庸，原爲《禮記》中的一篇，相傳是孔伋（字子思，孔子的孫子）所作，爲儒家經典之一，其主要內容是肯定「中庸」是道德行爲的最高標準。義疏：原是解經之書，這裏指對經書的注釋和發揮。

㈣ **智者識其性當讀中庸** 指聰明的人，欲識解性的含義，應當讀《中庸》原書。中庸，儒家倫理思想，並以此爲道德行爲的最高標準。是說處理事情不偏不倚，無過與不及的態度。《論語・雍也》：「中庸之爲德也，其至矣乎！」

㈤ **愚者雖讀此不曉也** 是說愚者卽使讀〈復性書〉，也搞不淸楚說的甚麼。

㈥ **不作可焉** 是說大可以不寫這樣的文章。

㈦ **與韓侍郎薦賢書** 原題是〈答韓侍郎書〉，卽李翺寫給韓侍郎（卽韓愈）的一封信，韓愈曾官吏部侍郎。

㈧ **特窮時憤世** 言只是不遇於時而憤世疾俗。特，只是。窮時，爲時所困窮，卽時運不好。憤，憤恨。

㈨ **丁寧** 卽叮嚀，反復囑咐。

㈩ **韓** 指韓愈。

⑪ **豪俊** 豪傑。

⑫ **上下其論** 指討論古今政事的得失。上下，反復。論，討論。

⑬ **況迺翺一時人** 況且與李翺同時代的人中。迺，同乃。一時人，同時代的人。

⑭ **有道而能文者** 有聖人之道而又善於爲文的人。

⑮ **愈嘗有賦** 指韓愈於唐德宗貞元十一年（西元七九五年）五月，未仕時所作的〈感二鳥賦〉。當時。韓愈自京師長安東行，歸河陽故鄉，過潼關時，見有人在籠子裏放著白烏、白鸜鵒兩種鳥，作爲瑞物，要去獻給皇帝賞玩。韓愈對此感觸甚深，於是借鳥抒發自己不平之氣，故作此賦。賦前序文曾云：「今是鳥也，惟以羽毛之異，非有道德智謀，承顧問贊教化者；乃反得蒙採擢薦進，光耀如此，故爲賦以自悼。」

⑯ **嘆一飽之無時爾**　感嘆自己不知何時能吃一頓飽飯。此即〈感二鳥賦〉中所云：「余生命之湮阨，曾二鳥之不如。汨東西與南北，恒十年而不居。辱飽食其有數，況策名是薦書。時所好之爲賢，庸有謂余之非愚。」

⑰ **推是心使光榮而飽則不復云矣**　意思是指這種個人牢騷，使其居官在位，就不會再說了。光榮，光顯榮耀，指作官而言。

⑱ **若**　這裏是「你」的意思。

⑲ **衆讙讙**　衆口喧囂。

⑳ **咸嘆老而嗟卑**　都嗟嘆自己年老而地位低下。《李文公集》原作爲「咸嗟老而羞卑。」

㉑ **視予心之不然兮兩句**　言我心中想的却不是這些，憂慮的是大道未行。唐自德宗、順宗以後，戰亂不息，政綱解紐，民不聊生。這兩句話表示李翺與衆人不同，他不爲個人遭遇而哀嘆，擔心的是國家的興亡。

㉒ **又怪神堯以一旅取天下**　〈幽懷賦〉：「何神堯之郡縣兮，乃家傳而自持……當高祖之初起兮，提一旅之羸師；能順天而用衆兮，竟掃寇而戡隨。」神堯，此處指唐高祖李淵的尊號。《唐書・高祖記》：「諡大武，廟號高祖，上元元年，改諡神堯皇帝。」一旅，一支軍隊古代五百人爲一旅。

㉓ **後世子孫不能以天下取河北**　言後世子孫則不能憑大唐天下而平定河南、河北的藩鎮。河北，指安史之亂後，中唐時期割據河北的藩鎮。

㉔ **今之事**　指北宋積貧積弱，國外强鄰壓境，國內民變四起，岌岌可危。

㉕ **脫有**　假若有、縱有。

㉖ **又皆疏遠**　言一定又會被疏遠，遭遇與李翺無異。疏遠，指遠離朝廷。

㉗ **與翺無異**　李翺因性格鯁直，論議不屈，一生官位不顯，多任外職。這是作者對當時朝廷貶斥范仲淹等人的感慨之辭。

㉘ **光榮而飽者**　指顯貴的當權者。這是作者對呂夷簡等人的斥責。

## 【賞　析】

本文作於宋仁宗景祐三年（西元一〇三六年），主張政治革新的范仲淹上「百官圖」，揭露當朝宰相呂夷簡等人任人唯親、施政不當、敗壞朝政的卑劣行徑，觸怒了呂夷簡，因而被貶官。歐陽脩對此極其不平，忍不住仗義執言，便寫信給諫官高若訥，責備他身爲諫官，不但不爲范仲淹力諫，反而趨炎附勢，落井下石，不知人間羞恥事。高若訥將歐陽脩責備他的信，上奏給宋仁宗，因此，歐陽脩被貶爲夷陵縣令。他就在對時政不滿、對呂夷簡之流憤恨、對范仲淹等人同情的複雜情懷下，寫了這篇文章。本文可以說是〈上高司諫書〉的姊妹篇，都是尖銳鋒利，義正詞嚴的力作。

歐陽脩雖被貶爲夷陵縣令，但他並沒有消極隱退，對時政採取冷漠態度，反而十分關心。他這種思想，在文章中雖不是直接地表露，但卻借著贊揚李翺對時政的關懷，充分地展示出來。所謂：「光榮而飽者，一聞憂世之言，不以爲狂人，則以爲病痴子，不怒則笑之矣。」「在位而不肯自憂，又禁他人使皆不得憂，可嘆也夫！」這些大膽地揭露和辛辣地抨擊，眞是力透紙背，入木三分，將那些自己不關心時政，而又禁止別人關心時政的人的面目，刻畫得活靈活現，表明了作者鮮明的政治立場和愛憎態度。文章不僅通過稱贊韓愈既有道又能文及其〈感二鳥賦〉，來影射、批判當時宋朝政治的弊端，而且以頌揚李翺對唐朝時政的關心，感嘆他不是生於宋朝，不了解宋朝時政，這就進一步指出了宋朝時政的弊端，比李翺所目睹的唐朝更加嚴重。

歐陽脩在這篇文章中，毫不掩飾地抒發了自己喜愛〈幽懷賦〉，推崇李翺的眞摯感情。這樣情深意篤地談前朝文章，述前朝的時事，頌前朝關心時政的人，以達到他爲國家社會服務的目的，讀來倍覺懇切警峭，益增沉雄激勵之氣。

## (二) 記舊本韓文後

首段敘述乞舊本韓文的經過。

予少家漢東㊀。漢東僻陋無學者；吾家又貧無藏書。州南有大姓㊁李氏㊂者，其子堯輔頗好學，予為兒童時，多游其家。見有弊筐貯故書，在壁間，發㊃而視之，得唐《昌黎先生文集》㊄六卷，脫落㊅顛倒，無次序。因乞李氏㊆以歸，讀之，見其言深厚而雄博。然予猶少，未能悉究其義，徒見其浩然無涯，若可愛㊇。

二段言雖學時文以干祿，然不忘韓文。

是時天下學者，楊、劉之作㊈，號為「時文」，能者㊉取科第、擅名聲⑪，以誇榮當世，未嘗有道韓文者。予亦方舉進士⑫，以禮部詩賦⑬為事。年十有七，試於州，為有司所黜⑭。因取所藏韓氏之文復閱之，則喟然嘆曰：「學者當至於是⑮而止爾！」因怪時人之不道，而顧己亦未暇學，徒時時獨念於予心；以謂方從進士干祿⑯以養親，苟得祿矣，當盡力於斯文，以償其素志。

三段敘韓文盛行於天下，已至學者非韓不學的地步。

後七年⑰，舉進士及第，官於洛陽，而尹師魯之徒皆在，遂相與作為古文。因出所藏《昌黎集》而補綴⑱之，求人家所有舊本而校定⑲之。其後天下學者亦漸趨於古，而韓文遂行於世。至於今，蓋三十餘年矣，學者非韓不學也，可謂盛矣。

四段言韓文雖爲好惡者所上下，但必久而愈明。

嗚呼！道[20]固有行於遠而止於近，有忽於往而貴於今者，非惟世俗好惡之使然，亦其理有當然者[21]。而孔、孟惶惶[22]於一時，而師法[23]於千萬世。韓氏之文，沒[24]而不見者二百年，而後大施於今[25]。此又非特好惡之所上下，蓋其久而愈明，不可磨滅，雖蔽於暫而終耀於無窮者，其道當然也。

五段論自己違背時好而學韓文，亦志乎久而已。

予之始得於韓也，當其沉沒棄廢之時，予固知其不足以追時好而取勢利，於是就[26]而學之。則予之所爲者，豈所以急名譽[27]而干勢利[28]之用哉？亦志乎久[29]而已矣。故予之仕，於進不爲喜、退不爲懼者，蓋其志先定而所學者宜然也。

文末記對韓文舊本的整理，並順收題旨作結。

集本[30]出於蜀[31]，文字刻畫，頗精於今世俗本[32]，而脫謬[33]尤多。凡三十年間，聞人有善本[34]者，必求而改正之。其最後卷帙不足[35]，今不復補者，重增其故[36]也。予家藏書萬卷，獨《昌黎先生集》爲舊物也。嗚呼！韓氏之文之道，萬世所共尊，天下所共傳而有也。予於此本，特以[37]其舊物而尤惜之。

## 【解　題】

歐陽脩於宋仁宗天聖八年（西元一〇三〇年）中進士，本文作於中進士後的三十餘年，約當英宗治平年間（西元一〇六四年—一〇六七年）。宋初風行楊億、劉筠的「時文」（駢儷文），古文不受重視，韓愈的文集因無人注意而湮沒。宋代古文運動的先驅者柳開、穆修等首先提出尊韓，並刊刻韓愈、柳宗元的文集，但影響不大。後經歐陽脩大力提倡和積極創作，古文運動纔勃然開展，最後終於壓倒駢文。正如陸游在《入蜀記》中指出「本朝楊、劉之文擅天下，傳夷狄，亦駢儷也；及歐陽公起，然後掃蕩無餘。後進之士雖有工拙，要皆近古。」當古文大行於世之時，「學者非韓不學」，歐陽脩回顧自己三十餘年學習韓文的經過，強調學文不能「以急名譽而干勢利之用」，涵義是頗爲深刻的。對於韓文舊本，他十分珍視，在〈唐田弘正家廟碑〉裏曾說：「自天聖以來，古學漸盛，學者多讀韓文，而患集本訛舛，惟余家本屢更校正，時人共傳，號爲善本。」此記卽爲此一善本而作。

## 【注釋】

㈠ **漢東** 地名，宋隨州有漢東郡，隨州（今湖北隨縣），在漢水之東。時歐陽脩因父亡，隨母投靠叔父歐陽曄爲生，居隨州。

㈡ **大姓** 世家大族。

㈢ **李氏** 指李堯輔字公佐。

㈣ **發** 指打開書卷。

㈤ **昌黎先生文集** 此集爲韓愈弟子李漢所編。韓愈，河南河陽人，郡望昌黎，故常自稱「昌黎韓愈」。

㈥ **脫落** 指書頁散落

（七）**乞李氏**　向李家求取。

（八）**然予猶少三句**　是說作者時當童年，不能完全領略文章之內容精義，只覺其文「汪洋恣肆，不受束縛，令人喜愛。」若，在此作連接詞，當「而」解。

（九）**楊劉之作**　楊億、劉筠的作品。宋眞宗景德年間（西元一〇〇四年—一〇〇七年），他們在館閣供職，與錢惟演等人相互唱和，雕章琢句，鼓吹浮豔的詩風，編成《西崑酬唱集》，楊、劉作品以詞藻華麗著稱，號爲「時文」。

（一〇）**能者**　指擅於寫時文的人。

（一一）**擅名聲**　擁有名聲。

（一二）**方舉進士**　正準備參加進士考試。

（一三）**禮部詩賦**　宋代進士考試由禮部主持，「駢體文」和「試帖詩」爲考試主要科目。

（一四）**年十有七三句**　言天聖元年（西元一〇二三年），作者應隨州試，因賦卷出韵，沒有錄取。

（一五）**是**　指韓文的境界。

（一六）**干祿**　求取功名。

（一七）**後七年**　即天聖八年作者中進士後，任西京留守推官，在洛陽與尹洙、梅堯臣、謝絳等友善，日爲古文歌詩，遂以文章名冠天下。

（一八）**補綴**　修補聯綴，回應前文「脫落顚倒無次序」。

（一九）**校定**　指以別本審定原文的正誤。

⑩ **道** 此處指韓愈所繼承發揚的孔孟儒家之道。
⑪ **其理有當然者** 言其本身的事理，當然是如此。
⑫ **惶惶** 急遽匆忙，心中不安之意。
⑬ **師法** 師承效法。
⑭ **沒** 沉沒、埋沒。
⑮ **大施於今** 言韓文在現今得到廣泛傳誦。
⑯ **就** 接近。
⑰ **急名譽** 以名譽爲急事。
⑱ **干勢利** 乞求權勢利祿。
⑲ **志乎久** 意謂志向久遠，不爲眼前私利所惑。
⑳ **集本** 指收藏之《昌黎先生文集》。
㉑ **出於蜀** 出自蜀刻。
㉒ **今世俗本** 社會上通俗流行的本子。
㉓ **脫謬** 指文字上的脫漏和錯誤。
㉔ **善本** 指珍貴難得之古書刻本或寫本，又書籍精加校勘，珍貴少見的版本，亦稱善本。
㉕ **卷帙不足** 卷次有殘缺。
㉖ **重增其故** 文字疑有訛誤。一說保持其原貌，一說珍視李氏贈書之故。重，重視、不輕率。

㊆ **特以** 只因。

## 【賞 析】

北宋初年，駢儷文流行，古文不受重視，韓愈文集因無人注意而淹沒。宋代古文運動之先驅者如柳開，穆修等首先提出尊韓，並刊刻韓、柳文集，但影響均不大。至歐陽脩，由於他在朝爲官，地位顯赫，經過他的大力提倡和創作實踐，遂使宋代詩文革新運動，取得決定性勝利。在這一特定之背景下，作者面對多年珍藏的韓文舊本，回顧三十多年來學習韓文經過，一時感觸萬端，信筆寫下了這篇後記。涵義是頗爲深刻的。

全文分爲三段六節，前三節以追憶之筆觸，敍述往事，將古文二百年之興衰，三十年文壇之風雲，統統含蘊於感慨喟歎，和發人深省的回顧之中。首先寫予少，家貧而無藏書，直點「藏書」二字，爲全文樹立主旨。繼而敍述「舊本韓文」的發現經過，及其初識韓文之印象與感受，出語信實，誠摯，而「可愛」一詞，飽含少年心理。二、三兩節，作者掉轉筆鋒，着力闡發歐陽脩三十年來宏揚古文，剷除文風積弊的態度與行動。其間，作者對自己既不滿於時文的「取科第」、「擅名聲」、「以誇榮當世」，亦不得不「從進士干祿以養親」，而「未暇學」，「獨念於心」的無奈，剖析衷曲，敢於面對現實。從敍事的完整性言，前三節可自成一段，以時間爲主線，把「予爲兒童時」，「年十有七」，到「後七年」，「至於今」，將「少家漢東」「游州南李氏家」，「隨州試擧」，「官於洛陽」等加以串連。順次脈絡，仕途經歷與處所，交待得明白準確，給人一種平實可信之感。

四、五兩節是第二段，爲此篇題跋文的暢發議論處。作者以孔、孟爲例，揭示韓文「沒而不見者二百年，而後大施於今」的原因，正在於「其道當然」，以及韓氏之文之道，歷經時日的磨礪，自然「久而愈明」，此處引孔、孟爲例，貼切自然，「惶惶」二字形象生動，增添議論情趣。第五節又復歸於當時當事，由韓文的「沉沒棄廢」，表明作者學韓文不在「急名譽而干勢利之用」，而是「志乎久」，「志先定」而已。議中有論，由小處生發，恰與上文的大處落筆作映襯，而相得益彰。

末節自成一段，作者指陳「舊本韓文」的特點，雖多脫謬，亦精於今世俗本。而三十年之間，校定補綴不斷，可見歐陽公對舊本的珍惜，而究其最爲珍惜者，在韓氏之文與道也。

全文兩用「嗚呼」，一、指道固有「行遠止近」「忽往貴今」，而「其埋有當然」，二、稱韓氏之文之道必共尊於萬世，共傳於天下，表示了作者畢生奉獻於古文的信念和決心，前後銜接自如，內容既爲題跋不可缺，亦使結構完整統一。文章看似平平淡淡，可是在記敍人事中，却辨析了三十年文壇風雲，寄託了一代文宗的感慨。作者匠心獨運，在條達舒暢的文字裏，勾勒出一幅北宋新詩文運動的勃興圖。被後人推爲是研究北宋古文運動和歐陽脩創作心路的珍貴文獻。

附記：「跋」與「序」不同，根據明徐師曾《文體明辨》，「序」在書前，「跋」在書尾。惟唐代以前，序或於書前，或於書後，無硬性規定。宋時，以「跋」名篇者漸多，且專置書後。序跋似因此得以區分。序跋之文，貴在精實嚴潔。歐陽脩爲文最長於序跋，曾作有「集古錄跋尾」四百多篇，行文簡短切實，膾炙人口。

# ㈢ 秋聲賦㈠

首段借向童子一問一答，對秋聲作形象性的描寫。

歐陽子㈡方夜讀書，聞有聲自西南來者。悚然㈢而聽之，曰：異哉！初淅瀝以蕭颯㈣，忽奔騰而砰湃㈤，如波濤夜驚，風雨驟至。其觸於物也，鏦鏦錚錚㈥，金鐵皆鳴；又如赴敵之兵㈦，銜枚㈧疾走，不聞號令，但聞人馬之行聲。余謂童子：「此何聲也？汝出視之。」童子曰：「星月皎潔，明河㈨在天，四無人聲，聲在樹間。」

次段先點秋聲二字，次寫秋狀，並對秋之爲聲進行解釋。

余曰：「噫嘻悲哉！此秋聲也，胡爲而來哉㈩？蓋夫⑪秋之爲狀也：其色慘淡⑫，煙霏雲斂⑬；其容清明，天高日晶⑭；其氣慄冽⑮，砭⑯人肌骨；其意蕭條，山川寂寥。故其爲聲也，淒淒切切，呼號憤發⑰。豐草綠縟⑱而爭茂，佳木蔥蘢⑲而可悅；草拂之⑳而色變，木遭之而葉脫。其所以摧敗零落者，乃其一氣之餘烈㉑。

三段緊扣秋以肅殺爲心，用樂理釋秋，亦處處寫秋聲。

夫秋，刑官也㉒，於時爲陰㉓；又兵象㉔也，於行爲金㉕。是謂天地之義氣，常以肅殺而爲心㉖。天之於物，春生秋實，故其在樂也，商聲主西方之音，夷則爲七月之律㉗。商，傷也㉘，物既老而悲傷；夷，戮也㉙，物過盛而當殺

㉚。

嗟呼！草木無情，有時飄零。人爲動物，惟物之靈；百憂感其心，萬事勞其形，有動於中，必搖其精㉛。而況思其力之所不及，憂其智之所不能，宜其渥然丹者爲槁木，黟然黑者爲星星㉜。奈何以非金石之質㉝，欲與草木而爭榮？念誰爲之戕賊㉞，亦何恨乎秋聲㉟！」

四段撫時傷懷的感慨，借秋聲表出。

童子莫對，垂頭而睡。但聞四壁蟲聲唧唧，如助余之嘆息。

結尾從有感於秋聲，而發出嘆息。

【解　題】

賦爲我國古代文體的一種，盛行於漢、魏、六朝。在漢代形成一種特定的體制，講究文采、典故與節奏，兼具詩歌與散文的性質。以後或向駢文方向發展，或進一步散文化。接近於駢文的稱「駢賦」、「律賦」，接近於散文的稱「文賦」。賦，通常用來寫景、敍事，也有以較短的篇幅抒情、說理的。這篇〈秋聲賦〉是文賦，它通過敍事、寫景，抒發了作者對人生的體驗和感受。

本文作於宋仁宗嘉祐四年（西元一〇五九年）。這年春天，作者辭去兼權知開封府的職務，復官翰林學士兼龍圖閣學士提舉在京諸司庫務。自嘉祐以後，歐陽脩獲仁宗信用，官位不斷升遷，但由於現實政治上的矛盾，他深知守舊，則日趨因循；改革，則徒滋紛擾，思想十分苦悶。故於詩文中經常流露出衰病無能的情緒。「思其力之所不及，憂其智之所不能」，「奈何以非金石之質，欲與草木而爭榮」，正是這種苦悶情緒的反映。後於宋英宗治平二年（西元一〇六五年）又作〈秋懷〉詩曰：「節物豈不好，秋懷何黯然，西風酒旗市，細雨菊花天。感事悲雙鬢，包羞食萬錢，鹿車終自駕，歸去潁東田。」意較〈秋聲賦〉更為直截。

本文以耳聞秋聲興起，用秋天的景色、物容、氣候、意緒作襯托，從而抒發了自己的感慨。秋聲本來難以捉摸，可是在作者筆下，却把它描繪得有聲有色，形狀可掬。從這裏可以看到作者捕捉物色的工夫之本領。

歐陽脩以寫所覺之感受為主，兼寫對政治生活的深沉感受。將聲、形、感融合在一起，達到水乳交融的程度，所以成為傳誦不衰的名篇。

## 【注釋】

㈠ **〈秋聲賦〉** 本文作於嘉祐四年（西元一〇五九年），這年作者五十三歲。文章用多方烘托的手法，形容難以捉摸的秋聲，手法相當巧妙。就賦的發展上說，本文汲取了韓、柳在散文上的成就，打破了六朝到唐代的駢賦、律賦的格式，是代表「古文家」的「文賦」的成熟作品。

㈡ **歐陽子** 作者自稱。

㈢ **悚然** 驚懼的樣子。

㈣ **淅瀝以蕭颯** 言淅瀝的雨聲，夾雜着呼嘯的風聲。淅瀝，細雨聲。蕭颯（音ㄙㄚˋ），風聲。以，而。

㈤ **砰湃** 即澎湃，波浪沖擊聲。這裏指風聲。

㊅ **鏦鏦錚錚** 金屬撞擊聲。

㊆ **赴敵之兵** 奔赴前線作戰的士兵。

㊇ **銜枚** 枚，小木棍兒，狀如箸。古代行軍時，令士兵嘴裏銜枚，以防喧嘩，洩露軍中秘密。

㊈ **明河** 明亮的天河，也稱銀河。

㊉ **胡爲而來哉** 胡爲，何故，即「爲何」。而，一作「乎」。

⑪ **蓋夫** 發語詞，蓋，承上文說明因由。夫，接下文發表議論。

⑫ **其色慘淡** 指秋天草木枯黃，陰暗無色。

⑬ **煙霏雲斂** 言煙氣飄飛，雲霧消失。

⑭ **日晶** 陽光燦爛。

⑮ **慄冽** 音ㄌㄧˋ ㄌㄧㄝˋ，即凜冽，寒冷。

⑯ **砭** 古代用來治病的石針，這裏作動詞，指用針刺的意思。

⑰ **憤發** 即發憤，發怒。

⑱ **縟** 繁密、茂盛。

⑲ **葱蘢** 草木青翠茂盛的樣子。

⑳ **草拂之** 草掠過它。

㉑ **乃其一氣之餘烈** 一氣，天地之氣，在此指秋氣。餘烈，剩餘的威力。

㉒ **夫秋刑官也** 言秋天是刑官執行刑罰的季節。《周禮》把官職按天、地、春、夏、秋、冬分爲六

類。因爲秋有肅殺之氣，所以把職掌刑法、獄訟的刑官分屬於秋。

㉓ **於時爲陰**　時，古人以陰陽配合四時，春夏分屬於陽，秋冬分屬於陰。《漢書・律曆志》：「春爲陽中，萬物以生；秋爲陰中，萬物以成。」

㉔ **兵象**　戰爭的徵兆。因戰爭是肅殺之事，所以說秋是兵象。此古代練兵和出師征討，多在秋天，故說秋是兵象。

㉕ **於行爲金**　行，五行，卽金、木、水、火、土。舊說春屬木，夏屬火，秋屬金，冬屬水，既然秋屬金，古人認爲秋天是金起作用的時候。《漢書・五行志》：「金，西方，萬物既成，殺氣之始也。」

㉖ **是謂天地之義氣常以肅殺而爲心**　言這只是天地的肅殺之氣，常把嚴厲的摧殘萬物作爲主旨。義氣，《漢書・天文志》：「太白曰西方秋金，義也。」義是五金（仁、義、禮、智、信）之一，（見《荀子・非十二子》注）與水、火、木、金、土五行之「金」相配，指秋季。又《禮記・鄉飲酒義》：「天地嚴凝之氣，始於西南，而盛於西北，此天地之尊嚴氣也，此天地之義氣也。」古人以秋天爲決獄訟、征不義、誅暴慢的時節，故張揚「義」之重要。

㉗ **故其在樂也以下三句**　是說表現在音樂方面，五音中的商音代表西方聲律，十二律中的夷則，是七月的聲律。樂，音樂。按我國傳統樂理，樂分宮、商、角、徵、羽五音。《禮記・月令》：「孟秋之月，其音商，律中夷則。」五音中的商聲、四方中的西方，都屬於五行的「金」。樂又分十二律，每律分屬一月。《史記・律書》：「七月也，律中夷則。夷則，言陰氣之賊萬物也。」正義引

《白虎通》：「夷，傷也；則，法也，言萬物始傷被刑法也。」

㉘ **商傷也** 言商的意思，就是悲傷。這裡運用「聲訓」之法訓釋詞義。並啓下文「物既老而悲傷」。

㉙ **夷戮也** 夷戮，均有殺的意思，可以互訓，這是運用「義訓」之法，訓釋詞義。

㉚ **殺** 削弱、衰亡。

㉛ **百憂感其心以下四句** 言百種憂愁觸動人的內心，萬般事情勞累人的形體，心中動搖不定，必然會損傷他的精神。於，一作「乎」。精，精神。《莊子・在宥》：「無視無聽，抱神以輪，形將自正，必靜必清，無勞汝形，無搖汝精，乃可以長生。」

㉜ **宜其渥然丹者爲槁木以下二句** 是說人們紅潤的容顏，就會忽然變成枯木，烏黑的頭髮，忽然變成蒼白。渥然，潤澤的樣子。丹，紅色。《詩經・秦風・終南》：「顏如渥丹。」渥然丹者，形容紅潤的容貌，比喻年輕。槁木，枯木，比喻衰老。《莊子・齊物論》：「形固可使如槁木。」黟然，黑的樣子。形容烏黑的頭髮，比喻健壯。星星，形容白髮發亮的樣子。謝靈運〈游南亭〉詩：「戚戚感物嘆，星星白髮垂。」渥，音ㄨㄛ。黟，音一。

㉝ **非金石之質** 指人並非有金石般堅硬的體質。古詩：「人生非金石，焉能長壽考。」

㉞ **戕賊** 摧殘，傷害。

㉟ **亦何恨乎秋聲** 意謂人的衰頹，是被憂思折磨的結果，怎能怨恨悲涼的秋聲呢？

## 【賞析】

宋仁宗嘉祐四年（西元一〇五九年），先生雖衹五十三歲，但回首往事，却屢遭貶斥，內心隱痛，難以言宣，面對着朝廷內外的汚濁黑暗，眼見國家日益衰弱，政治革新毫無希望，不免產生鬱悶心情。就是在這種情緒的驅策下，寫出了這篇秋夜悲歌，爲宋代文賦作出了空前的貢獻，且在中國文學史上，樹立了一定的地位。

文章由秋聲起興，從萬物的凋零，聯想到人生易老。所謂：「聚散苦匆匆，此恨無窮。今年花勝去年紅。可惜明年花更好，知與誰同?!」（〈浪淘沙〉其一）。於是借秋聲的悲悽，抒發了世事艱難，人生徒勞的無限感慨！

本文在藝術技巧方面歷來爲文評家所稱道：秋聲是無形的，但文章一開頭，就通過風聲、雨聲、濤聲、鳴金聲、人馬聲等比喻，對無形的秋聲作了繪形繪聲的描述，使人們覺得可見、可聞、可感。通過這樣細膩地描繪，作者再由側面進一步渲染秋夜的肅穆蕭森的氣氛，辭賦的中間兩段，採用一般賦體的舖排手法，以整齊而有變化的句式，從色、容、氣、意、聲等方面，描畫出一幅秋氣肅殺，草木凋零的景象，進而發出「物既老而悲傷」，「物過盛而當殺」的慨嘆。至此，淒切的秋聲，蕭瑟的秋景，和作者對人生的感悟，和諧交融的在一起，達到了一種聲情並茂的境界。

最後，以「蟲聲唧唧，如助余之歎息」結尾，與文章開頭「聞有聲自西南來者」相呼應，但這裏的「蟲聲」，已不僅僅是「秋聲」，而是由秋聲引起了作者的歎息聲。這種歎息聲，在童子垂頭而睡，與四壁蟲聲唧唧裡，更顯得秋夜的淒清悲涼。同時，這樣寫也深化了悲秋的主題，文章的結構，也顯得更加圓熟精密。

本文保留了傳統辭賦的鋪張排比，和音樂美的基本特點。從整篇文章看，它的音樂美不僅體現在它許多句子都自然地押韻，讀起來音韵鏗鏘，琅琅上口，具有詩歌的節奏感；而且它的情調也有急有緩，有高有低。從作者「異哉！」「噫嘻悲哉！」「嗟呼！」「嘆息」感情的起伏，可以感覺得全篇音調高低的變化。而在一派殺伐的秋聲中，又穿插一節童子平和寧靜的口吻。這些就使文章形成了低昂反復的氣勢，給人以一唱三嘆的情調。而作者與童子的對話，也是對傳統辭賦呆板的主客問答體的一種改造和創新。

至於本文在語言運用上，也打破了六朝以來的駢賦、律賦的格式。而有相當成就。如以前的賦體，多用冷僻字和對偶，但這篇「秋聲賦」，却大多用明白曉暢的語言。「童子莫對，垂頭而睡」，就很接近口語。「又如赴敵之兵，銜枚疾走，不聞號令，但聞人馬之行聲。」這些句子長短不一，不注重對偶，再加上「又如」，「但」等連接詞詞的運用，顯得靈活而不板滯。至於「星月皎潔，明河在天，四無人聲，聲在樹間。」這樣的句子，簡直是一首四言押韵的民歌。音韵優美，讀起來相當動聽。總之，此篇賦，語言華美而不造作，自然而不雜亂，顯示出作者藝術上的獨創精神。對後世文賦的發展，起到了積極的作用和影響。如這篇賦句式的散文化手法，以及用獨白來表達思想感情的波折和自我解脫，都被蘇軾的〈赤壁賦〉所攝取並擴大其郛廓。

關於此賦的寓義，可參看作者〈夜聞風聲有感奉呈原父舍人聖俞直講〉詩，茲照錄如下：

夜半羣動息，有風生樹端。颯然飄我衣，起坐爲長嘆。苦暑君勿厭，初涼君勿歡。暑在物猶盛，涼歸歲將寒。淸霜忽以飛，零露亦漙漙。四時本無情，豈肯私蕙蘭。不獨草木爾，君形安得完。櫛髮變新白，鑑容銷故丹。風埃共侵迫，心志亦摧殘。萬古一飛隼，兩曜雙跳丸。擾擾賢與愚，流沙逐驚湍。其來固如此，獨久知誠難。服食爲藥誤，此言眞不刊。但當飲美酒，何必被輕紈。

# (四) 六一居士傳

首段敘述作者更號「六一居士」的經過。

六一居士初謫滁山，自號醉翁㈠。既老而衰且病，將退休於潁水之上㈡，則又更號六一居士。

次段運用主客問答的形式，說明作者更號「六一居士」的原因。

客有問曰：「六一，何謂也？」居士曰：「吾家藏書一萬卷，集三代以來金石遺文㈢一千卷，有琴一張，有碁一局，而常置酒一壺。」客曰：「是爲五一爾，奈何？」居士曰：「以吾一翁，老於此五物之間，是豈不爲六一乎。」客笑曰：「子欲逃名㈣者乎，而屢易其號，此莊生所誚㈤畏影而走乎日中者也；余將見子疾走大喘渴死，而名不得逃也。」居士曰：「吾固知名之不可逃，然亦知夫不必逃也；吾爲此名，聊以志吾之樂爾。」客曰：「其樂如何？」居士曰：「吾之樂可勝道哉㈥？方其得意於五物也，太山在前而不見，疾雷破柱而不驚㈦；雖響九奏於洞庭之野㈧，閱大戰於涿鹿之原㈨，未足喻其樂且適也。然常患不得極吾樂於其間者，世事之爲吾累者衆也。其大者有二焉，軒裳珪組㈩，勞吾形於外，憂患思慮，勞吾心於內，使吾形不病而已悴，心未老而先衰，尙何暇於五物哉。雖然，吾自乞其身於朝者三年矣，一日，天子惻然哀之，賜其骸骨⑪，使得與此五物，偕返於田廬，庶幾償其夙願焉。此吾之所以志也。」客復笑曰：「子知軒裳珪組之累其形，而不知五物之累其心乎？」居士曰：「不然，累於彼者已勞矣，又多憂；累於此者既佚矣，幸無患。吾其何擇哉？」於是與客俱起，握手大笑曰：「置之，區區不足較也。」

已而嘆曰：「夫士少而仕，老而休，蓋有不待七十者矣㊁，吾素慕之，宜去一也。吾嘗用於時㊂矣，而訖無稱㊃焉，宜去二也。壯猶如此，今既老且病矣，乃以難彊之筋骸，貪過分之榮祿，是將違其素志而自食其言㊄，宜去三也。吾負㊅三宜去，雖無五物，其去宜矣，復何道哉！」熙寧三年九月七日，六一居士自傳。

文末進一步說明其辭職告退的理由，並點明寫作本文的時間。

【解　題】

宋神宗熙寧三年（西元一〇七〇年）七月，歐陽脩由知青州改官蔡州知州，九月至蔡（州治在今河南汝南縣），自號六一居士，作此傳以明改號的原由。

從熙寧元年始，歐陽脩即接連上表請求退休，熙寧二年秋在青州因擅止散發青苗錢，被朝廷詰責，退休之願更加迫切，到蔡州後，又多次上章告老，於熙寧四年六月獲准，七月退居潁州，熙寧五年閏七月在潁去世。作者經過數十年宦海浮沉，到晚年意志已十分消沉，正如他在宋英宗治平四年（西元一〇六七年）所作〈歸田錄序〉中說的：「既不能因時奮身，遇事發憤，有所建明，以爲補益；又不能依阿取容，以徇世俗。使怨疾謗怒叢於一身，以受侮於群小。」因此，「窮則獨善其身」，已成爲作者當時思想中的主導。

〈六一居士傳〉和陶淵明的〈五柳先生傳〉、王績的〈五斗先生傳〉一樣，皆抒發隱逸情趣，打破傳統寫作框架的作者小傳，所不同的是，本文模仿漢賦主客問答的形式，圍繞更號「六一居士」的問題，使作者的內心世界，藉五問五答的對話中得到充分的展現。筆調雖然悠閑紓緩，但字裡行間，卻蘊含著無可奈何的苦悶情懷。

## 【注釋】

㈠ **六一居士二句**　慶曆五年歐陽脩貶滁州（今安徽滁縣）知州，次年四十歲時自號醉翁。參見〈醉翁亭記〉。

㈡ **將退休於潁水之上**　宋神宗熙寧元年，歐陽脩在潁州（今安徽滁縣）修建房屋，準備退居。早在仁宗皇祐元年（西元一〇四九年）歐陽脩知潁州時，稱賞潁州西湖的風景，就和梅堯臣相約，作爲晚年退休之地。這裏的「滁山」「潁水」，都是表示要擺脫憂勞煩悶，寄情山水的意思。

㈢ **金石遺文**　即《集古錄》中的金石拓本。

㈣ **逃名**　耿介之士避名聲而不居。《後漢書‧法眞傳》：「逃名而名我隨。」《莊子‧漁父》：「人有畏影惡迹而去之走者，舉足愈數而迹愈多，走愈疾而影不離身。自以爲尚遲，疾走不休，絕力而死。不知處陰以休影，處靜以息迹，愚亦甚矣。」

㊄**誚** 音ㄑ一ㄠ，譏諷。

㊅**可勝道哉** 難以盡述。

㊆**太山在前而不見疾雷破柱而不驚** 語本《鶡冠子・天則》：「一葉蔽目，不見太山；兩耳塞豆，不聞雷霆。」這裏化用其意，表示心中有所專注，一切置之度外，都感覺不到了。太山，卽泰山。

㊇**響九奏於洞庭之野** 《莊子・至樂》：「咸池九韶之樂，張之洞庭之野。」九奏，卽九韶，虞舜時的音樂。

㊈**閱大戰於涿鹿之原** 《史記・五帝本紀》記黃帝曾與蚩尤大戰於涿鹿之野。涿鹿，地名，在今河北省。

㊉**軒裳珪組** 官員的車馬、服飾、印信等，借指官場的事務。軒，古代前頂較高，後有帷幕的車。珪，同圭，玉器名。古代貴族朝聘、祭祀、喪葬時用作禮器。組，用絲織成的寬帶子，用以佩印或佩玉的綬。

⑪**賜其骸骨** 古代官員告老辭退稱「乞骸骨」，是歸老故鄉的意思。

⑫**不待七十者矣** 《禮記・檀弓》：「七十不俟朝。」歐陽脩還不到七十歲，所以這裡用前人也有不到七十就告退的事例作爲自解。

⑬**用於時** 指出仕爲官，並獲得皇帝信任。

⑭**無稱** 沒有值得稱道的政績。

⑮**違其素志而自食其言** 歐陽脩中年以後的詩文中，就不時流露辭官歸田的思想，甚至早在任西京留

守推官時，卽認爲做官不應「老不知止」。如英宗治平四年（西元一〇六七年），六十一歲赴亳州途中，在潁州停留時，作〈再至汝陰三絕〉云：「十載榮華貪國寵，一生憂患指天眞。潁人莫怪歸來晚，新向味前乞得身。」

㊅ **負** 有、具備。

## 【賞析】

熙寧三年（西元一〇七〇年）七月，歐陽脩由靑州改知蔡州，九月到任，更號「六一居士」，並作本文加以說明。這篇文章，採取漢賦中常用的主客問答的表現形式，抒寫了作者晚年的生活情趣和思想狀態，文章寫得別具一格，眞摯動人，不愧爲傳記文中的名篇佳作。

讀完這篇散文，給人感受最深的就是「眞」。這種「眞」，旣反映在作品內容的眞實上，又表現在作者感情的眞摯和心靈的眞誠上，卽作者敢於眞實地描寫自己晚年的心境，敢於眞實地公開自己隱退的思想。作者在表露自己的心境和思想時，旣沒有宿儒的迂腐，也沒有象飽學之士那樣，故顯淵博，大發議論。作者只是以對話的形式，用平易的語言，輕鬆自如地道出了自己對人生、對仕途的淸醒認識，和內心的眞實追求。

歐陽脩一生只活了六十六年，其間仕宦四十年，經歷了仁宗、英宗、神宗三朝。由於從政時間較長，而且又幾經風雨，三起三落，因此他對北宋的政治和社會，有着深刻的認識，對於人生也有其獨到的見解。從初貶夷陵時，自戒「無飲酒，益愼職」，到再貶滁州時自號「醉翁」，借酒以與政治環境的壓力相抗，及至晚年，第三次貶謫後，更號「六一居士」，得意於五物之間，我們可以淸楚地看到其思想發展和心理變化的軌迹，對政治充滿激情、沉思、和淡泊。特別是晚年，隱退閑居，無意於政治的情緒，已成爲歐陽脩思想感情的基調。從這篇散文中，我們也可以感到這種情調的流露是非常突出的。他那關於「逃名」的一段論述，正是他晚年思想感情的眞實寫照。在這種流露中，又反映出作者心境的豁達，和對名利的淡泊。「吾爲此名，聊以志吾之樂爾！」作者更號「六一居士」，既非逃名，更非追名逐利，而只是表達自己晚年的志趣。確實，這位走過了漫漫仕途的政治家，對於官場的虛僞和險惡早已看破，政治再也不能引起這位老人的興趣，更何況此時的作者，已是「齒牙零落鬢毛疏」（〈書懷〉），因而他嚮往和追求的，再也不是那種緊張、艱辛、險峻、冷酷的政治生活，所謂「軒冕非吾事，風霜犯客顏」（〈曉發齊州道中〉）。他此時日思夜盼的是歸隱潁州，過着恬靜悠閑，與世無爭的生活。「吾自乞其身於朝者三年矣，一日，天子惻然哀之，賜其骸骨，使得與此五物，偕返於田廬，庶幾償其夙願焉。」他這種歸隱之心，不僅在這篇文章有所表現，而且在其後期詩文中也常有流露：「君恩天地不違物，歸去行歌潁水旁」（〈靑州書事〉）；「明日君恩許歸去，白頭酣詠太平年」（〈憶焦陂〉）「思潁之念，未嘗一日稍忘於心」（〈思潁詩後序〉）……美麗的潁州，牽繫着歐陽脩的心，西湖的碧波，常常在他腦海中蕩漾，退隱潁州，過恬靜的生活，是他暮年美好的希望，也是他追求的目標。所以「六一居士」這個名號，蘊含了他晚年無限的情意和志趣，包容了他對自己人生旅途的回顧和反思。正如他文章中所闡述的那樣：「吾之樂可勝道哉！方其得意於五物也，太山在前而不見，疾雷破柱而不驚；雖嚮九奏於洞庭之野，閱大戲於涿鹿之原，未足喩其樂且適也。然常患不得極吾樂於其間者，世事之爲吾累者衆也。其大者有二焉。軒裳珪組，勞吾形於外，憂患思慮，勞吾心於內，使吾形不病而已悴，心未老而先衰，尙何暇於五物哉。」從這段眞誠懇切的話語中，正可窺見其眞實的內心世界：低沉而不悲哀，愁怨而不痛苦，在對政治的淡泊中，更顯出晚年胸懷的開闊和豁達。這也說明，作者在對社會、政治、人生及對自己四十年仕宦生涯反思後，已獲得了內心的解脫，也就是說，作者在退隱之前，其心靈已經得到了內在的自己。

退隱閑居，樂於琴、棋、書、酒、金石遺文五物之間，是作者更號「六一居士」的眞意，也是本文所要表達的主要內容。那麼作者這種退隱之心，晚年之樂，是否就完全表現爲歐陽脩晚年的消極和悲觀呢？我們覺得並非如此。歐陽脩之所以在晚年要堅持退隱，這固然與他在政治上的失意有關，但僅把其退隱歸咎這一點，並由此而議爲他消極悲觀，那就未免失之於簡單和片面。其實，歐陽脩的退隱之心與他一貫的思想主張有着密切的關聯，正如他在文章結尾所說的那樣：「夫士少而仕，老而休，蓋有不待七十者矣。吾素慕之，宜去一也。」歐陽脩早在任西京推官時，就認爲做官不應「老不知止」。中年以後，他那辭官歸田的思想更爲明顯，他五十二歲官翰林學士時，便與韓絳、王珪等人相約五十八歲退休，其時可以說是他政治上的鼎盛時期，卽使是在這種時期，其退隱之心尙存。晚年由於政治上受挫，因而他的這種心志更加强烈和堅定，這是合情合理，也與他一貫主張相吻合的。可以說，他晚年渴望退隱的心願，並沒有潦倒失意的悲傷，而是懷着「優游田畝，盡其天年」（〈歸田錄序〉）的思想，向政治告別。或者可以說這種退隱，正是古代的士大夫對政治和自我的一種超越。如果沒有這種超越，歐陽脩就不可能在挫折面前坦然處之，豁達開朗，也不可能在文章中直抒胸臆，大膽披露自己的眞實思想。

由於這篇散文是作者眞情的流露，因而十分感人。雖然作者在藝術上並沒有多加雕琢和修飾，而僅是借用漢賦主客問答形式以述志趣，但正是這種看似平淡，却恰到好處地表達了眞情實感，使得全文跌宕錯落，並在恬澹多姿中，蘊含着深遠的情趣。

## (五)《歸田錄》選

《歸田錄》是歐陽脩以筆記體呈現的一本文集，成稿於宋英宗治平四年（西元一〇六七年）。作者早在皇祐元年（西元一〇四九年）任潁州知州時，已萌歸田退休之意，治平四年因被御史彭思永、蔣之奇誣陷，於是更加强急流勇退的決心。

「《歸田錄》者，朝廷之遺事，史官之所不記，與士大夫笑談之餘而可錄者錄之，以備閑居之覽也。」歐陽脩一生經歷豐富，熟悉士大夫生活與朝廷遺事，故所錄之內容，可補正史家之缺，甚被時人所重視。

宋朱弁《曲洧舊聞》記載：「歐陽公《歸田錄》，初成未出而序先傳，神宗見之，遽命中使宣取。時公已致仕在潁州，以其間記事有未欲廣者，因盡刪去之；又惡其太少，則雜記談笑不急之事，以充其卷帙。」可見《歐陽文忠公文集》中所存之《歸田錄》二卷，已非原貌。

筆記，是一種文學體裁，其內容大而典章制度，遺聞軼事；小而人物風貌，民間俗語，無所不包。著名的如沈括《夢溪筆談》、蘇軾《東坡志林》、陸游《老學庵筆記》、莊季裕《雞肋篇》，周密《癸辛雜識》，岳珂《桯史》等等，文字大多雋永生動，堪稱我國文化寶藏中的一部分。《歸田錄》是同類著作中較早出現的一部。

茲從現存的一百一十五則筆記中，選出三則，以見其梗概。每則原無標題，今之標題爲後人所加。

# 賣油翁評射

陳康肅公堯咨㈠善射，當世無雙，公亦以此自矜㈡。嘗射於家圃㈢，有賣油翁釋擔㈣而立，睨㈤之，久而不去。見其發矢十中八、九，但微頷之㈥。

首段記賣油翁對陳堯咨的射箭技術，微表贊許。

康肅問曰：「汝亦知射乎？吾射不亦精㈦乎？」翁曰：「無他，但手熟爾。」康肅忿然曰：「爾㈧安敢輕吾射㈨！」翁曰：「以我酌油知之㈩。」乃取一葫蘆置於地，以錢覆其口，徐⑪以杓⑫酌油瀝之⑬，自錢孔入而錢不濕⑭。因曰：「我亦無他，惟手熟爾。」康肅笑而遣之⑮。此與莊生所謂「解牛⑯」「斫輪⑰」者何異⑱。

次段寫陳堯咨與賣油翁的對話，說明任何技藝，均在於熟能生巧。

【解　題】

這則筆記，是通過記敘一個普通的賣油翁，評論顯赫一時的大人物陳堯咨的射箭技能，並且以自己的酌油技巧對比，說明任何技藝都在於熟能生巧，別無奧秘可言。詳略交錯，突出重點，令人心服。

【注　釋】

㈠ **陳康肅公堯咨**　字嘉謨，謚號康肅，北宋人。咸平年（宋眞宗年號）間中進士第一，官位顯赫。平生以氣節自勵。工隸書，善箭術，嘗以錢為的，一發貫其中，世以為神，常自稱「小由基」。

(二) **自矜** 高傲自負。

(三) **家圃** 家中射箭的場地。圃，園子。這裏作場地解。

(四) **釋擔** 放下擔子。

(五) **睨** 斜著眼睛看，形容不在意的樣子。

(六) **但微頷之** 言只是對此微微點頭，略表贊許。但，只、不過。頷，點頭。

(七) **精** 精通。

(八) **爾** 你，和上下文中兩「爾」字，用法和意義不同。

(九) **輕吾射** 輕視我射箭的本領。

(一〇) **以我酌油知之** 憑我常倒油的經驗，知道這個道理。以，憑借。酌，指倒油。

(一一) **徐** 緩慢。

(一二) **杓** 音ㄕㄠ，一種有柄可以舀（音一ㄠ）水（油）的器具。

(一三) **瀝之** 注入葫蘆中

(一四) **不濕** 指不被油沾濕。

(一五) **笑而遣之** 笑著打發他走了。

(一六) **解牛** 指《莊子・養生主》中「庖丁解牛」的故事：「庖丁為文惠君解牛，手之所觸，肩之所依，……奏刀砉（音ㄏㄨㄛ）然，莫不中音。」說明其操作熟練，順其自然，進入「神遇」的境地。

㈦ **斫輪** 指《莊子‧天道》中輪工斫輪答桓公問的故事：「斫輪徐，則甘而不固；疾，則苦而不入。不徐不疾，得之於手，而應於心，口不能言，有數存焉於其間。……是以行年七十而老斫輪。」說明其經驗豐富，技藝精湛。

㈧ **何異** 有什麼不同。意謂本文的射箭、酌油，與莊子所說的「解牛」、「斫輪」，都是一個道理。

## 【賞析】

文章的前一段寫陳康肅公善射，技藝高超，世所公認；但賣油翁見他射箭十中八九後，却不盛贊，只是微微點頭。後一段主要寫陳康肅公與賣油翁的對話，以及賣油翁「以杓酌油瀝之」的舉動。賣油翁以其善瀝在於手熟之理，說明善射之理亦如此。陳康肅公對賣油翁的善瀝及其高見，心悅誠服。通過這個故事的敍述，不僅生動地說明了一個人絕不能因爲有一技之長而趾高氣揚，而且也深刻地闡明了熟能生巧的道理。不論是陳康肅公的善射，或者是賣油翁的善瀝，凡純熟精湛的技能，無一不是經過勤學苦練後取得。沒有艱辛地勤學苦練，就達不到手熟。只有手熟，才能生巧，技藝才會高超。本文所表現的此一主題思想，至今仍是有深刻的啓發。

文章在一百多字的短小篇幅裏。記述了一個寓意深刻、極富啓示的故事，文字質朴平易，涉筆成趣，內容充實，前後呼應，僅就其短小精悍而言，可以說是一篇很有特點的作品。

# 猢猻入布袋

首段對梅聖俞作概括性介紹。

梅聖俞㈠以詩知名三十年，終不得一館職㈡。晚年與修㈢《唐書》㈣，書未奏㈤而卒，士大夫莫不嘆惜。

次段寫其妻刁氏善對。

其初受敕㈥修《唐書》，語其妻刁氏曰：「吾之修書，可謂猢猻入布袋矣。」刁氏對曰：「君於仕宦，亦何異鮎魚上竹竿㈦耶！」聞者皆以爲善對㈧。

【解　題】

這則筆記，是透過梅聖俞夫妻對話，描繪出梅氏放蕩不羈的性格。梅氏自認爲入局修《唐書》受拘束，刁氏認爲梅之入仕爲上鈎，也就是失去自由的意思。雙方均以鮮明的形象作比喻，以及生動準確的語言，來說明抽象的概念，令人讀來感到妙語生花，趣味橫生。

【注　釋】

㈠ **梅聖俞**　名堯臣，聖俞是他的字，宣城（今屬安徽省）人，北宋著名詩人。有《宛陵先生集》傳世。

㈡ **館職**　宋初沿襲唐代制度，以史館、昭文館、集賢院爲三館，凡是編管三館圖籍之編校，不論職位高低，皆稱館職。如入館任職，爲士大夫所欽羡。

㊂ **與修**　參加編寫。

㊃ **唐書**　指歐陽脩等所撰的《新唐書》。

㊄ **未奏**　尙未獻於朝廷。奏，臣子向君主進言、上書、獻著作，均叫奏。

㊅ **受敕**　奉詔。

㊆ **鮎魚上竹竿**　謂鮎魚被餌所誘上鈎之意。鮎（音ㄋ一ㄢˊ），魚名，頭大，無鱗，體滑，多黏質。

㊇ **善對**　善於對仗。

## 【賞　析】

本文不到八十個字，記錄了一副「絕妙對聯」產生的趣事。前五句極簡略地介紹了梅聖俞其人。說他「以詩知名三十年」，「終不得一館職」。晚年與歐陽脩一起編修《唐書》，書成，還沒來得及奉獻於朝廷，却過早的去世了。

作者記錄了兩個人的絕妙對聯：「吾之修書，可謂猢猻入布袋矣。君於仕宦，何異鮎魚上竹竿耶！」梅聖俞的一句話，寥寥十二個字便活畫出他放蕩不羈，不受約束的性格，使讀者看到他窮苦一生，歷盡坎坷後的達觀態度，調侃戲謔的詼諧筆調。

綜觀本文，前一層概括介紹梅聖俞的懷才不遇，後一層描繪梅聖俞放蕩不拘的性格。前者可以看作是其性格形成之因，後者可以看作是懷才不遇之果。筆法簡練，餘韻綿綿。

# 馬上 枕上 廁上

第一件事，寫錢思公唯好讀書。

錢思公㊀雖生長富貴，而少所嗜好。在西洛㊁時，嘗語僚屬言：「平生惟好讀書。坐則讀經史㊂，臥則讀小說㊃，上廁則閱小辭㊄，蓋未嘗頃刻釋卷㊅也。」

第二件事，寫謝希深篤學精神。

謝希深㊆亦言：「宋公垂㊇同在史院，每走廁，必挾書以往，諷誦㊈之聲琅然㊉聞於遠近，其篤學⑪如此。」

第三件事，作者自述作文章多在三上。

余因謂希深曰：「余平生所作文章，多在三上，乃⑫馬上、枕上、廁上也。」蓋惟此尤可以屬思⑬爾。

【解　題】

本文記錄了古代學者抓緊時間，手不釋卷，勤於寫作的故事，所謂：「三上」經驗，爲後人廣泛傳誦。說明他們所取得的成就，皆自辛苦中來。文字生動深刻，結構嚴謹有序。

【注　釋】

㊀ **錢思公**　即錢惟演。惟演，字希聖，臨安人，吳越王錢俶之子，博學能文辭。曾官知制誥、翰林學

士、樞密使等職。謚號「思」，故稱其爲「錢思公」。

㈢西洛　西京洛陽。五代晉天福三年（西元九三八年），自東都河南府（府治洛陽）遷都汴州，以汴州爲東京開封府，改東都河南府爲西京，漢、周及北宋沿襲不改。錢惟演作過西京留守，歐陽脩曾是他的僚屬，任西京留守推官。

㈢經史　指五經、《史記》諸書。

㈣小說　《漢書・藝文志》：「小說家者流，蓋出於稗官，街談巷語，道聽途說者之所造也。」按：我國舊說，以小說爲瑣細之記載，故凡雜記、筆記等叢雜著作，皆可包括在內。到了宋代出現平話，小說一詞，才作爲故事性文體的專稱。

㈤小辭　指篇幅短小的曲子詞，爲宋代新興的一種文學樣式，當時並不當成正統文學作品，因而在廁中讀之。

㈥釋卷　放下書卷。

㈦謝希深　謝絳，字希深，籍屬杭州富陽，宋仁宗時人，以文學知名。在洛陽時，與歐陽脩爲同僚。

㈧宋公垂　宋綬，字公垂，趙州平棘（今河北省趙縣）人。他與謝希深同修《眞宗實錄》，故云「同在史院」。院，指史館，屬翰林院。

㈨諷誦　背誦。

㈩琅然　形容聲音清朗、響亮。

⑪篤學　勤學。

㈢ **乃** 就是。

㈢ **屬思** 專心構思。屬，聯綴、專注。

【賞　析】

本文共記載三件內容類似的故事，而重點在最後的一件事。主旨是介紹自己充分利用「三上」時間，從事寫作，專心構思的經驗。三個故事雖然發生於不同的人，不同的時間和不同的背景，但都有個共同之點，那就是自己充分利用分秒必爭的時間，去勤奮讀書，專心著作。正因爲他們持久不懈的筆耕墨耘，刻苦自勵，才能夠在文壇上炳耀垂文，懸諸日月。全文僅百餘字，記載了四個人三件事，其中有直敍、有對話、有議論，絕無一個贅字。而讀來趣味盎然，發人深思。

# 伍、附錄

## 附錄一：歐陽脩家族世系及其年譜

### (一)廬陵歐陽氏家族世系表

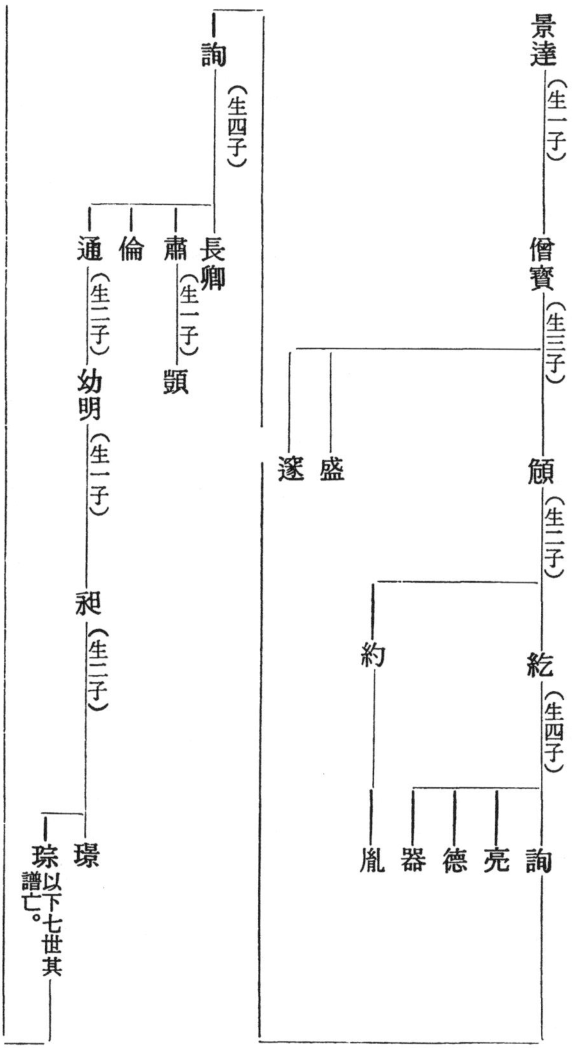

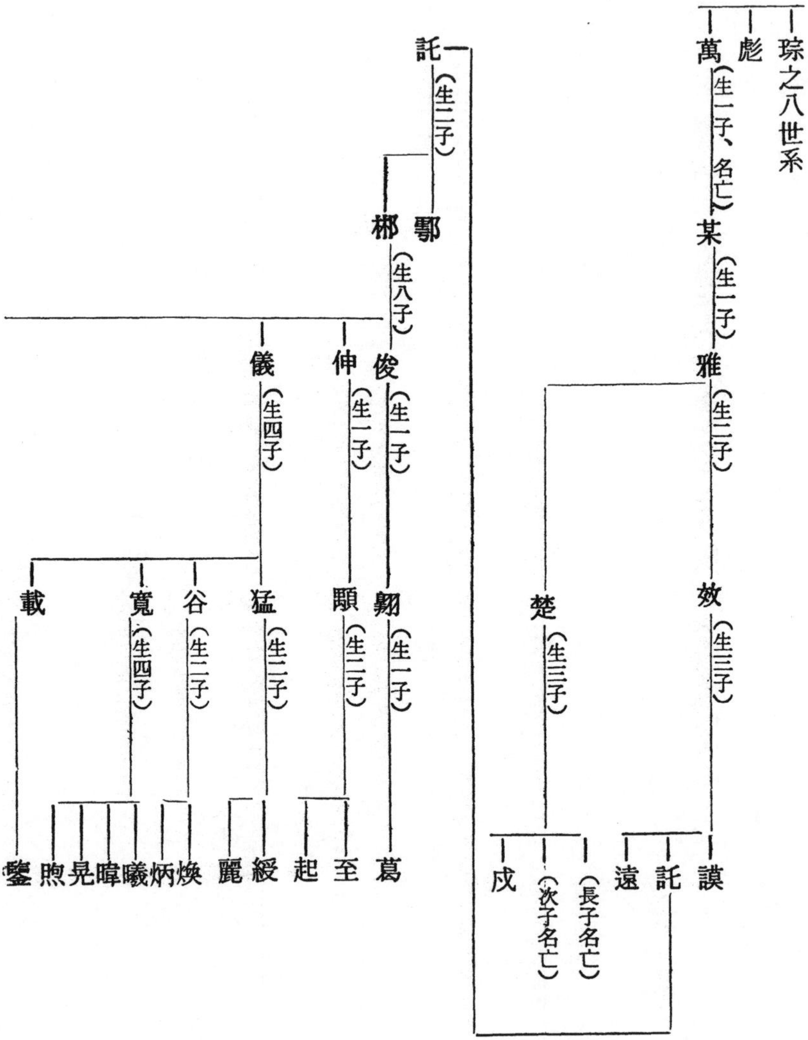
琮之八世系
彪
萬（生一子、名亡）
某（生一子）
雅（生二子）
效（生三子）
謨
託
遠
楚（生三子）
（長子名亡）
（次子名亡）
戍
託（生二子）
鄂
郴（生八子）
俊（生一子）
翺（生一子）
葛
伸（生一子）
顒（生二子）
至
起
儀（生四子）
猛（生二子）
綏
麗
谷（生二子）
煥
炳
寬（生四子）
曦
暐
晃
煦
載
鑒

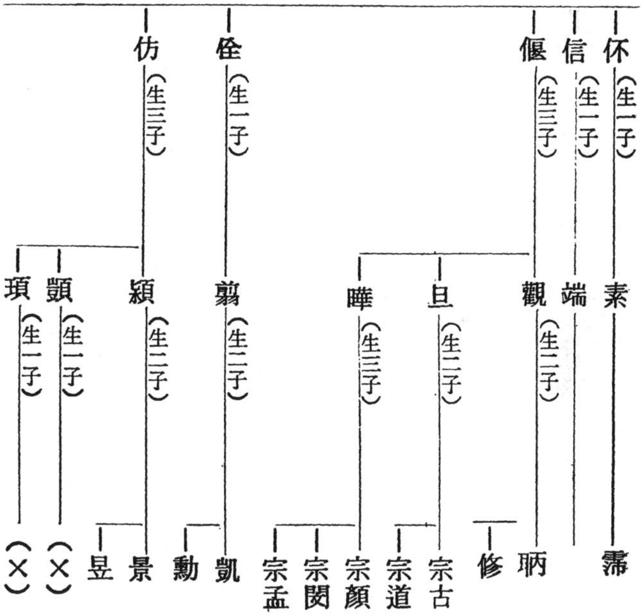
伓
（生一子）
信
（生一子）
偃
（生三子）
侄
（生一子）
仿
（生三子）
素
端
觀
（生二子）
旦
（生二子）
曄
（生三子）
翦
（生二子）
潁
（生二子）
顗
（生一子）
項
（生一子）
霈
昞
修
宗古
宗道
宗顏
宗閔
宗孟
凱
勳
景
昱
（×）
（×）

## (二) 歐陽脩簡譜（取材自陳新、杜維沫選注之《歐陽脩選集》書末附錄）

**宋眞宗景德元年甲辰（西元一〇〇四年）**

十二月，宋與契丹（西元一〇六六年改國號爲遼）在澶淵（今河南省濮陽縣西）訂立和約，議定宋每年輸送契丹銀十萬兩、絹二十萬匹。雙方罷戰休兵，從此開始了「民不見兵革者幾四十年」（歐陽脩《本論》）的安定局面。澶淵和議，宋王朝無疑地受到莫大屈辱，而且北方的威脅依然存在。但是，當政者並沒有利用這個喘息時機，勵精圖治，整軍經武；相反的，君臣上下文恬武嬉，諂諛成風，苟且偷安，於是形成積貧積弱的政治危機。仁宗時，由范仲淹主持的新政，神宗時，由王安石主持的變法，都企圖挽救此一危局，但最後均歸失敗。以至於造成欽宗靖康二年（西元一一二七年），兵破開封，徽、欽二帝被俘，北宋滅亡的結果。

**景德四年丁未（西元一〇〇七年）一歲**

六月二十一日，歐陽脩生於綿州（州治今四川省綿陽縣）。父歐陽觀，時任綿州軍事推官。范仲淹十九歲。杜衍二十歲。富弼四歲。梅堯臣五歲。石介三歲。謝絳二十三歲。石延年十四歲。余靖八歲。

**眞宗大中祥符元年戊申（西元一〇〇八年）二歲**

眞宗用王欽若謀，僞造天書、符瑞，封禪泰山，以粉飾太平。並命丁謂、李宗諤等編修《封禪記》。韓琦生。蘇舜欽生。

大中祥符三年庚戌（西元一〇一〇年）四歲

父歐陽觀卒於泰州軍事判官任。母鄭氏攜歐陽脩往依叔父隨州推官歐陽曄，定居隨州。鄭氏家貧，自力衣食，並以荻畫地教歐陽脩書字（事見歐陽脩子歐陽發所編的〈先公事迹〉）。

八月，契丹封西夏李德明爲夏國王。十月，丁謂等修《大中祥符封禪記》五十卷成。

大中祥符四年辛亥（西元一〇一一年）五歲

葬歐陽觀於吉州吉水縣沙溪瀧岡。

大中祥符九年丙辰（西元一〇一六年）十歲

在隨州。家貧無書，城南大姓李氏家多藏書，常往借讀，並向李氏乞得唐韓愈文集六卷（事見〈李秀才東園記〉、〈記舊本韓文後〉）。所作詩賦文字，下筆已如成人，叔父歐陽曄見後，在鄭氏前贊爲「奇童」，以爲將來必定「名重當世」（見〈先公事迹〉）。

蔡襄五歲。

仁宗天聖元年癸亥（西元一〇二三年）十七歲

應隨州州試，因賦不合官韻，被黜落。

王安石三歲。曾鞏五歲。劉敞五歲。司馬光五歲。

天聖四年丙寅（西元一〇二六年）

隨州州試中試，薦名禮部。

天聖五年丁卯（西元一〇二七年）二十一歲

春，應禮部試，未中。

**天聖六年戊辰（西元一〇二八年）二十二歲**

在漢陽，以文章投謁學士胥偃，獲胥偃賞識，留置門下。冬，隨胥偃往開封。

**天聖七年己巳（西元一〇二九年）二十三歲**

在開封，試國子監獲第一，補廣文館生。秋，赴國學解試，又獲第一。

**天聖八年庚午（西元一〇三〇年）二十四歲**

正月，赴禮部試，翰林學士晏殊主試，獲第一。三月，御試崇政殿，中甲科第十四名。五月，授將仕郎試秘書省校書郎充西京留守推官。

沈括生。

**天聖九年辛未（西元一〇三一年）二十五歲**

三月，抵洛陽任職。時錢惟演官西京留守，幕府多文學之士，歐陽脩與之交往，有〈七交詩〉七首。與尹洙、梅堯臣尤爲親密，經常作古文、詩歌唱和，於是以文章知名天下。

是歲往東武（今山東）迎娶胥偃女爲妻。

契丹以興平公主下嫁西夏李德明之子元昊（西夏國主本姓拓拔氏，唐太宗貞觀初歸唐，賜姓李，宋初又賜姓趙），並封元昊爲夏國公。

**仁宗明道元年壬申（西元一〇三二年）二十六歲**

二月，與梅堯臣、楊子聰、張應之、陳經秀才等游嵩山；九月，又與謝絳、楊子聰、尹洙、王幾道等再游嵩山，有〈嵩山十二首〉詩。

西夏德明卒，子元昊繼位。

梅堯臣由河南縣主簿調河陽縣主簿。歐陽脩有〈送梅聖俞歸河陽序〉。

**明道二年癸酉（西元一〇三三年）二十七歲**

正月，因公往開封，繼而往隨州探望叔父歐陽曄。三月，回洛陽，胥氏夫人去世，時生子尚未滿月，有〈綠竹堂獨飲〉詩，記喪妻的悲痛。九月，莊獻劉后、莊懿李后祔葬眞宗定陵，至鞏縣陪祭。十二月，升官階爲承奉郎。

劉太后死，仁宗親政。廢郭后，范仲淹爲諫阻廢郭后事，貶睦州。錢惟演因阿附劉太后，奪平章事（宰相）銜，還崇信軍本鎭，西京留守由王曙接任。呂夷簡爲門下侍郎兼吏部尚書、同平章事。

**仁宗景祐元年甲戌（西元一〇三四年）二十八歲**

三月，洛陽任滿，回襄城。五月，至開封，由王曙推薦召試學士院。閏六月，授宣德郎試大理評事兼監察御史充鎭南軍節度掌書記、館閣校勘，編《崇文總目》。再娶諫議大夫楊大雅女。七月，錢惟演卒。九月，范仲淹改知蘇州。西夏元昊自稱嵬名吾祖，建元開運，後改廣運，開始入侵宋境，殺掠居民。

**景祐二年乙亥（西元一〇三五年）二十九歲**

七月，妹夫張龜正卒於襄城，請假前往探視。九月，楊氏夫人去世。

二月，范仲淹爲禮部員外郎、天章閣待制；十二月，改爲吏部員外郎、權知開封府。

**景祐三年丙子（西元一〇三六年）三十歲**

五月，范仲淹上〈百官圖〉及〈帝王好尚〉、〈選賢任能〉、〈近名〉、〈推委〉四論，並在仁宗前與宰相呂夷簡論辯，貶饒州。集賢校理余靖、館閣校勘尹洙，論范仲淹不當貶，亦被貶黜。歐陽脩在余靖家，聞右司諫高若訥詆誚范仲淹，作〈與高司諫書〉，高若訥上此書於朝廷，於是被貶爲峽州夷陵令。蔡襄爲此事作〈四賢一不肖詩〉，四賢謂范、歐陽、余、尹，一不肖謂高若訥，京師傳誦。十月，江行抵夷陵，有〈于役志〉記這次行程。侍御史韓縝阿諛呂夷簡，請以朋黨榜示朝堂，戒百官勿越職言事，宋代的黨論由此開始。

西夏元昊改元大慶，制成西夏文十二卷頒行，規定境內記事用西夏文；並攻取回紇瓜、沙、蘭三州，盡有河西地，準備侵宋。

蘇軾生。

**景祐四年丁丑（西元一〇三七年）三十一歲**

正月，致書尹洙，約分撰《五代史》。三月，請假往許昌再娶戶部侍郎薛奎女；九月，還夷陵。十二月，遷官光化軍乾德令。

范仲淹遷知潤州。西夏元昊署置百官，有兵五十萬。

**仁宗寶元元年戊寅（西元一〇三八年）三十二歲**

三月，赴乾德任。是歲胥氏夫人所生子死。

十月，元昊稱帝，建國號爲大夏，改元天授禮法延祚。

**寶元二年己卯（西元一〇三九年）三十三歲**

五月，請假往襄城會晤謝絳、梅堯臣。時梅堯臣爲襄城令，謝絳出守鄧州，途經襄城；謝絳同年十一月死於鄧州，歐陽脩有〈知制誥謝公墓志銘〉。六月，起復舊官，權武成軍節度判官廳公事，奉母至南陽待舊官任滿後接任。

范仲淹遷知越州。元昊反書送至宋京，宋奪元昊官爵，並知會契丹。十一月，西夏侵宋保安軍。蘇轍生。

**仁宗康定元年庚辰（西元一〇四〇年）三十四歲**

春，至滑州接任武成軍節度判官。時范仲淹受命爲陝西經略安撫副使，辟歐陽脩爲掌書記，辭不赴。六月，召還開封，復館閣校勘，修《崇文總目》。是歲，子歐陽發生。

正月，元昊攻陷金明寨，侵延州，宋兵大敗，五月，又陷塞門寨、安遠塞。范仲淹初遷知永興軍，未至永興，改陝西都轉運使，遂又任陝西經略安撫副使，並自請兼知延州。時韓琦亦任陝西經略安撫副使，尹洙任涇原秦鳳經略安撫司判官，都在抗擊西夏前線。九月，以晏殊爲樞密使，杜衍等爲樞密副使。

**仁宗慶曆元年辛巳（西元一〇四一年）三十五歲**

十二月，《崇文總目》成，改官集賢校理。

二月，宋夏戰於好水川，宋大敗。七月，西夏攻麟、府二州，自後雙方作戰互有勝負。十二月，契丹以宋屢敗，下伐宋詔，會師南京（今北京），準備侵宋。

石延年卒。歐陽脩有〈石曼卿墓表〉、〈哭石曼卿〉詩。

**慶曆二年壬午（西元一〇四二年）三十六歲**

三月，契丹遣使蕭特默、劉六符至開封，索晉陽及瓦橋關以南之地。宰相呂夷簡薦右正言富弼出使契丹，歐陽脩上書引唐顏眞卿使李希烈事諫阻，不報。五月，仁宗下詔三館臣僚上封事及聽請對，歐陽脩上〈准詔言事上書〉，言三弊五事，力陳當世之患，亦不報。於是自請外任，九月通判滑州，十月到任。

四月，遣富弼至契丹議和；九月，和議成，宋增輸歲幣銀絹各十萬。閏九月，宋兵與西夏戰於定川寨，大敗，夏兵長驅直至渭州，大掠而退。

王安石舉進士，簽書淮南判官。

**慶曆三年癸未（西元一〇四三年）三十七歲**

三月，由滑州召回開封，以太常丞知諫院。時陝西師老兵頓，京東、西路民變紛起，呂夷簡既罷相，仁宗欲革天下弊事，故增置諫官。歐陽脩、王素、余靖、蔡襄同任諫職。七月，上言參知政事王舉正儒默不任事，請以樞密副使范仲淹代之，時王舉正亦自求罷，於是任范仲淹爲參知政事，富弼爲樞密副使。范以執政不應由諫官得，辭不拜，富弼亦納還誥命，至八月始受命。冬，擢同修起居注，以右正言知制誥，仍供諫職。

正月，契丹遣使至西夏，諭夏與宋和，夏遣六宅使賀從勖至宋謀和。三月，呂夷簡罷相，以晏殊爲平章事兼樞密使，韓琦、范仲淹爲樞密副使。四月，以杜衍爲樞密使。五月，沂州軍卒王倫起事。七月，西夏遣使契丹，請會師伐宋，爲契丹所拒。九月，仁宗召輔臣及知雜御史以上於天章閣，問御邊大略；先此，仁宗已多次下手詔令大臣條對當世事務。於是范仲淹上明黜陟、抑僥倖、精貢舉等十條，韓琦亦上清政本、念邊事、擢材賢等七事，爲新政實行之始。

## 慶曆四年甲申（西元一〇四四年）三十八歲

新政推行，首減磨勘、任子，爲反對者不滿。時石介作〈慶曆聖德詩〉，言進賢退奸之不易，於是反對者造爲黨論，目杜衍、范仲淹、歐陽脩等爲黨人。歐陽脩爲之作〈朋黨論〉。四月，奉使河東計度麟州存廢，及盜鑄鐵錢並礬課虧額利害，有《河東奏草》二卷。七月，還開封。八月，以龍圖閣直學士爲河北都轉運按察使，時保州兵叛，契丹盛兵集雲州，需加强河北防務。九月，晏殊罷平章事，以杜衍爲同中書門下平章事兼樞密使；是年契丹多次攻夏，均大敗。十月，宋夏和議成，元昊向宋稱臣，爲夏國王；宋輸夏歲幣銀絹茶等二十餘萬。

蘇舜欽係杜衍之婿，三月，因范仲淹薦授集賢校理監進奏院。秋，蘇舜欽在進奏院援例賽神，以伎樂娛賓，賣拆封廢紙錢以充費用，不足之數，與會者各出錢十千助席。會上，王曙之子王益柔戲作傲歌，御史中丞王拱辰聞之，以爲兩人皆范仲淹所薦，且蘇爲杜衍婿，於是唆使御史魚周詢、劉元瑜彈劾，新政反對者更羣起而攻。十一月，蘇舜欽以監主自盜罪，減死一等，除名爲民。與會者王洙、王益柔、呂溱、刁約、宋敏求等人，亦紛紛貶黜。是時已露新政失敗的跡象。

**慶曆五年乙酉（西元一〇四五年）三十九歲**

正月，代眞定帥田況權知眞定府事。三月，因范仲淹、杜衍、富弼、韓琦罷任，上〈論杜衍范仲淹等罷政事狀〉，指出杜衍等無可罷之罪，引起新政反對者嫉恨，恰甥女張氏（已死妹夫張龜正之女）犯法，諫官錢明逸借端彈劾，下開封府鞫治。後雖辯明，仍因此事於八月貶知滁州，十月到任。是歲子歐陽奕生。

正月，仁宗聽信章得象、陳執中攻擊新政主持者朋黨專權讒言，罷范仲淹參知政事、富弼樞密副使平章事、杜衍樞密使職。二月，劉元瑜奏罷磨勘、保任之法，新政徹底失敗。三月，韓琦上疏論富弼不當罷，罷韓琦樞密副使。五月，余靖罷知制誥。七月，貶知潞州，尹洙爲崇信軍節度副使。新政支持者大多或罷或斥。

黃庭堅生。石介卒於兗州，時新政反對者誣以詐死潛逃契丹，下詔開棺檢核虛實，知兗州杜衍力保其已死。歐陽脩有〈徂徠石先生墓志銘〉。蘇舜欽在蘇州建滄浪亭。

**慶曆六年丙戌（一西元〇四六年）四十歲**

在滁州，於豐山建豐樂亭、於瑯琊山作醉翁亭，自號「醉翁」。有〈豐樂亭記〉、〈醉翁亭記〉。

尹洙卒，歐陽脩有〈尹師魯墓志銘〉。

**慶曆七年丁亥（西元一〇四七年）四十一歲**

在滁州，日游山水，寫作詩文。在致梅堯臣書簡中說：「某此愈久愈樂，不獨爲學之外有山水琴酒之適而已，小邦爲政期年，粗若有成，固知古人不忽小官，有以也。」是歲，子歐陽棐生。

正月，杜衍在兖州任上以太子少師退休，時年七十。十一月，貝州王則起事，自稱東平王，建國號曰安陽。

**慶曆八年戊子（西元一〇四八年）四十二歲**

閏正月，轉起居舍人依舊知制誥徙知揚州，二月抵揚。在揚州，建無雙亭於城東，因瓊花一枝天下無雙而得名；建平山堂於城西北，據蜀岡，臨邗江，名勝爲淮南第一。

正月，夏國主元昊被其子寧令格殺死，後由遺腹子諒祚繼位。閏正月，文彥博、明鎬攻貝州，王則於城破時被俘，從起事到敗亡，共六十六日。四月，崇政殿親從官顏秀、郭逵、王勝、孫利四人起事，殺軍校奪取武器，攻入禁中寢殿，後四人死於混戰中，終於未能查明事件起因。尹洙卒於南陽。

蘇舜欽卒於蘇州。歐陽脩有〈祭蘇子美文〉。

**仁宗皇祐元年己丑（西元一〇四九年）四十三歲**

正月，徙知潁州，二月抵潁。因愛潁州西湖風景，有定居潁州的打算。是歲，子歐陽辯生。

正月，契丹準備攻夏，並遣使至宋告伐夏事。五月，擢宋祁爲《唐書》刊修官。七月，儂智高在廣西起事，自稱南天國。

秦觀生。

**皇祐二年庚寅（西元一〇五〇年）四十四歲**

七月，改知應天府兼南京（今河南商丘）留守司事，同月到任。是歲，約梅堯臣買田於潁，以作定居準備。

夏與契丹戰，互有勝負。十二月，夏國主諒祚遣使上表契丹，乞依舊爲契丹臣屬。

**皇祐三年辛卯（西元一〇五一年）四十五歲**

在南京。

五月，宰相文彥博推薦舒州通判王安石，召安石赴開封，安石辭不赴。十月，殿中侍御史里行唐介因彈劾文彥博，被貶春州別駕。文彥博亦罷相知許州。

**皇祐四年壬辰（西元一〇五二年）四十六歲**

三月，母鄭氏夫人去世，歸潁州守制。四月，起復舊官，固辭不赴。

五月，范仲淹在徐州途中卒。歐陽脩有〈祭資政范公文〉。儂智高破邕州，建大南國，自稱仁惠皇帝，連陷廣南東、西路州府。起復余靖、唐介，並命余靖知桂州廣南東、西路安撫使，經制廣南東、西路防務。九月，以樞密副使狄青爲荆湖南、北路宣撫使，提舉廣南東、西路盜賊事，擊儂智高。

張耒生。

**皇祐五年癸巳（西元一〇五三年）四十七歲**

八月，護母鄭氏夫人喪歸葬吉州瀧岡，胥、楊二夫人附葬。冬，復至潁州。

正月，狄青在廣西於上元節奇襲崑崙關，大破儂智高。四月，狄青還開封，遷樞密使；余靖亦擢工部侍郎，賞破儂智高功也。八月，復唐介爲殿中侍御史充言事御史。

## 仁宗至和元年甲午（西元一〇五四年）四十八歲

五月，母喪服除，至開封。六月，入朝見仁宗，請求任地方官，仁宗說：「此中見人多矣，爲小官時則有肯盡言，名位已高則多顧藉。如卿且未要去。」七月，權判流內銓，爲反對者僞造請汰內侍奏議，激怒宦官，判銓甫六日，卽爲宦者楊永德讒言所中，於是有知同州的任命。判吏部南曹吳充、知諫院范鎭等爲之力辯，其時參知政事劉沆主持修《唐書》，亦請留，未赴任。八月，劉沆拜相，詔歐陽脩修《唐書》。九月，遷翰林學士兼史館修撰，又差勾當三班院。

五月，因歐陽脩之薦，以殿中丞王安石爲羣牧判官。十二月，陳執中家女奴迎兒被杖死，陳因而罷相。

## 至和二年乙未（西元一〇五五年）四十九歲

三月，同孫抃考試諸司寺監人吏。六月，因上書論宰臣陳執中事，請求外任，出知蔡州；侍御史趙抃、知制誥劉敞上疏乞留，八月復領舊職。八月，以右諫議大夫名義充賀契丹國母生辰使，時契丹興宗死，改充賀登位國信使。

二月，知幷州武康軍節度使韓琦，因病自請改知相州，由富弼接任。先是宋禁開墾沿邊地，歐陽脩在河北時曾請開禁，有〈請耕禁地札子〉，後爲明鎬所阻；韓琦在幷州，亦主張開墾，琦去，詔富弼相度，富亦同意開墾，於是得民戶四千，墾地九千六百頃。三月，授王安石集賢校理，王固辭不拜。六月，文彥博、富弼任宰相。十二月，修六塔河以回黃河故道，富弼主其議，歐陽脩因曾使河北，知河決根本，上〈論修河狀〉反對。高若訥卒。晏殊卒。歐陽脩有〈觀文殿大學士贈司空晏公神道碑銘〉。

## 仁宗嘉祐元年丙申（西元一〇五六年）五十歲

二月，使契丹還，進〈北使語錄〉。閏三月，判太常寺兼禮儀事，孟夏薦饗，攝太尉行事。五月，知通進銀臺司兼門下封駁事，免勾當三班院。八月，因新任三司使張方平在途中未及至任，暫代發遣三司公事。

正月元旦，仁宗於大慶殿受朝時中風失語。四月朔，六塔河始修復，即潰決。五月，知諫院范鎮首上疏建儲，因仁宗無子，以後司馬光、文彥博、富弼、樞密使王德用、歐陽脩等紛紛上疏，均留中不報。八月，狄青罷樞密使加同平章事判陳州。時仁宗病，太子未立，因狄青材武，開封訛言籍籍，以為狄青當天命，劉敞、歐陽脩都有奏疏請出狄青以保全之，故有是命。

## 仁宗嘉祐二年丁酉（西元一〇五七年）五十一歲

正月，與韓絳、王珪、范鎮、梅摯同知禮部貢舉，辟梅堯臣為小試官，凡鎖院五十日。時士子尚為險怪奇澀之文，號「太學體」，歐陽脩痛排抑之。榜出，囂薄之士候歐陽脩晨朝，聚噪於馬首，街卒不能制。是科蘇軾、蘇轍、曾鞏、程顥、張載、朱光庭、呂大鈞皆舉進士，號為得人。九月，兼判秘閣秘書省。十一月，權判史館亦暫代胡宿知審刑院。十二月，權判三班院。

二月，杜衍卒。歐陽脩有〈太子太師致仕杜祁公墓志銘〉。三月，狄青卒，贈中書令。

**嘉祐三年戊戌（西元一〇五八年）五十二歲**

三月，任命兼侍讀學士，以學士員多，辭不拜；充宗正寺同修玉牒官；同陳旭考試在京百司人吏。六月，兼龍圖閣學士權知開封府。時權貴犯禁令，多求朝廷內降苟免，歐陽脩上奏論列，乞今後求內降以免罪者，更加本罪二等。既而內臣粱舉直私役官兵，付開封府勘問，粱求得內降放罪，凡三次內降，終執而不行。

六月，文彥博罷相，以韓琦繼任；宋庠、田况并為樞密使。十月，王安石上〈上仁宗皇帝言事書〉。

**嘉祐四年己亥（西元一〇五九年）五十三歲**

二月，免權知開封府，轉給事中同提舉在京諸司庫務；充御試進士詳定官。四月，兼充羣牧使。五月，王安石由度支判官改直集賢院。

**嘉祐五年庚子（西元一〇六〇年）五十四歲**

七月，上新修《唐書》二百五十卷，推恩賞轉禮部侍郎。初，歐陽脩奉敕撰《唐書》，專成紀、志、表，而列傳則宋祁所撰；朝廷恐其體不一，令歐陽脩看詳，刪為一體，受命而退，曰：「宋公於我為前輩，且人所見不同，豈可悉如已意。」於是一無所易。書成奏上，按規定惟列官最高者一人，歐陽脩官高當列名，但曰：「宋公於傳功深而日久，豈可掩其名而奪其功。」於是紀、志、表書歐陽脩名，列傳書宋祁名。宋庠聞之，贊嘆說：「自古文人好相凌掩，此事前所未有也。」九月，兼翰林院侍讀學士。十一月，拜樞密副使。

五月，王安石爲三司度支判官。十一月，司馬光、王安石同修起居注。十二月，孫琳在河中府用方田法打量均稅，百姓驚慌，紛紛斫伐桑柘，歐陽脩與知永興軍劉敞奏止之。

梅堯臣卒。歐陽脩有〈梅聖俞墓志銘〉。

**嘉祐六年辛丑（西元一〇六一年）五十五歲**

閏八月，以戶部侍郎參知政事，辭戶部侍郎銜。九月，同修《中書時政記》，將中書省應知政務集爲總目，使在應對時無須臨時向有關機構查詢。

三月，富弼因母喪守制去相位。六月，同修起居注王安石知制誥。閏八月，因富弼堅辭起復，以韓琦爲首相。是歲，知諫院司馬光等反復建言早立太子，韓琦復力主建儲，於是仁宗始有建儲之意。

**嘉祐七年壬寅（西元一〇六二年）五十六歲**

九月，進階正奉大夫加柱國。

八月，仁宗立侄趙宗實爲皇子，賜名曙。

**嘉祐八年癸卯（西元一〇六三年）五十七歲**

上元夜，賜筵中書省、樞密院於相國寺羅漢院，是日宰相韓琦、曾公亮，樞密使張昪都在假期中，惟參知政事歐陽脩、趙槩，樞密副使胡宿、吳奎在席，四人前此同時任翰林學士，此時相繼執政，爲一時盛事。四月，轉戶部侍郎進階金紫光祿大夫。

三月晦日，仁宗暴疾卒。四月朔日，使皇子入內，使嗣立，皇子驚惶說：「某不敢爲，某不敢爲。」英宗嗣位後卽發病，不知人事，語言失次，曹太后與英宗同朝聽政。後帝與太后失睦，太后有廢立意，召韓琦、歐陽脩議。韓琦說：「此病故耳，疾已必不然。子疾，母可不容之乎？」太后不悟。歐陽脩說：「太后事先帝數十年，仁德著於天下。昔溫成之寵，太后處之裕如，今母子之間反不能容邪。」太后意稍和。脩又說：「先帝在位日久，德澤在人，故一日晏駕，天下奉戴嗣君，無一人敢異同者。今太后深居房闥，臣等五六書生爾，若非先帝遺意，天下誰肯聽從。」太后始默然而止。五月，富弼除喪服，授樞密使、禮部尙書同平章事。七月，契丹皇太叔重元與子尼嚕古，合謀殺道宗耶律洪基自立，謀泄，尼嚕古戰死，重元自殺。九月，英宗立趙仲鍼爲皇子，賜名頊。

**英宗治平元年甲辰（西元一〇六四年）五十八歲**

閏五月，遷轉吏部侍郎，固辭不受。

五月，英宗疾稍痊，親政，曹太后撤簾。秋，西夏出兵侵秦鳳、涇原等路，殺掠人畜以萬計。

余靖卒。

**治平二年乙巳（西元一〇六五年）五十九歲**

正月，三次上表乞外任，不允。二月，因西北告警，建言以七十歲已退休戶部侍郎孫沔守河中府。三月，除仁宗喪服，於是開始議英宗生父濮安懿王（已卒）的稱號典禮，翰林學士王珪議：「濮王於仁宗爲兄，於皇帝宜稱皇伯而不名。」歐陽脩引〈喪服記〉以爲「爲人後者，爲其父母降服三年爲期，而不沒父母之名，以見服可降而名不可沒也。若本生之親改稱皇伯，歷考前世，皆無典據；進封大國，則又禮無加爵之道。請下尚書集三省御史臺議」。於是濮議之爭開始。八月，以雨水爲災待罪，三上表乞避位，不允。九月，主持編纂的太常禮書百卷成，詔名〈太常因革〉。

二月，三司使蔡襄出知杭州，以蔡在曹太后垂簾時支持廢立之議，歐陽脩在英宗前爲蔡辯誣。七月，以文彥博爲樞密使。先是，韓琦、曾公亮欲遷歐陽脩爲樞密使，當時仁宗未葬，太后垂簾，歐陽脩以不宜二三大臣自相位置，力辭；至此樞密使張昪因病去職，英宗又欲任歐陽脩，歐陽脩又力辭不拜，故由淮南召回文彥博而有是命。

**治平三年丙午（西元一〇六六年）六十歲**

正月，曹太后手詔中書：「宜尊濮王爲皇，夫人爲后，皇帝稱親。英宗下詔謙讓，不受尊號，但稱親，卽墓園立廟。時論以爲太后之追崇，英宗之謙讓，都出於中書之謀。於是諫官呂誨等彈劾韓琦專權導諛，歐陽脩首倡邪說。因此又三次上表求外任，不允，今文集中有《濮議》四卷記其事。

正月，契丹改國號爲大遼。二月，蘇軾直史館，三月，以太常博士蔣之奇爲監察御史裏行，歐陽脩素厚蔣之奇，蔣前擧制科不入等，嘗謁歐陽脩，盛言追崇濮王爲是，因力薦之，故有是命。四月，命龍圖閣直學士兼侍講司馬光編歷代君臣事迹，司馬光薦劉恕、趙君錫同修，後趙君錫因父喪不赴，改命劉攽之弟劉攽，至神宗元豐七年（西元一〇八四年）完成，歷時十九年，定名《資治通鑑》。十二月，英宗病劇，立皇子潁王頊爲皇太子。

蘇洵卒。歐陽脩有〈蘇主簿挽歌〉、〈文安縣主簿蘇君墓誌銘〉。

**治平四年丁未（西元一〇六七年）六十一歲**

二月，子歐陽棐中進士。御史蔣之奇因濮議事欲撇淸與歐陽脩的關係，串通御史中丞彭思永造爲帷薄不修之謗，彈劾歐陽脩。在事件辯明後，連上表力求去職。三月，以觀文殿學士、刑部尙書出知亳州。閏三月，請便道過潁州少留。六月抵亳州。

正月，英宗卒，太子卽位，是爲神宗。閏三月，王安石知江寧府，司馬光爲翰林學士，不久又轉權御史中丞。九月，韓琦罷相。以呂公弼爲樞密使，張方平、趙抃幷參知政事。十二月，夏國主諒祚卒，子秉常卽位。

蔡襄卒。歐陽脩有〈端明殿學士蔡公墓志銘〉。

**神宗熙寧元年戊申（西元一〇六八年）六十二歲**

是歲接連上表乞退休，不允。八月，轉兵部尙書，改知青州，充京東東路安撫使，九月抵青州。建房屋於潁州，以備退居。

四月，王安石被召越次入對，至開封，上〈本朝百年無事札子〉。七月，韓琦自永興復請相州。

劉敞卒。歐陽脩有〈集賢院學士劉公墓志銘〉。

**熙寧二年己酉（西元一〇六九年）六十三歲**

在青州。冬，請求調壽州（臨近潁州），不允。

二月，由汝州召富弼爲尚書右僕射兼門下侍郎、平章事。翰林學士王安石爲右諫議大夫、參知政事。設制置三司條例司，議變舊法以通天下之利，命陳升之、王安石主持其事；王安石薦呂惠卿爲條例司檢詳文字。三月，以蘇轍爲制置三司條例司檢詳文字。四月，遣劉彝等八人視察全國各路農田水利賦役，作變法準備。七月行均輸法；九月行青苗法；十一月頒農田水利約束，置諸路提擧官。富㢸因與王安石不合，常以病不視事，幷一再請退，十月罷相，以陳升之同平章事。五月，王安石請罷詩賦、明經諸科，專以經義論策取進士，爲蘇軾所反對，神宗欲用蘇軾修中書條例，王安石因與蘇議論不合，改蘇軾爲權開封府推官。八月，條例司檢詳文字蘇轍因與呂惠卿論事動輒不合，罷。是歲因沮新法罷黜的朝官有滕甫、鄭獬、王拱宸、錢公輔、呂誨、范純仁、祖無擇等。

## 熙寧三年庚戌（西元一〇七〇年）六十四歲

在青州，於實際推行青苗法中，見出此法之弊端，曾兩次上札子請免除利息、制止强迫攤派；幷建議止發秋料青苗錢，因未獲批復，卽在京東東路停止發放，爲朝廷詰責，求退愈切。四月，除檢校太保宣徽南院使、判太原府、河東路經略安撫監牧使，兼幷代澤潞麟府嵐石路兵馬都總管，命赴開封覲見，堅辭不受。王安石知歐陽脩不能爲己助，於是不復用。七月，改知蔡州，九月抵蔡。是歲，改號「六一居士」，有〈六一居士傳〉。

二月，河北安撫使韓琦上疏，請罷青苗法。神宗初同意韓琦之議，王安石不悅，稱病不出；後將韓琦奏疏付條例司疏駁，頒告天下。韓琦再疏申辯，不報。三月，集英殿策試進士，罷詩、賦、論三題。五月，罷制置三司條例司，其職權歸中書，應文彥博之請也。十二月，以王安石、韓絳並同中書門下平章事，王珪參知政事。立保甲法，行免役法。是歲朝臣因沮新法罷黜者有張方平、韓琦、孫覺、呂公著、趙抃、宋敏求、蘇頌、李大臨、程顥、張戩、李常、胡宗愈、呂公弼、孔文仲、司馬光、范鎮等。

**熙寧四年辛亥（西元一〇七一年）六十五歲**

在蔡州累章請退，六月，以觀文殿學士太子少師致仕。七月，歸潁州。

正月，立京東、河北「賊盜」重法，以鎮壓人民反抗。二月，罷詩賦及明經諸科，以經義、論、策試進士。三月，西夏攻陷撫寧等堡，宋兵大敗。四月，蘇軾由開封府推官出判杭州，是歲因沮新法罷黜者計有韓維、富弼、楊繪、劉摯等人。

**熙寧五年壬子（西元一〇七二年）六十六歲**

閏七月二十三日於汝陰病逝。七月，贈太子太師。

三月，行市易法。富弼罷相後出知汝州，因不悅新法，致仕。五月，行保馬法。八月定方田均稅法。

神宗元豐八年乙丑（西元一〇八五年）贈太師，追封康國公。哲宗紹聖三年丙子（西元一〇九六年）追封兗國公。徽宗崇寧三年甲申（西元一一〇四年）追封秦國公。又政和三年癸巳（西元一一一三年）追封楚國公。

# 附錄二：歐陽脩史傳

## (一)《宋史・歐陽脩傳》(見《宋史》卷三百一十九)

歐陽脩字永叔，廬陵人。四歲而孤，母鄭，守節自誓，親誨之學，家貧，至以荻畫地學書。幼敏悟過人，讀書輒成誦。及冠，嶷然有聲。

宋興且百年，而文章體裁，猶仍五季餘習。鏤刻駢偶，淟涊弗振，士因陋守舊，論卑氣弱。蘇舜欽、柳開、穆脩輩，咸有意作而張之，而力不足。脩游隨，得唐韓愈遺稿於廢書簏中，讀而心慕焉。苦志探賾，至忘寢食，必欲幷轡絕馳而追與之並。

舉進士，試南宮第一，擢甲科，調西京推官。始從尹洙游，爲古文，議論當世事，迭相師友，與梅堯臣游，爲歌詩相倡和，遂以文章名冠天下。入朝，爲館閣校勘。

范仲淹以言事貶，在廷多論救，司諫高若訥獨以爲當黜。脩貽書責之，謂其不復知人間有羞恥事。若訥上其書，坐貶夷陵令，稍徙乾德令、武成節度判官。仲淹使陝西，辟掌書記。脩笑而辭曰：「昔者之舉，豈以爲己利哉？同其退不同其進可也。」久之，復校勘，進集賢校理。慶曆三年，知諫院。

時仁宗更用大臣，杜衍、富弼、韓琦、范仲淹皆在位，增諫官員，用天下名士，脩首在選中。每進見，帝延問執政，咨所宜行。既多所張弛，小人翕翕不便。脩慮善人必不勝，數爲帝分別言之。

初，范仲淹之貶饒州也，脩與尹洙、余靖皆以直仲淹見逐，目之曰「黨人」。自是，朋黨之論起，脩乃爲朋黨論以進。其略曰：「君子以同道爲朋，小人以同利爲朋，此自然之理也。臣謂小人無朋，惟君子則有之。小人所好者利祿，所貪者財貨，當其同利之時，暫相黨引以爲朋者，僞也。及其見利而爭先，或利盡而反相賊害。雖兄弟親戚，不能相保，故曰小人無朋。君子則不然，所守者道義，所行者忠信，所惜者名節。以之修身，則同道而相益，以之事國，則同心而共濟，終始如一，故曰：惟君子則有朋。紂有臣億萬，惟億萬心，可謂無朋矣，而紂用以亡。武王有臣三千，惟一心，可謂大朋矣，而周用以興。蓋君子之朋，雖多而不厭故也。故爲君但當退小人之僞朋，用君子之眞朋，則天下治矣。」

脩論事切直，人視之如仇，帝獨獎其敢言，面賜五品服，顧侍臣曰：「如歐陽脩者，何處得來？」同修起居注，遂知制誥。故事，必試而后命，帝知脩，詔特除之。

奉使河東。自西方用兵，議者欲廢麟州以省餽餉。脩曰：「麟州天險不可廢，廢之，則河內郡縣，民皆不安居矣。不若分其兵，駐並河內諸堡，緩急得以應援，而平時可省轉輸，於策爲便。」由是州得存。又言：「忻、代、岢嵐多禁地廢田，願令民得耕之，不然，將爲敵有。」朝廷下其議，久乃行，歲得粟數百萬斛。凡河東賦斂過重民所不堪者，奏罷十數事。

使還，會保州兵亂，以爲龍圖閣直學士、河北都轉運使。陛辭，帝曰：「勿爲久留計，有所欲言，言之。」對曰：「臣在諫職得論事，今越職而言，罪也。」帝曰：「第言之，毋以中外爲間。」賊平，大將李昭亮、通判馮博文私納婦女，脩捕博文繫獄，昭亮懼，立出所納婦。兵之始亂也，招以不死，既而皆殺之，脅從二千人，分隸諸郡。富弼爲宣撫使，恐後生變，將使同日誅之，與脩遇於內黃，夜半，屏人告之故。脩曰：「禍莫大於殺已降，況脅從乎？既非朝命，脫一郡不從，爲變不細。」弼悟而止。

方是時，杜衍等相繼以黨議罷去，脩慨然上疏曰：「杜衍、韓琦、范仲淹、富弼，天下皆知其有可用之賢，而不聞其有可罷之罪。自古小人讒害忠賢，其說不遠。欲廣陷良善，不過指爲朋黨，欲動搖大臣，必須誣以顓權，其故何也？去一善人，而衆善人尚在，則未爲小人之利；欲盡去之，則善人少過，難爲一一求瑕，唯指以爲黨，則可一時盡逐。至如自古大臣，已被主知而蒙信任，則難以他事動搖，唯有顓權是上之所惡，必須此說，方可傾之。正士在朝，羣邪所忌，謀臣不用，敵國之福也。今此四人一旦罷去，而使羣邪相賀於內，四夷相賀於外，臣爲朝廷惜之。」於是邪黨益忌脩，因其孤甥張氏獄傅致以罪，左遷知制誥、知滁州。居二年，徙揚州、潁州。復學士，留守南京，以母憂去。服除，召判流內銓，時在外十一年矣。帝見其髮白，問勞甚至。小人畏脩復用，有詐爲脩奏，乞澄汰內侍爲姦利者。其羣皆怨怒，譖之，出知同州，帝納吳充言而止。遷翰林學士，俾修唐書。奉使契丹，其主命貴臣四人押宴，曰：「此非常制，以卿名重故爾。」

知嘉祐二年貢擧。時士子尚爲險怪奇澀之文，號「太學體」，脩痛排抑之，凡如是者輒黜。畢事，向之囂薄者伺脩出，聚譟於馬首，街邏不能制；然場屋之習，從是遂變。

加龍圖閣學士、知開封府，承包拯威嚴之後，簡易循理，不求赫赫名，京師亦治。旬月，改羣牧使。唐書成，拜禮部侍郎兼翰林侍讀學士。脩在翰林八年，知無不言。河決商胡，北京留守賈昌朝欲開橫壠故道，回河使東流。有李仲昌者，欲導入六塔河，議者莫知所從。脩以爲：「河水重濁，理無不淤，下流既淤，上流必決。以近事驗之，決河非不能力塞，故道非不能力復，但勢不能久耳。橫壠功大難成，雖成將復決。六塔狹小，而以全河注之，濱、棣、德、博必被其害。不若因水所趨，增隄峻防，疏其下流，縱使入海，此數十年之利也。」宰相陳執中主昌朝，文彥博主仲昌，竟爲河北患。

臺諫論執中過惡，而執中猶遷延固位。脩上疏，以爲「陛下拒忠言，庇愚相，爲聖德之累」。未幾，執中罷。狄青爲樞密使，有威名，帝不豫，訛言籍籍，脩請出之於外，以保其終，遂罷知陳州。脩嘗因水災上疏曰：「陛下臨御三紀，而儲宮未建。昔漢文帝初即位，以羣臣之言，即立太子，而享國長久，爲漢太宗。唐明宗惡人言儲嗣事，不肯早定，致秦王之亂，宗社遂覆。陛下何疑而久不定乎？」其後建立英宗，蓋原於此。

五年，拜樞密副使。六年，參知政事。脩在兵府，與曾公亮考天下兵數及三路屯戍多少、地理遠近，更爲圖籍。凡邊防久缺屯戍者，必加蒐補。其在政府，與韓琦同心輔政。凡兵民、官吏、財利之要，中書所當知者，集爲總目，遇事不求之有司。時東宮猶未定，與韓琦等協定大議，語在琦傳。英宗以疾未親政，皇太后垂簾，左右交構，幾成嫌隙。韓琦奏事，太后泣語之故。琦以帝疾爲解，太后意不釋，脩進曰：「太后事仁宗數十年，仁德著於天下。昔溫成之寵，太后處之裕如；今母子之間，反不能容邪？」太后意稍和，脩復曰：「仁宗在位久，德澤在人。故一日晏駕，天下奉戴嗣君，無一人敢異同者。今太后一婦人，臣等五六書生耳，非仁宗遺意，天下誰肯聽從。」太后默然，久之而罷。

脩平生與人盡言無所隱。及執政，士大夫有所干請，輒面諭可否，雖臺諫官論事，亦必以是非詰之，以是怨誹益衆。帝將追崇濮王，命有司議，皆謂當稱皇伯，改封大國。脩引喪服記，以爲：「『爲人後者，爲其父母報。』降三年爲期，而不沒父母之名，以見服可降而名不可沒也。若本生之親，改稱皇伯，歷考前世，皆無典據。進封大國，則又禮無加爵之道。故中書之議，不與衆同。」太后出手書，許帝稱親，尊王為皇，三夫人為后。帝不敢當。於是御史呂誨等詆脩主此議，爭論不已，皆被逐。惟蔣之奇之說合脩意，脩薦為御史，衆目為姦邪。之奇患之，則思所以自解。脩婦弟薛宗孺有憾於脩，造帷薄不根之謗摧辱之，展轉達於中丞彭思永，思永以告之奇，之奇即上章劾脩。神宗初即位，欲深譴脩。訪故宮臣孫思恭，思恭為辨釋，脩杜門請推治。帝使詰思永、之奇，問所從來，辭窮，皆坐黜。脩亦力求退，罷為觀文殿學士、刑部尙書、知亳州。明年，遷兵部尙書、知青州，改宣徽南院使、判太原府。辭不拜，徙蔡州。

脩以風節自持，既數被汙衊，年六十，即連乞謝事，帝輒優詔弗許。及守青州，又以請止散青苗錢，為安石所詆，故求歸愈切。熙寧四年，以太子少師致仕。五年，卒，贈太子太師，謚曰文忠。

脩始在滁州，號醉翁，晚更號六一居士。天資剛勁，見義勇為，雖機穽在前，觸發之不顧。放逐流離，至於再三，志氣自若也。方貶夷陵時，無以自遣，因取舊案反覆觀之，見其枉直乖錯不可勝數，於是仰天歎曰：「以荒遠小邑，且如此，天下固可知。」自爾，遇事不敢忽也。學者求見，所與言，未嘗及文章，惟談吏事，謂文章止於潤身，政事可以及物。凡歷數郡，不見治迹，不求聲譽，寬簡而不擾，故所至民便之。或問：「為政寬簡，而事不弛廢，何也？」曰：「以縱為寬，以略為簡，則政事弛廢，而民受其弊。吾所謂寬者，不為苛急；簡者，不為繁碎耳。」脩幼失父，母嘗謂曰：「汝父為吏，常夜燭治官書，屢廢而歎。吾問之，則曰：『死獄也，我求其生，不得爾。』吾曰：『生可求乎？』曰：『求其生而不得，則死者與我皆無恨。夫常求其生，猶失之死，而世常求其死也。』其平居教他子弟，常用此語，吾耳熟焉。」脩聞而服之終身。

爲文天才自然，豐約中度。其言簡而明，信而通，引物連類，折之於至理，以服人心。超然獨騖，衆莫能及，故天下翕然師尊之。獎引後進，如恐不及，賞識之下，率爲聞人。曾鞏、王安石、蘇洵、洵子軾、轍，布衣屏處，未爲人知，脩即游其聲譽，謂必顯於世。篤於朋友，生則振掖之，死則調護其家。

好古嗜學，凡周、漢以降金石遺文，斷編殘簡，一切掇拾，研稽異同，立說於左，的的可表證，謂之集古錄。奉詔修唐書紀、志、表，自撰五代史記，法嚴詞約，多取春秋遺旨。蘇軾敍其文曰：「論大道似韓愈，論事似陸贄，記事似司馬遷，詩賦似李白。」識者以爲知言。

子發字伯和，少好學，師事安定胡瑗，得古樂鍾律之說，不治科學文詞，獨探古始立論議。自書契以來，君臣世系，制度文物，旁及天文、地理，靡不悉究。以父恩，補將作監主簿，賜進士出身，累遷殿中丞。卒，年四十六。蘇軾哭之，以謂發得文忠公之學，漢伯喈、晉茂先之流也。

中子棐字叔弼，廣覽强記，能文詞。年十三時，見脩著鳴蟬賦，侍側不去。脩撫之曰：「兒異日能爲吾此賦否？」因書以遺之。用蔭，爲秘書省正字，登進士乙科，調陳州判官，以親老不仕。脩卒，代草遺表，神宗讀而愛之，意脩自作也。服除，始爲審官主簿，累遷職方員外郎、知襄州。曾布執政，其婦兄魏泰倚聲勢來居襄，規占公私田園，强市民貨，郡縣莫敢誰何。至是，指州門東偏官邸廢址爲天荒，請之。吏具成牘至，棐曰：「孰謂州門之東偏而有天荒乎？」卻之。衆共白曰：「泰橫於漢南久，今求地而緩與之，且不可，而又可卻邪？」棐竟持不與。泰怒，譖於布，徙知潞州，旋又罷去。元符末，還朝。歷吏部、右司二郎中，以直祕閣知蔡州。蔡地薄賦重，轉運使又爲覆折之令，多取於民，民不堪命。會有詔禁止，而佐吏憚使者，不敢以詔旨從事。棐曰：「州郡之於民，詔令苟有未便，猶將建請。今天子詔意深厚，知覆折之病民，手詔止之。若有憚而不行，何以爲長吏？」命即日行之。未幾，坐黨籍廢，十餘年卒。

論曰：三代而降，薄乎秦、漢，文章雖與時盛衰，而藹如其言，曄如其光，皦如其音，蓋均有先王之遺烈。涉晉、魏而弊，至唐韓愈氏振起之。唐之文，涉五季而弊，至宋歐陽脩又振起之。挽百川之頹波，息千古之邪說，使斯文之正氣，可以羽翼大道，扶持人心，此兩人之力也。愈不獲用，脩用矣，亦弗克究其所爲，可爲世道惜也哉！

## (二) 先公事迹

歐陽發等述

先公爲人天性剛勁，而器度恢廓宏大，中心坦然，未嘗有所屑屑於事，事不輕發，而義有可爲，則雖禍患在前，直往不顧，以此或至困逐，及復振起，終莫能掩。而公亦正身特立，不少屈奪，四五十年之間，氣象偉然蓋天下；而以文章道德爲一世學者宗師。故歷事三聖，常被眷倚，遂託以天下安危之計；而公亦以身許國，進退出處，士人以爲輕重。至於接人待物，樂易明白，無有機慮與所疑忌。與人言，徑直明辨，人人以爲開口可見心腑；至於貴顯，終始如一，不見大官貴人事位貌之體，一切出於誠心直道，無所矜飾，見者莫不愛服。而天資勁正高遠，無纖毫世俗之氣，常人亦自不能與之合也。平生學之所得，以至文章事實，皆明識所及，性所自得，不勞而至；無所勉強，而衆人學之者，終莫能及。其於經術，務明其大本，而本於情性，其所發明，簡易明白。其論《詩》曰：「察其美刺，知其善惡，以爲勸戒。所謂聖人之志者，本也；因其失傳而妄自爲之說者，經師之末也。今夫學者，得其本而通其末，斯盡善矣；得其本而不通其末，闕其所疑，可也。」又云：「今夫學者知前事之善惡、知詩人之美刺、知聖人之勸戒，是謂知學之本而得其要，其學足矣，又何求焉。」公於經術，去取如此，以至先儒注疏有所不通，務在勇斷不惑，平生所辨明十數事，皆前世人不以爲非，未有說者。（如五帝不必皆出於黃帝，春秋趙盾弒君非趙穿，許世子非不嘗藥，武王之十有一年，非受命之年數，及力破漢儒災異五年之說，〈正統論〉破以秦爲僞閏，或以功德，或以國地，不相臣屬，則必推一姓以爲主之說。以爲正者，正天下之不正，統一天下之不一。至于各據地而稱帝，正朔不相加，則爲絕統。惟今天下於一者爲正統，統或絕或續，而正統之說遂定焉。）然亦不苟務立異於諸儒，嘗曰：「先儒於經不能無失，而所得已多矣，正其失，可也；力詆之，不可也。盡其說而理有不通，然後得以論正，予非好爲異論也。」其於《詩》《易》多所發明。爲《詩本義》，所改正百餘篇，其餘則曰毛、鄭之說是矣。復何云乎！其公心通論如此。

先公四歲而孤，家貧無資，太夫人以荻畫地，教以書字。多誦古人篇章，使學爲詩。及其稍長，而家無書讀，就閭里士人家借而讀之，或因而抄錄，抄錄未畢，而已能誦其書，以至晝夜忘寢食，惟讀書是務。自幼所作詩賦文字，下筆已如成人，兵部府君閱之，謂韓國太夫人曰，嫂無以家貧子幼爲念，此奇兒也，不惟起家以大吾門，他日必名重當世。及舉進士時，學者方爲四六，號時文，公已獨步其間。天聖七年，補國子監生，是秋取解，明年南省試，皆爲第一人，由是名重當世。及景祐中，與尹公洙偕爲古文，已而有詔，戒天下學者盡爲古文，獨公古文既行，遂擅天下，四十年間，天下以爲模範。一言之出，學者競相傳道，不日之間，流布遠近，外至夷狄，莫不仰服；後進之士，爭爲門生，求受教誨，當世皆以爲自兩漢後五六百年，有韓退之，退之之後，又數百年而公繼出，自李翺、柳宗元之徒，皆不足比；然公之文，備盡衆體，變化開闔，因物命意，各極其工，或過退之。如〈醉翁亭記〉、〈眞州東園記〉創意立法，前世未有其體。作〈尹公洙誌〉文，以爲尹公文簡而有法，取其意而爲之，卽得其體。〈石先生介墓誌〉不多假事迹，但述其平生志意所存，與其大節氣概。讀之，如見其人。〈集古錄敍〉，今王丞相以謂讀之可辟瘧鬼。

先公既奉勅撰《唐書》紀、志、表，又自撰《五代史》七十四卷，其作本紀，用《春秋》之法，雖司馬遷、班固皆不及也，其於《唐書、禮樂志》，發明禮樂之本，言前世治出於一，而後世禮樂爲空名。〈五行志〉不書事應，悉壞漢儒災異附會之說，皆出前人之所未至。其於《五代史》，尤所留心，褒貶善惡，爲法精密，發論必以嗚呼，曰：「亂世之書也」，其論曰：「昔孔子作《春秋》，因亂世而立治法，余述本紀，以治法而正亂君，此其志也。」書成，減舊史之半，而事迹添數倍，文省而事備，其所辨正前史之失，甚多。嘉祐中，今致政侍郎范公等列言於朝，請取以備正史，公辭以未成。熙寧中，有旨取以進御。（按《神宗實錄》熙寧五年八月丁亥詔潁州令歐陽某家上某所撰《五代史》）

先公筆札，精勁雄偉，自爲一家，當世士大夫有得數十字，皆藏以爲寶，而未嘗爲人書石。

先公平生，以奬進賢材爲己任，一時賢士大夫，雖潛晦不爲人知者，知之，無不稱譽，薦擧極力而後已。既爲當世宗師，凡後進之士，公嘗所稱者，遂爲名人。時（一作士）人皆以得公一言爲重，而公推揚誘進不倦。至於有一長者，識與不識，皆隨其所長而稱之，至今當世顯貴知名者，公所稱薦爲多。

今湖州孫正言覺爲合淝主簿，未與公相識，郡守怒之，欲捃拾以罪，時胡侍講在太學以屬公，公爲作手書與其寮佐，令保全之，遂獲免。福州處士陳烈，素不與公相識，公聞其名，知其行義，屢薦於朝，乞賜召用，朝制卽召烈，爲國子監直講。

先公嘗言平生爲學所得，惟平心無怨惡爲難，未嘗挾私喜怒以爲意，雖仇讎之人，嘗出死力擠陷公者，它日遇之，中心蕩然，無纖芥不足之意。嘗曰：「孔子言以直報怨，夫直者，是之爲是，非之爲非，是非付之至公，則是亦不報也。」

先公初貶滁州，蓋錢明逸輩爲之。自外還朝，遇明逸於京師，屢同飲宴，不以爲嫌。其後公在中書，明逸罷秦州歸，復用爲翰林學士，近日小人蔣之奇妄興大謗，及公移青州，其兄之儀知臨淄縣，爲二司所不喜，力欲壞之，亦以託公，公察其實無它，力保全之。

先公平生文章擅天下，未嘗以矜人，而樂成人之美，不掩其所長，詩筆不下梅聖俞而嘗推之，自謂不及；然識者或謂過之。初奉勅撰《唐書》，專成紀、志、表，而列傳則宋公（祁）所撰，朝廷恐其體不一，詔公看詳，令删爲一體，公雖受命，退而曰：「宋公於我爲前輩，且人所見不同，豈可悉如己意。」於是一無所易。書成奏御，舊制，惟列官最高者一人，公官高當書，公曰：「宋公於傳，功深而日久，豈可掩其名，奪其功。」於是紀、志、表書公名，而列傳書宋公，宋丞相（庠）聞之，歎曰：「自古文人，好相凌掩，此事，前所未有也。」

先公篤於交友，恤人之孤，梅聖俞家素貧，既卒，公醵於諸公，得錢數百千，置義田以恤其家，且乞錄其子增。尹龍圖洙已卒，公乞錄其子構。孫先生復有《尊王發微》十五卷，有旨進內，未畢而卒，公乞令其家錄進，而推恩其子大年，尹構、孫大年、梅增皆蒙錄用以官。天聖初，胥公在漢陽，先公時年二十餘，以所爲文謁之，胥公一見奇之，曰：「子當有名於天下。」因館於門下，與公偕入京師，及公登第，乃以女妻之。

王文康公知西京，先公爲留守推官。一日，當都應勘事，有一兵士自役所逃歸，文康問公曰：「勘兵士何謂未斷？」公曰：「合送本處行遣。」文康曰：「似此，某作官處斷過甚多，推官新作官，不須疑。」公曰：「若相公直斷，雖斬亦可，有司則不敢奉行。」一夜，文康夜召，問軍人未斷否？公曰：「未。」文康曰：「幾至誤事。」明日遂送所屬處。

先公在河南，以文學負當世之名，前後留守皆名公好賢，莫不傾身禮接。王文康自西京召歸，謂公曰：「今來有例合舉館職，當奉擧」。遂用王文康公薦，自西京留守推官召試。

范文正公以言事忤大臣，貶知饒州，先公一日遇司諫高若訥於余襄公家，若訥非短范公，以爲宜貶。公歸，遂爲書與之辯，且責若訥（二字一作其）不能論列，若訥繳進其書，遂貶坐爲夷陵令；既而余襄公、尹公洙亦連坐被貶，蔡公爲〈四賢詩〉述其事，天下傳之。

先公既坐范公遠貶數年，復得滑州職官，會范公復起，經略陝西，辟公掌牋奏，朝廷從之。時天下久無事，一旦西邊用兵，士之負材能者皆，欲因時有所施爲；而范公以天下重名，好賢下士，故士之樂從者衆。公獨歎曰：「吾初論范公事，豈以爲已利哉，同其退，不同其進，可也。」遂辭不往，其於進退不苟如此。以至致位二府，惟以忠義自得主知，未嘗有所因緣憑藉。

先公在館中，遇西邊用兵，天下多事，詣闕上書，爲三策，以料賊情，及指陳天下利容甚衆。既而有詔，百官許上封章言事，公上疏言三弊五事，力陳當時之患。仁宗增諫官爲四員，先公與蔡公襄、余襄公靖今致政王尙書素，同時選用。是時，陝西用兵已久，京東西盜賊羣起，內外多事。仁宗既進退大臣，遂欲改更闕失，方急於求治，公遇事感激，知無不言。范文正、杜正獻公今司徒韓魏公、富鄭公四人同時登用，公屢請召對方問，責以所爲，既而仁宗降手詔，出六條責以諸公，各亦有所陳述。公言諸公所陳，宜力主張，勿爲羣言所奪，而王文安公爲三司使，有爲無名詩中之者，公請嚴禁止之，以絕小人流言搖動朝政之漸，勅出官爰購捕其人，時上欲改更朝政，小人不便，故造作語言動搖，及勅牓出，自此遂絕。是後，上遂下詔勸農桑，興學校，改更庶事之弊。

自范文正公之貶，先公與余襄公等坐黨人被逐，朋黨之說遂起，久而不能解，一時名士，皆被目爲黨人。公在諫院，爲〈朋黨論〉以獻，羣言遂息，大救當時之弊。時天下久安，上下失於因循，一旦陝西用兵，而羣賊王倫、張海等所在皆起，先公請遣使者按察州縣，朝廷命諸路轉運使皆兼按察，公言轉運使苟非其人，則按察遂爲空名，復條陳按察六事，於是兩府聚議，盡破常例，不次用人。（後來利因一劄子中備言此事），其後，州縣多所升降，內外百職振擧，及杜待制杞爲京西轉運使，與御史蔡稟同治賊事，公言杞可獨任，無用稟，杞果遂平諸盜，京西無事。

時張溫成方有寵，人莫敢言，因學皇女，染綾羅八千疋。先公上言乞裁損其恩寵及親戚恩澤太頻，可以減罷，極陳女寵驕姿以至禍敗之戒。

皇叔燕王薨，議者以國用不足，請待豐年而葬，先公乞減費而葬，以爲不肯薄葬，留之以待侈葬，徒成王之惡名，使四夷聞天子皇叔薨無錢出葬，遂輕中國。有旨，減節浮費而葬。

豐州柿木成文，有「太平之道」四字。先公上言：「今四海騷然，未見太平之象。」又曰：「太平之道者，其意可推，自古帝王致太平，皆有道，得道則太平，失道則危亂，今見其失，未見其得，願陛下憂勤萬務，漸期致理。其瑞木，乞不宣示於外。」

慶歷三年，御試進士，以「應天以實不以文」爲賦題，公爲擬試賦一道以進，指陳當世闕失，言甚切至。

淮南轉運使呂紹寧到任，便進羨餘錢十萬，公乞拒而不受，以彰朝廷均恤外方，防禦刻剝。前後所上章疏百餘，其間斥去姦邪，抑絕僥倖，以謂任人不可疑，節制不可不一，當推恩信以懷不服，其事往往施行。

先公以諫官除知制誥，故事，知制誥當先試，有旨更不召試，有國以來不試而受者，惟楊文公、陳文惠公與公三人。公既典制誥，尤務敦大體，初作勸農勑，既出，天下翕然，人人傳誦，王言之體，遠復前古。

陝西兵役之後，河東困弊，粮草闕少。又有言者請廢麟州，或請移於合河津，或請廢五寨，朝廷命先公視其利害，及察訪一路官吏能否擘劃經久利容及計置粮草，公爲四議，以較麟州利害，請移兵就食於河濱，（一作次）清塞堡，緩急不失應援，而平時可省餽運，麟州遂不廢。又建言忻、代、岢嵐、火山四州軍沿邊有禁地，棄而不耕，人戶私糴北界斛斗入中以爲邊儲，今若耕之，每年可得三二百萬石以實邊，朝廷從之。此兩事，至今大爲河東之利。

自西事後，河東賦歛重而民貧，道路嗟怨，先公奏罷十事以寬民力。（文字見河東奏事謂乞罷和糴

未三司銀之類）

先公自河東還，會保州兵叛，遂出爲河北都轉運使。別得不下司箚子云：「河北宜選有文武材識轉運使二員，密授經略之任，使其熟圖利容，豫爲禦備。」

保州既降，總管李昭亮私取叛兵妻女，通判馮博文等，亦往往効之。先公發博文罪，置獄推劾，昭亮恐懼，立令送出。

自保州事後，河北兵驕，少不如意，卽謀結集，處處有之，上下務在姑息。先公屢乞主張將帥每事鎭重以遏士心，河北卒無事。

保州叛兵既降，其脅從者二千餘人，分隸河北諸州。富鄭公爲宣撫使，恐其復生變，欲委諸州同日誅之，方作文書；會先公權知鎭府，遇富公於內黃，富公夜半屏人，密以告公。公曰：「禍莫大於殺降，昨保州叛卒，朝廷許以不死招之，今已戮之矣，此二千人本以脅從故得不死，奈何一旦無辜就戮，且無朝旨，若諸郡不肯從命，事旣參差，則必生事，是趣其爲亂也，且某至鎭州，必不從命。」富鄭公遂止。

先公在河北旣被朝廷委任之重，悉力經營，凡一路官吏能否山川、地里、財產所出，兵粮、器械、教閱陣法，一一爲別圖籍，盡四路之事，如在目前。或問公曰：「公以文章儒學名天下，而治此俗吏之事乎。」公曰：「吏之不職，吾所愧也，繫民休戚，其敢忽乎。」奏置御河催綱司，通致糧運，以省入中之數，置都作院於磁、相二州，以省諸州兵器之費，旣究見河北利容本末，（一無此二字）乃一一條例，遍貽書於執政，將大爲經畫，未盡行，而公罷去。

慶歷初，仁宗既復四諫之職，（一有而擧二字）拔英俊賢能材德之士，並進於朝。公負天下之望而居具職，仁宗寵異之意，獨絕衆人，嘗因奏事，論及當世人材，仁宗不覺謂公曰，如歐陽某何處得來。公乃盡心悉力，思所補報，遇事不避，以至犯忤權貴，排擊姦佞，怨怒隨至，常欲大用而未果。是時中外多事，仁宗意以謂艱難之際，非公不足以辨事，故自諫官奉使河東，委以一路之利害，及保州事作，河北轉運使張昷之得罪，公自河東還，未數月，復出爲河北轉運使，及陛辭之日，仁宗面諭曰：「不久當還，無爲久居計，有事，但言來，無以中外爲限。」公對曰：「在京師所言，尙以風聞，或恐失實，況於在（一作在於）外。」仁宗曰：「有所聞，但言來，行與不行，則在此。」及至河北，百事振擧，小人忌公，恐大用，而又杜、范、韓、富，同時罷黜，小人彙進，公上疏，極言四人忠實可用而無過，辨明小人誣罔之言，請加任用，於是羣小益懼。相與造爲謗辭；及詔獄之起，窮究無狀，仁宗亦悟，止奪職，知滁州。

南京素號要會，賓客往來無虛日，一失迎候，則議論蜂（一作羣）起，先公在南京，雖貴臣權要過者，待之如一，由是造爲語言，達於朝廷。時陳丞相升之安撫京東，因令審察是非，陳公陰訪之民間，得俚語，謂公爲照天蠟燭，還而奏之，上方欲召用，而公丁太夫人憂。

先公初服除，還朝，惟除本官龍圖閣直學士，而無主判，入見日，仁宗惻然，怪公鬢髮之白，問公在外幾年？今年幾何？恩意甚至。公求補外，仁宗曰：「此中見人多矣，爲小官時，則有肯盡言，名位已高，則多顧藉，如卿且未要去，明日以責大臣，卽以公判流內銓，是時小人忌公且見進用，僞爲公乞澄汰內臣箚子，傳布中外，內臣人人切齒，判銓六日，楊永德以差船及引見胡宗堯事中公，出知同州，而外議紛紜，論救者衆，上亦開悟，適會劉公沆有箚子乞催宋公祁結絕《唐書》，上曰：「莫不須宋祁否？」劉公曰：「別未有人。」上曰：「歐陽某知同州，臣寮已有文字請留。」劉公曰：「乞自陛下宣諭。」明日朝辭，上殿，上曰：「休去同州，且修《唐書》。既而曾魯公自翰林學士換侍讀學士，知鄭州，劉公奏歐陽某見未有主判處，乞替曾某判三班院。上曰：「翰林學士有人未？」劉公曰：「見商量。」上曰：「歐陽某不止一好差遣，亦好一翰林學士，便可替曾某。」遂入翰林爲史官，判三班院。上嘗面問公以唐學士院鈴索故事，將議臨幸，其於眷待之意甚厚。

先公在侍從八年，知無不言，屢建議，多見施行。自初還朝，唐公介與諸公方居言職，所言，久之未見聽納，公上疏言人君拒諫之失，請採聽言者，其後上遂用諫官言，進退宰相。（用唐介等疏罷陳執中）

時議者方以河患爲意，陳恭公在相位，欲塞商、胡，開橫壠，回大河於故道，先公上疏言其不可。未幾，恭公罷去，新宰相復用李仲昌議，欲開六塔，全回河流，公兩上疏爭之，不聽，河纔成而決，濱、滄、德、博數千里大被其害，仲昌等議者流竄遠方，卒如公議。

至和二年，先公奉使契丹，契丹使其貴臣陳留郡王宗愿、惕隱大王宗熙、北宰相蕭知足、尚父中書令晉王蕭孝友來押宴曰：「此非常例，以卿名重，宗愿、宗熙並契丹皇叔，北宰相，蕃官中最高者，尚父中書令晉王，是太皇太后弟，送伴使耶律元寧言，自來不曾如此一併差近上親貴大臣押宴。

嘉祐初，狄武襄公爲樞密使。狄自破蠻賊之後，方振威名，而是時仁宗不豫久之，初康復，而狄得士心，京師訛言詾詾。先公因水災言武臣典機密得士心，而訛言可畏，非國之便，請且出之於外以保全之，未久狄終以流言不已，罷知陳州。

嘉祐中，復用賈魏公爲樞密使。先公言其爲人好爲陰謀，陷害良士，小人朋附，樂爲其用，前任相位，累害善人，所以聞其再來，望風畏恐，乞早罷還之舊鎭，其命遂止。

先公在翰林，嘗草〈春帖子〉詞：「一日，仁宗因閑行，擧首見〈御閣帖子〉讀而愛之，問何人作，左右以公對，卽悉取皇后夫人諸閤中者閱之，見其篇篇有意，歎曰：「擧筆不忘規諫，眞侍從之臣也。」自是，每學士院進入文書，必問何人當直，若公所作，必索文書自覽。（先公每述仁宗恩遇多言此事，云內官梁實爲先公說〈春帖子詞〉有云：「陽進升君子，陰消退小人。聖君南面治，布政法新春。」至今士大夫盡能誦之，及〈溫成皇后閤帖子〉云：「聖君念舊憐遺族，常使無權保厥家。」）

仁宗嘉祐中，先公在翰林，富鄭公在中書，胡侍講在太學，包孝肅公爲中丞，士大夫相語曰：「富公眞宰相」。呼先公字曰：「眞翰林學士」，胡先生「眞先生」，包公「眞中丞」，時人謂「四眞」。

嘉祐二年，先公知貢擧，時學者爲文，以新奇相尙，文體大壞。（辭澀，如狼子豹孫林林逐逐之語，怪誕，如周公伻圖，禹操畚鍤，傅說負版築，來築太平之基之說。）公深革其弊，一時以怪僻知名在高等者，黜落幾盡，二蘇出於西川，人無知者，一旦拔在高等，牓出，士人紛然驚怒怨謗；其後，稍稍信服，而五六年間，文格遂變而復古，公之力也。

先公知開封府，承包孝肅公之後，包公以威嚴爲治，名震京師，而公爲治循理，不事風采，或謂公曰：「前政威名，震動都下，眞得古京兆尹之風采。公未有動人者，奈何？」公曰：「人材性各有短長，豈可捨已所長，勉强其所短，以徇俗求譽，但當盡我所爲，不能則止，既而都下事無不治。」

開封府既多近戚寵貴，干令犯禁，而復求以內降茍免，先公既受命，屢有其事，卽上奏論列乞今復求內降以免罪者，更加本罪二等，內臣梁擧直私役官兵，付開封府取勘，旣而內降放罪，凡三次內降，公終執而不行。

嘉祐三年閏十二月，京師大雪，民凍餒而死者十七八，明年上元，有司以常例張燈，先公奏請罷之。

故事，國史皆在史院，近制皆進入內，自是每日曆成亦入內，而有司惟守空司，先公請錄本付外，遂如公言，今史院之有國史，自（一作由）公請也。

先公在密院，與今侍中曾魯公悉力振擧紀綱，革去宿弊，大考天下兵數及三路屯戍多少地里遠近，更爲圖籍之法，邊防久闕屯守者，大加蒐補，數月之間，機務浸理。

臺諫官唐公介、王公陶、范公師道、呂公景初，皆以言事被逐。先公言四人剛正敢言，蹤跡有本末，宜早賜牽復，其後四人遂復進用。

先公在侍從，因嘉祐水災，凡再上疏，請選立皇子以固天下根本，言甚激切，及在政府，遂與諸公協定大議，而英宗力辭宗正之命，堅臥久之，諸公同議，不若遂正皇子之名，奏事仁宗前，顧問之際，公獨進曰：「宗室自來不領職事，今外人忽見有此除授，皆知陛下將以爲子，不若遂正其名，蓋判宗正寺，降誥勅，待以不授，今立爲皇子，只煩陛下命學士作一詔書告天下，事卽定矣。」仁宗以爲然，大計遂定，及英宗初年，未親政事，慈聖垂簾，危疑之際，公與諸公往來兩宮，鎭撫內外，而公之危言密議，忠力爲多，以至英宗親御萬機，內外晏然。

先公天性勁正，不顧仇怨，雖以此屢被讒謗，至於貶逐，及居大位，毅然不少顧惜，尤務直道而行，橫身當事，不恤浮議，是時今司徒韓魏公當國，每諸公聚議，事有未可，公未嘗不力爭，而韓公亦欣然忘懷，以此與公相知益深，或奏事上前，衆議未合，公亦往返折難，無所顧避。嘗一日獨對，英宗面諭公曰：「參政（英宗於先朝大臣多不以名呼，而以官稱）性直，不避衆怨，每見奏事，與二相公有所異同，便相折難，其語更無回避，亦聞臺諫論事，往往面折其短，若似奏事時語，可知人皆不喜也，宜少戒此。」而公又務抑絕僥倖，有以事干公者，或不可行，而爲其人分別可否，曰：「此事必不可行，以此人多怨謗。」而公安然未嘗少卹，嘗稱故相王沂公之言曰：「恩欲歸己，怨使誰當。」每亦曰：「貧賤常思富貴，富貴必履危機，此古人之所歎也。惟不思而得，既得不患失之者，其庶幾乎。」及濮園議起，非公所獨專，朝廷亦未有定議，而言者妄以非禮之說指公爲主議，公亦不與之較，其後小人彭思永、蔣之奇等造爲無根之飛語，欲以危公，自人主而下，朝廷名臣亘公，天下有識之士，皆知因公亮直不隱，得怨於小人，故上連降手詔詰問思永、之奇，二人引服誣罔，悉皆貶逐。

自嘉祐以後，朝廷務惜名器，而進人之路稍狹，先公屢建言館閣育材之地，宜盛其選以廣賢路，遂令兩府人各擧五人，其後中選者十人。

嘗因僧官闕人，內臣陳承禮以寶相院僧慶輔爲請內降，從之。舊有著令，僧官必試而補，諸公相與執奏其事，先公進言曰：「補一僧官，至爲小事，但內降衝改著令，內臣干撓朝政，不可啓其端；且宦女近習，前世常患，難於防制，乞絕之於漸。」英宗卽欣然嘉納。

契丹降人韓臯謨者，自言太叔使來，言太叔使取其國乞中國出兵爲應，二府會議其事，時有意主之者，將議從之。先公爭曰：「中國待夷狄，宜以信義爲本，奈何欲助其叛亂，使事不成，得以爲辭。」主議者大笑，曰：「迂儒，迂儒！」公力爭之不已，遂止，既而虜中太叔擧事不成而死。

初，樞密使闕人，先公以次當拜，時英宗未親政事，二府密議，不以告公。一日待漏院中，公見二相耳語，知其所爲，問曰：「得非密院闕人，而某當次補乎。」二公曰：「然」，公曰：「此大不可，今天子不親政，而母后垂簾，事之得失，人皆謂吾輩爲之耳，今如此，則是大臣二三人相補置耳，何以鎭服天下。」二公大然公言，遂止。及今致政張太師罷樞密使，英宗復用公，公力辭不拜。

京師百司所行兵民官吏財用之類，皆無總數，中書一有行移，則下有司纂集，先公因暇日，盡以中書所當知者，集爲總目。一日，上有所問，宰相以總目爲對，公以祀假家居上遣中貴人就中書閤子，取而閱之，先公平生連典大郡，務以鎭靜爲本，不求聲譽，治存大體，而施設各有條理，綱目不亂，非盜賊大獄，不過終（一作數）日，吏人不得留滯爲姦，知揚州、南京、靑州，皆大郡多事，公至數日，事十減五六，既久，官宇闃然，嘗曰：「以縱爲寬，以略爲簡，則事弛廢而民受弊，吾所謂寬者不爲苛急，簡者去其繁碎爾。」故所至不見治迹，而民安其不擾，既去，至今追思不已。今滁、揚二州皆有生祠，而公天性仁恕，斷獄當務從寬，嘗云：「漢法惟殺人者，後世死刑多矣，故凡死罪非已殺人而法可出入者，皆全活之。」曰：「此吾先君之志也。」其在河北一議，活二千人之命，及晚年，在京東奏寬沙門島刑名，設法減其人數，賴以獲全者甚衆。（沙門島罪人寨主舊敢專殺，故數不多而易制。馬點知登州，務全人命，擧察甚嚴，稍優卹罪人，罪人既多，而又不畏本寨，漸恣横難制，京東議者大患之，有司之意，多欲許令依舊，一面處置，公以爲朝廷既貸其命，豈可非理殺之，奏請，將編勑州。（一作刑）名合配沙門島而情稍輕者，只配遠惡州軍，見在島多年，情輕者，放還，遂以無事，而人亦獲全）。

先公初有太原之命，令赴闕朝見，中外之望，皆謂朝廷方虛相位以待公，公六上章，堅辭不拜，而請知蔡州，天之莫不歎公之高節。

先公在亳，年纔六十一，已六上章乞致仕，而上方眷留，未聽，及在蔡，勤請益堅，遂如素志。公既氣貌康强，而年未及禮制，一旦勇退，近古數百年所未嘗有，天下士大夫仰望驚嘆，公雖退居于家，士論猶望以爲輕重。

先公平生以直道見忌於羣小，再被貶逐，而未嘗以介意，初在峽州，作〈至喜亭〉，及自河北，以小人無名之謗，降知滁州，治州南山泉爲幽谷泉，作亭於瑯琊山，自號「醉翁」。及晚年，又自號「六一居士」，曰：「吾集古錄一千卷、藏書一萬卷、有琴一張、有棋一局，而常置酒一壺，吾老於其間，是爲『六一』」。自爲傳以刻石。

先公平生，於物少所嗜好，雖異物奇玩，不甚愛惜，獨好收蓄古文圖書，集三代以來金石銘刻爲一千卷，以校正史傳百家訛繆之說爲多，藏書一萬卷，雖至晚年，暇日惟讀書，未嘗釋卷。

先公平生著述，《易童子問》三卷、《詩本義》十四卷、《五代史》七十四卷、《居士集》五十卷、《歸榮集》一卷、《外制集》三卷、《內制集》八卷、《奏議集》十八卷、《四六集》七卷、《集古錄跋尾》十卷、《雜著述》十九卷、諸子集以爲《家書總目》八卷，其遺逸不錄者，尚數百篇，別爲編集而未及成，又奉勑撰《唐書》紀十卷、志五十卷、表十五卷，在館職日，與同時諸公共撰《崇文總目》、《祖宗故事》。

# 附錄三：歐陽脩行狀

吳充

故推誠保德崇仁翊戴功臣、觀文殿學士、特進太子少師致仕、上柱國、樂安郡開國公，食邑四千三百戶，食實封一千二百戶，贈太子太師，歐陽公行狀。

高祖郴，累贈金紫光祿大夫、太師中師令。

祖偃，累贈金紫光祿大夫、太師中師令，兼尚書令。

父觀，皇任泰州軍事判官，累贈金紫光祿大夫、太師、中書令、兼尚書令，追封鄭國公。

本貫吉州永豐縣明德鄉，年六十六。

歐陽氏之先，本出於夏禹之苗裔，少康封其庶子於會稽以奉禹祀，歷夏、商、周，以世相傳，至越王勾踐，傳五世至王無彊，爲楚威王所滅，諸子皆受封於楚，而無彊之子蹄封於歐餘山之陽，是爲歐陽亭侯，子孫遂以爲氏，後稍北徙靑之千乘，冀之渤海，千乘之顯者，曰生，字和伯，以經爲漢博士，所謂歐陽尚書者是也。渤海之顯者，曰建，字堅石，所謂渤海赫赫歐陽堅石是也。詢、通父子顯於唐，自通三世生琮，爲吉州刺史，又八世生萬，爲吉州安福令，後世或居安福，或廬陵。安福之六世孫，卽公曾祖也，生八男，曰儀者，中南唐進士第，父母皆在，鄉里榮之，命其鄉曰儒林，里曰歐桂，坊曰具慶。皇祖而下，始居吉水。至和中，析吉水爲永豐，今爲永豐人矣。曾祖仕南唐，爲武昌令檢校右散騎常侍兼御史大夫，性孝友，鄉里稱之，累贈金紫光祿大夫、太師、中書令。曾祖妣劉氏，追封楚國太夫人。皇祖少以文學稱，獻所爲文，南唐召試，爲南京街院判官，累贈金紫光祿大夫、太師、中書令兼尚書令。祖妣李氏，累封吳國太夫人。皇考少孤力學，咸平中進士及第，天性仁孝，居官決獄，主於平恕哀矜，終於泰州軍事判官，累贈金紫光祿大夫、太師、中書令兼尚書令，追封鄭國公。妣鄭氏，累封韓國太夫人。皇考之捐館舍，公纔四歲，太夫人守節自誓，而教公以讀書爲文，及公成人，太夫人自力衣食，不以家事累公，使專務爲學，及見公之身名偕顯，而夫人壽考康寧，爲善之報，豈虛也哉。公諱修，字永叔，天聖中進士甲科，補西京留守推官，用王文康公薦，召試，遷鎭南軍節度掌書記館閣校勘，以書責諫官不論事，諫官以聞，謫峽州夷陵縣令，徙光化軍乾德令，改武成軍節度判官。范文正公經略陝西，辟掌書記，辭不就，俄遷太子中允，館閣校勘。方修禮書，命權同知太常禮院，辭不受，預修《崇文總目》成，改集賢校理，遂知太常禮院，請補外，通判滑州，召以爲太常丞，知諫院，賜緋衣銀魚，未幾，同修起居注，閱月，拜右正言知制誥，賜三品服，出使河東，還，改龍圖閣直學士河北都轉運按察使，左遷知制誥，知滁州改起居舍人，知揚州，徙知穎州，復龍圖閣直學士，知應天府兼南京留守司，歷尚書禮部吏部郎中，丁韓國太夫人憂，服除，判吏部流內銓，入翰林，爲學士，加史館修撰，勾當三班院，請郡，改侍讀學士，知蔡州，留不行，判太常寺兼禮儀事，權知禮部貢舉，拜右諫議大夫，判尚書禮部，又判秘閣秘書省，加侍讀，辭不受，同修玉牒，兼龍圖閣學士，權知開封府，以給事中罷，同提舉在京諸司庫務，改羣牧使，《唐書》成，拜禮部侍郎兼侍讀學士。嘉祐五年，以本宮爲樞密副使，明年閏八月，參知政事，兼譯經潤文，歷戶部吏部二侍郎，皆參大政，進拜左丞，出爲觀文殿學士刑部尚書，知亳州。熙寧初，遷兵部尚書，知青州京東路安撫使，除檢校太保宣徽南院使，判太原府河東路經略安撫監牧使，兼幷代澤潞麟府嵐石路兵馬都總管，三辭不受，徙知蔡州。熙寧四年六月，於觀文殿學士太子少師致仕，階特進，勳上柱國，食邑四千三百戶，食實封一千二百戶，明年閏七月二十三日，薨於汝陰之私第，天子聞之震悼，爲之一日不視垂拱朝，贈太子太師，邺孤法賻。皆從加等。公爲人剛正，質直閎廓，未嘗屑屑於事，見義敢爲，患害在前，直往不顧，用是數至困逐，及復振起，終不改其操，眞豪傑之士哉。居三朝數十年間，以文章道德，爲一世學者宗師，接人待物，誠信樂易，不爲表襮，諸生進者，與之抗聲極談，簡直明辨，至於貴顯，終始如一，見者莫不愛服，而天資高遠，常人自不能與之合，公待之一也。有所稱薦，姑取其一善，後或毀公於朝，遇其人或其家厄且困，必力振之：「曰，吾行己，不以喜怒私也。」於經術，務究大本，其所發明，簡易明白。其論《詩》曰：「察其美刺，知其善惡，以爲勸戒，所謂聖人之志者，本也；因其失傳，而妄自爲之說者，經師之末也。今夫學者得其本而通其末，斯善矣；得其本而不通其末，闕其所疑，可也。」不求異於諸儒，嘗曰：「先儒於經不能無失，而所得固多矣，盡其說而理有不通，然後得以論正，予非好爲異論也。」其於《詩》《易》，多所發明，爲《詩本義》，所改正百餘篇，其餘則曰：「毛鄭之說是矣，復何云乎。」公幼孤，家貧無資，太夫人以荻畫地，教以字書，稍長，從閭里借書讀，或手抄之，抄未畢而成誦。公之擧進士，學者方爲時文，號四六，公就視之，曰，此不足爲，然切於養，勉爲之，而人亦不能及。故屢試有司，皆第一，名聲藉甚。及景祐中，與尹師魯偕爲古學，已而有詔戒天下學者，爲文使近古，學者盡爲古文，獨公古文既行世，以爲模範，自兩漢後五六百年，有韓愈，愈之後又數百年而公繼出，李翺、皇甫湜、柳宗元之徒，不足多也。蓋公之文備衆體，變化開闔，因物命意，各極其工。其得意處，雖退之未能過，筆札精勁，自成一家。當世士大夫有得數十字，皆藏以爲寶。生平以獎進人材爲己任，一時賢士大夫，雖濳晦不爲人知者，必延譽慰薦，極其力而後已。後進之士一爲公所稱遂爲聞人，篤於朋友，尹師魯、梅聖兪、孫明復皆貧甚，既卒，公力爲經紀其家，表其孤於朝，悉錄以官。他嘗所與厚者，未嘗遺也。公既書責諫官以申范文正，坐謫夷陵，而尹洙、余靖亦連貶，蔡君謨爲〈四賢詩〉，世傳之。及范公之使陝西，辟公偕往，朝廷從之，時天下久無事，一旦西陲用兵，士之負材能者，皆欲因時有所施設，而范公望臨一時，好賢下士，故士之樂從者衆，公獨歎曰，吾初論范公事，豈以爲己利哉，同其退，不同其進，可也，卒辭焉。慶歷初，公方登朝，數論天下事，爲策以揣敵情，及指陳利害甚衆，既而有詔，百官上封事，公又上疏言三弊五事，力陳當時之所宜憂者，仁宗增諫官員，首預其選，是時西師久，京東西盜賊羣起，中外騷然，仁宗既進退大臣，欲遂改更諸事，公感激恩遇，知無不言。時范正公、杜正獻公，今司徒韓公、司空富公，皆輔政，公屢請召對咨訪，責以所爲，既而仁宗降手詔，出六條，虛心以待，後遂下詔勸農桑，興學校，多所更革，小人不悅，一時知名士，見謂爲黨人矣，公爲〈朋黨論〉以進，見集中。溫成後方有寵，公言前世女寵之戒，請加裁損。燕王薨，議者以國用不足，請待豐年以葬，公言士大夫家有所待而侈，不如及時薄葬，況天子叔邪，且非所以示四方也，卒從公議。澧州進柿木，成文，有「太平之道」字，公言今四海騷然，未見太平之象，又「太平之道」，其意可推，自古帝王，致之皆有道，得道則太平，失道則危亂，今見其失，未見其得，願陛下憂勤萬務，漸期致理，其瑞木請不宣示於外。淮南轉運使呂紹寧到任，進羨餘錢十萬貫，公請拒而不受以防刻剝。陝西用兵之後，河東困弊，芻糧不足，言者廢麟州，或請移於合河津，或請廢五寨。公既使河外爲四議，以較麟州利害，請移兵就食於瀕河清塞堡，緩急不失應援，而平時可省餽運，麟州得不廢。又建言忻代岢嵐火山四州軍沿邊有禁地，棄而不耕，人戶私糴，北界斛斗入中以爲邊儲，今若耕之，每年可得數百萬石以實邊，朝廷從之，大爲河東之利。自西事後，河東賦斂重而民貧，道路嗟怨，公奏（一作表）罷數千事以寬民力，公自河東還，會保州兵叛，遂出爲河北都轉運使，保州卒既降，大將李昭亮私納婦女，通判馮博文等竊傚之，公發其姦，下博文獄，昭亮惶恐，立出之。自保州之變，河北兵驕，小不如意，卽謀爲亂，人情務在姑息，公乞假將帥權，事從鎭重以銷未萌，河北卒無事，保塞之脅從者一千餘人，分隸河北宣撫使，恐復生變，欲以便宜悉誅之，公權知成德軍，遇之於內黃宣撫使，夜半，屏人以告公，公曰：「禍莫大於殺降，昨保州叛卒，朝廷許以不死，今戮之矣，此曹本以脅從故得脫，奈何一旦殺無辜二千人，且非朝旨，若諸郡不肯從，緩之必生變，是趣其爲亂也。」且某至鎭州，必不從命，遂止。公在河北，奏置御河催綱司，通糧運，邊州賴之，置都作院於磁、相二州以繕戎器。仁宗遇公厚，嘗論及當世人材，目公曰，如歐陽某者，豈易得哉。常欲大用而未果，及使河北，陛辭日，上面諭曰：「無爲久居計，有事，言來。」公對以諫官得風聞，今在外使事有指，越職，罪也，況不得其實邪。上曰：「有事第以聞，勿以中外爲辭。」及黨論大起，公極言請加明辨，勢益危。初，公妹適張龜正，龜正無子，有女，非歐出也，妹旣嫠，無所歸，以孤女偕來，及笄，以嫁宗人晟，張氏後以他事下獄，小人欲幷中公，乃摭張氏貲產事窮治，久之，卒無有，猶貶滁上。公丁太夫人憂，旣免喪，入見，仁宗惻然，怪公髮白，問在外幾年，今年幾何，恩意甚至，命判流內銓，小人恐公且復用，僞爲公奏〈乞汰內臣疏〉，傳之中外，宦者人人切齒，內官楊永德陰以言中公，出知同州。而外議不平，論救者衆，上尋開悟，故馮翊之命卒不行。公在侍從八年，多所闓益，初，河決澶淵，陳恭公爲相，欲塞商胡，開橫壠故道，公言功大恐不可成，徒勞人，未幾，陳罷去，新宰相復用李仲昌議，欲開六塔河，公言六塔不能吞伏，且復決，再爭之，不得，既而果然，濱滄德博數千里，大被其害，仲昌等得罪流貶。至和初，公奉使契丹，契丹使其貴臣愓隱，及北宰相蕭知足等來押宴，曰：「非常例也，以公名重，故爾。」其爲外夷所畏如此。公在翰林，仁宗一日乘間，見〈御閣春帖子〉讀而愛之，左右曰：「學士歐陽某之辭也。」乃悉取宮中帖閱之，見其篇篇有意，歎曰：「擧筆不忘規諫，眞侍從之臣也。」每學士院進文字，必曰何人當直，至公之筆，必詳覽之，每加歎賞。嘉祐初，公知貢擧，時擧者爲文以新奇相尙，文體大變，公深革其弊，所以怪僻在高第者，黜之幾盡，務求平澹典要。士人初怨罵譏，中稍信服，已而文格遂變而復正者，公之力也。公之尹京，承包孝肅公之後，包以威嚴爲治，公一切循理，不事風采，或以爲言，公曰：「人材性格有短長，今捨所長，彊其所短，以徇俗求譽。我不能也。」至寵貴犯禁令，又求苟免者必寘於法，雖詔命，有所不從，且請加本罪二等，至今行之，由公奏請也。公在樞密，與今侍中曾魯公，悉力振擧紀綱，革去宿弊，考天下兵數，及三路屯戍多少，地理遠近，更爲圖籍之法，邊防久闕屯守者，大加蒐補，數月之間，機務浸理。嘗因嘉祐水災，凡再上疏，請選位皇子以固天下根本，言甚激切，及在政府，遂與諸公協定大議，而先帝力辭宗正之命。公進曰：「宗室不領職事，忽有此除，天下皆知陛下將儲以爲嗣，（一作爲儲嗣）不若遂正其名，且判宗正寺誥勅付閤門，得以不受，今立爲皇子，止消一詔書，事定矣。」仁宗以爲然，遂下詔。及先帝初年，未親政事，慈壽垂簾，公與諸公往來兩宮，鎭撫內外，而危言密議，忠力爲多。至先帝親御萬機，內外肅然，每諸公聚議，事有未可，公未嘗不力諍，臺諫官至政事堂論事，往往面折其短。英宗嘗面稱公曰：

「性直不避衆怨。」嘗稱故相王沂公之言曰：「恩欲歸己，怨使誰當。」且曰：「貧賤當思富貴，富貴必履危機，此古人之所歎也。惟不思而得，既得而不患失之者，其庶幾乎。」及彭思永、蔣之奇等以飛語汙公，公杜門，請付有司治之，上連詔詰問所從來，二人辭窮，悉逐之。上親遣中貴人，手詔慰安，公遂稱疾，力解機務。自嘉祐以後，朝廷務惜名器，而進人之路稍狹，公屢建言館閣育材之地，材既難得而又難知，則當博採而多畜之，時冀一得於其間，則傑然出名臣矣，餘亦不失爲佳士也。遂詔二府各舉五人，其後中選者。往往在清近，朝廷稍收其用矣。京師百司所行兵民官吏財用之類，皆無總數，中書一有行移，則下有司纂集，公因暇日，盡以中書所當知者，集爲總目。上有所問，宰相以總目爲對，公以祀假家居，上遣中貴人就中書閤取而閱之，連典劇郡，以鎭靜爲本，不求赫赫名，舉大體而已，民便安之。滁、揚二州，生爲之立祠。公在亳，年甫六十，表致仕者六，不從，至蔡而請益堅，卒不能奪公志，其勇退如此。公平生於物少所好，獨好收畜古文圖書，集三代以來金石銘刻爲一千卷，以校正史傳百家訛繆之說爲多。晚年自號「六一居士」，曰吾集古錄一千卷、藏書一萬卷、有琴一張、有棋一局，而常置酒一壺，吾老於其間，是爲「六一」，自爲傳以刻石。嘗被詔撰《唐書》紀十卷、志五十卷、表十五卷，又自撰《五代史》七十四卷，其爲紀，一用《春秋》法，於唐禮樂志，明前世禮樂之本出於一，而後世禮樂爲空名，五行志不書事應，盡破漢儒萏異附會之說，其論著類此。《五代史》辭約而事備，及正前史之失爲多。公之薨，上命學士爲詔，求書於其家，方繕寫進御，嘗著《易童子問》三卷、《詩本義》十四卷、《居士集》五十卷、《歸榮集》一卷、《外制集》三卷、《內制集》八卷、《奏議集》十八卷、《四六集》七卷、《集古錄跋尾》十卷、《雜著述》十九卷、諸子集以爲《家書總目》八卷。其遺（一作餘）逸不錄者，尙數百篇，別爲編集而未及成。公初娶胥氏，翰林學士贈吏部侍郎偃之女，繼室楊氏，集賢院學士諫議大夫大雅之女，今夫人薛氏，資政殿學士戶部侍郎贈太尉簡肅公奎之女，累封仁壽郡夫人，男八人，女三人，長女師，蚤卒，次發，光祿寺丞，次女蚤卒，次奕，光祿寺丞，次棐，大理評事，次某，蚤卒，次辯，光祿寺丞，次三男皆蚤卒，次女封樂壽縣君，蚤卒，孫男四人，曰愻、曰憲、曰恕、曰愬，皆以公恩試秘書省校書郎，孫女六人，皆幼，將以熙寧八年九月二十六日，葬公於開封府新鄭縣旌賢鄉之原，謹狀。熙寧六年七月日，樞密副使正奉大夫行右諫議大夫上柱國賜紫金魚袋吳充狀。

# 附錄四：歐陽脩謚誥

省司準勑定謚，據本家發到故推誠保德崇仁翊戴功臣，觀文殿學士，特進太子少師致仕，上柱國樂安郡開國公，食邑四千三百戶，食實封一千二百戶，贈太子太師歐陽某行狀，依例牒太常禮院擬謚，今準回牒，連到議狀，謚曰文忠。

宣德郎守太常丞充集賢校理同知太常禮院李淸臣。

太子太師歐陽公歸老於其家，以疾不起，將葬，行狀上書省，移太常請謚，太常合議曰，公維聖宋賢臣，一世學者之所師法，明於道德，見於文章，究覽六經羣史，諸子百氏，馳騁貫穿，述作數十百萬言，以傳先王之遺意。其文卓然，自成一家。比司馬遷、揚雄、韓愈，無所不及而有過之者。方天下溺於末習，爲章句聲律之時，聞公之風，一變爲古文，咸知趨尙根本，使朝廷文明不愧於三代、漢、唐者，太師之功。於敎化治道爲最多，如太師眞可謂文矣。博士李淸臣得其議，則閱讀行狀，考按謚法，曰唐韓愈、李翺、權德輿、孫逖，本朝楊億，皆謚文，太師固宜以文謚，吏持衆議白太常官長，官長有曰，文則信然，不復易也。然公平好諫諍。當加獻爲文獻，無已，則加忠爲文忠。衆相視曰，其如何，則又合言曰，忠亦太師之大節，太師嘗參天下政事，進言仁宗，乞早下詔立皇子，使有明名定分以安人心，及英宗繼體，今上卽皇帝位，兩預定策翊戴，有安社稷功，和裕內外，周旋兩宮間，迄於英宗之親政。蓋太師天性正直，心誠洞達明白，無所欺隱，不肯曲意順俗，以自求便安，好論列是非，分別賢不肖，不避人之怨誹狙嫉，忘身履危，以爲朝廷立事，按謚法，道德博聞曰文，廉方公正曰忠，今加忠以麗文，宜爲當，衆以狀授淸臣，爲謚議。淸臣曰，不改於文而傅之以忠，議者之盡也，淸臣其敢不從，遂謚文忠。謹議。

朝奉郎，守尚書工部郎中，充秘閣校理，直舍人院，兼同修起居注，權同判吏部流內銓，騎都尉，賜緋魚袋錢藻，宣德郎，守尚書刑部員外郎，充集賢校理兼同修起居注，權同判吏部流內銓，騎都尉，賜緋魚袋寶卞，伏準太常禮院謚議如前。

天下文物繁盛之極，學士大夫競夫鎪刻組繪，日益靡摩，以汨沒於倬詭魁殊之說，而不復知淳古之爲正也。於是時，天下曰是，太師曰非，天下以爲韙，太師以爲陋。學士大夫磨牙淬爪，爭相出力以致之危害，太師不之顧，曰，我道，堯舜也，我言，孔子、孟軻也，而天下不我從。將焉往，然卒由太師而一歸於醇正，故仁義之言，其華暐然，獨輝灼乎一代之盛，遠出二京之上，嗚虖，媺哉。大丈夫束帶立夫人之朝，所以大過人者，大節立焉。不齪齪小節以求曲全，可也。怫衆慮，彊君以難，是爲大節，不徇世俗之論，而先識以制未形，是爲大節。太師當嘉祐之間，協議建儲正名，挈天下之疑而泮之，萬世因而若維太山而安不危，斯之謂大節。謚法，道德博聞曰文，廉方公正曰忠，生平論譔文章，務明堯、舜、孔、孟之教於已壞之後，可謂道德博聞矣，排左右持祿取容之慮，特建萬世無窮之策，而自不以爲功，可謂廉方公正矣。太常易名曰文忠，庶乎天下有以知公議之不能泯也。

省司準例於都亭驛集合省官同參詳，皆協令式，請有司準例施行，謹詳定訖遂，具狀中書門下取裁，奉宰臣判準申，謹具狀奏聞，伏候勑旨。

尚書都省，宋故推誠保德崇仁翊戴功臣，觀文殿學士，特進太子少師，致仕上柱國，樂安郡開國公，食邑四千三百戶，食實封一千二百戶，贈太子太師歐陽脩，謚曰文忠。

# 附錄五：歐陽脩墓誌銘并序

韓　琦

熙寧五年閏七月二十三日，觀文殿學士太子少師致仕歐陽公，薨於汝陰之私第，年六十六，上聞震怛，不視朝，贈公太子太師，太常謚曰文忠，卹後加賻，不與常比，天下正人節士知公之亡，罔不骸然相弔，痛失依仰，其孤寺丞君，乃以樞密副使吳公所次功緒，並致治命，以墓銘爲請。竊惟當世能文之士，比比出公門下，不屬於彼，而獨以見屬，豈公素諒其愚，謂能直筆足信後世邪，此其敢辭。公諱修，字永叔，唐太子率更令詢四世孫琮，嘗爲吉州刺史，又八世生萬，復爲吉之安福令，子孫因家焉。曾祖諱郴，安福六世孫也。孝悌之行，鄉里師服，仕南唐爲武昌令。累贈太師中書令。曾祖妣劉氏，追封楚國太夫人。祖諱偃，彊學善屬文，南唐時獻所爲文十餘萬言，召試補南京街院判官，累贈太師中書令，兼尚書令。祖妣李氏，追封吳國太夫人。父諱觀，性至孝，力學，咸平中擢進士第，當官明而尚恕，每決重辟，尤加審愼；苟理有可脫，必平反之，終泰州軍事判官，累贈太師中書令，兼尚書令，追封鄭國公。自公祖始徙居吉水，後吉水析爲永豐，今爲永豐人。公四歲而孤，母韓國太夫人鄭氏，守志不奪，家雖貧，力自營贍，教公爲學。公亦天資警絕，經目一覽，則能誦記，爲文下筆出人意表，及冠，聲聞卓然。天聖中舉進士。凡兩試國子監，一試禮部，皆爲第一。逮崇政試雖中甲科，人猶以不魁多士爲恨，初補西京留守推官，洛尹文康王公知非常才，歸薦於朝，景祐初召試，遷鎭南軍節度掌書記，館閣校勘，時文正范公權尹京邑，以直道自進，每因奏事，必陳時政得失，大忤宰相意，斥守饒州，諫官不敢言，公貽書責之。坐貶峽州夷陵令，余安道、尹師魯繼上書直范公，復被逐，當時天下以四賢稱之。俄徙光化軍乾德令，改武成軍節度判官。康定初，召還，復館閣校勘，遷太子中允。預修《崇文總目》成，改集賢校理，同知太常禮院，請外補，通判滑州事。慶曆初，仁宗御天下久，周悉時弊，重以西師未解，思欲整齊衆治，以完太平，登進輔臣，必取人望，收用端鯁，以增諫員，公首被其選，擢太常丞，知諫院事，賜五品服，未幾同修起居注，公素凛忠義，遭時遇主，自任言責，無所顧忌，橫身正路，風節凛然。時正獻杜公，文正宗公，今司空富公，皆在二府，公每勸上乘間延見，推誠諮訪，上後開天章閣，屢召諸公，詢究治本，長策大議，稍稍施用（一作行），紀綱日擧，僥倖頓絕，小人始大不喜，相與巧詆，必期破壞，公常極力左右之。俄拜右正言，知制誥，賜三品服，大臣有建白請廢麟州，徙其治於合河津，以省餽餉者，命公親往相視，使回奏曰，麟州天險，正據要害，不可廢，第減其兵駐並河諸堡，有警呼集數舍之近爾，兵既減，糧自不乏，詔從之。又奏忻、代州、岢嵐、火山軍並邊民田，始潘美爲帥，患虜時入寇，徙其民以空之，遂號禁地，自景德通好，我雖循奮，而虜人盜耕不已，請募民計頃出丁爲兵，量入租粟以耕之，歲可得數百萬斛，邊用給矣，不然，他日必盡爲虜人所有，時幷帥恥謀不自己，沮撓久之，其後卒如公請。凡賦斂過重民所不堪者，又奏罷十數事，疲俗以安。四年秋，北虜盛兵雲州，聲言西討，朝廷疑其有謀，議選文武材臣，密爲經畫，二府請輟公以往，卽以公爲龍圖閣直學士河北都轉運使，公至，則區別（一作分）官吏，使能者盡力，均徙財用，而邊計有餘，奏廣御河漕運，造鏁袱船以絕侵盜，置都作院於磁相州，一道兵械，悉仰給焉。方條列北方利病，欲大爲措置，會文正范公與同時入輔者，終爲讒說所勝，相繼罷去，一時進用者，皆指之爲黨，公復慨言上書，極言論救，執政與其朋益怒，協力擠之。初公有妹適張龜正，龜正亡無子，妹挈前室所生孤女以歸，及笄，公爲選宗人晟以嫁之，會張氏以失行繫獄，言者乘此欲並中公，復捃張氏貲產事，遂興詔獄窮治，上爲命內臣監劾，卒辨其誣，猶降授知制誥知滁州事，執政意不快，摭勘官與監劾內臣細故，皆被責。八年春，就改起居舍人，知揚州事，踰年，徙知潁州事。皇祐初，復龍圖閣直學士，二年秋，移知應天府，兼南京留守司事，歷尙書禮部吏部郎中，丁太夫人憂，去職，服除，入見。上怪公鬢髮盡白，惻然存撫，恩意甚厚，命判吏部流內銓，素忌公者恐將大用，乃僞爲公疏，請汰內臣以激衆怒，有選人胡宗堯者，當引對改官前任本州嘗以官舟假人，已而經赦去官，止得循資，公與判南曹官，對曰取旨，上欣然令改官，宦者楊永德密奏曰，宗堯翰林學士宿之子，有司援救之，私也，遂出公知同州事，物論（一作議）不平，上亟開悟，留公刊修《唐書》，俄入翰林爲學士，史館修撰，勾當三班院。至和二年夏，請郡，改侍讀學士知蔡州事，留不行，復除翰林學士，判太常寺兼禮儀事，遷右諫議大夫。嘉祐三年夏，兼龍圖閣學士，權知開封府事，前尹孝肅包公（一作包孝肅公）以威嚴得名，都下震恐，而公動必循理，不求赫赫之譽，或以少風采爲言，公曰，人材性各有短長，吾之長止於此，惡可勉其所短以徇人邪，既而京師亦治。四年春，請罷府事，改給事中，充羣牧使。《唐書》成，拜禮部侍郎，俄兼翰林侍讀學士。五年冬，以本官爲樞密副使，明年秋，參知政事，英宗登極，遷戶部侍郎，治平初，特轉吏部侍郎，今上嗣位，改尙書左丞，公自處二府，益思報稱，毅然守正，不爲富貴易節，凡大謀議大利害，與同官論辨，或在上前，必區判（一作別）是否，未嘗少有回屈。文武之士，陳請百端，公常委曲開諭曰，某事可行，某事不可行，用是人多怨誹，至於臺諫官論事有不中理者，往往正色折之，其徒尤切齒，日欲求疵合攻，公自視無他，不恤也。始（一無此字）英廟（一作宗）踐祚，按祖宗舊典，皇族尊屬之亡者，皆贈官改封，濮安懿王，英廟所生父也，中書以本朝未有故事，請付有司，詳處（一作審）其當，上謙恭愼重，命過仁廟大祥，下禮院與兩制官同議，如期詔下，衆乃言王當稱伯，改封大國，中書以所生父稱伯，疑無經據，方再下三省議，上遽令權罷，俾有司徐求典故，事久不行，臺官挾憤不已，遂持此斥公爲主議，上章歷詆，必請議定，及以朝廷未嘗議及之事。肆爲誣說，欲惑衆聽，又相率納告身，以示必去，上數敦諭，知不可留，各以本官補外，後來以風憲不勝爲恥，窺伺愈急。今上卽位初，御史蔣之奇者，乃造無根之言，（一作語）欲以汚公，中丞彭思永乘空助之，公退伏私居，力請公辨，上照其誣罔，連詔詰問。二人者辭窮，皆定貶，公遂懇辭柄任，上不得已，除公觀文殿學士，刑部尙書，知亳州事。熙寧元年秋，遷兵部尙書，知青州事，充京東東路安撫使，時散青苗錢法初行，衆議皆言不便，朝廷既申告誡，公猶請除去二分之息，令民止納本錢，明不取利，又請先罷提擧管勾官，然後可以責州縣不得抑配，不報。三年夏，除檢校太保，宣徽南院使判太原府河東路經略安撫使，公累上章辭丐易蔡州，大略以久疾昏耗，不任重寄，復曰，時多喜新奇，而臣思守拙，衆方興功利，而臣欲循常，執政知終不附己，俄詔聽以舊官知蔡州事，公在亳已六上章請致政，上眷惜之，不允，至蔡踰年，復申前請，志益堅確，上察其誠，命優改官致仕，年方六十有五。天下士大夫聞公勇退，無不驚歎，云近古所無也。公天資剛勁，見義敢爲，襟懷洞然，無有城府，常以平心爲難，故未嘗挾私以爲喜怒，奬進人物，善樂不倦，一長之得，力爲稱薦，故賞識之下，率爲聞人，惟視姦邪，嫉若仇敵，直前奮擊，不問權貴，後雖陰被讒逐，公以道自處，怡怡如也。平生篤於朋友，如尹師魯、梅聖俞、孫明復既卒，其家貧甚，公力經營之，使皆得以自給。又表其孤於朝，悉錄以官。自唐室之衰，文體隨而不振，陵夷至於五代，氣益卑弱，國初柳公仲塗一時大儒，以古道興起之，學者卒不從。景祐初，公與尹師魯專以古文相尚，而公得之自然，非學所至，超然獨騖，衆莫能及，譬夫天地之妙，造化萬物，動者植者，無細與大，不見痕跡，自極其（一作於）工，於是文風一變。時人競爲模範，自漢司馬遷沒幾千年，而唐韓愈出，愈之後又數百年，而公始繼之，氣燄相薄，莫較高下，何其盛哉。所治經術，務究大本，嘗以先儒於經所得多矣，而不能無失，惟其說或有未通，公始爲辨正，不過求聖人之意以立異論。嘉祐初，權知貢舉，時學者務爲險怪之語，號「太學體」，公一切黜去，取其平澹造理者，即預奏名，初雖怨讟紛紜，而文格終以復古者，公之力也。筆翰遒勁，自成一家，人有現其片幅，必寶藏之，歷典大郡，以鎭靜爲本，明不至（一作及）察，寬不至縱，吏民受賜，既去追思不已。滁、揚二州皆立生祠。嘗奉使契丹，其主必遣貴臣押宴，出爲常例，且謂公曰，以公名重故爾，其爲外夷欽服如此。至和中，陳恭公爲相，欲塞商胡決河，使歸橫壠故道，公言橫壠地已高仰，功大不可爲，未幾，陳罷去，有李仲昌者，乃議道商胡水入六塔河，公復上言六塔素隘狹，不能容大河，若爲之，必潰決，害愈甚，時執政是仲昌議，又不用公言，後六塔隄果壞不成，自博以下數州，皆被水患，衆服公先識。在侍從八年，竭誠補益，前後上言百餘事，仁宗嘗曰，如歐陽某者，何處得來，故其言多所聽納，因嘉祐水災，凡兩上疏，請選立皇子，以固根本，及在政府，遂與諸公參定大議，方英廟過自謙退，未即承命，事久未決，衆悉危之，公協心開助，忠力爲多，及即位之初，感疾未能聽覽，（一作斷）慈壽預政，事出權宣，公與諸公往來兩宮，鎭安內外，卒復明辟，人無間言。嘗被詔撰《唐書》紀十卷、志五十卷、表十五卷，又自撰《五代史》七十四卷、《易童子問》三卷、《詩本義》十四卷、《居士集》五十卷、《歸榮集》一卷、《外制集》三卷、《內制集》八卷、《奏議》十八卷、《四六集》七卷、《集古錄跋尾》十卷、《雜著》十九卷。公於物無他玩好，獨好收古文圖書，集三代以來金石銘刻，爲一千卷，用以校正傳記訛繆，人得不疑，晚年自號「六一居士」，曰吾集古錄一千卷、藏書一萬卷、有琴一張、有棋一局，常置酒一壺，吾老於其間，是爲「六一」。因自爲傳以志之。初娶胥氏，翰林學士偃之女，繼室楊氏，集賢院學士諫議大夫大雅之女，今夫人薛氏，資政殿學士戶部侍郎簡肅公奎之女，累封仁壽郡夫人。男八人，長發，次奕，光祿寺丞，次棐，大理評事，次辯，光祿寺丞，餘早卒，女三人，皆早卒，孫男四人，曰愻、曰憲、曰恕、曰愬，皆以公恩試秘書省校書郎，孫女六人，皆幼。熙寧八年九月庚申朔二十六日乙酉，諸孤奉公之喪，葬於開封府新鄭縣旌賢鄉之原。銘曰：

噫公之節，其剛烈烈。弼違斥姦，義不可折。噫公之文，天資不羣。光輝古今，左右典墳。直道而行，屢以讒蹶。卒寤而知，惟帝之哲。升贊機務，方隅以寧。參議宰政，社稷是經。成此王功，大忠以効。德高毀及，退不吾較。公之來歸，既安且怡。宜報以壽，戾也胡爲。公文在人，公迹在史。茲惟不窮，亙千萬祀。

## 附錄六：歐陽文忠公神道碑

蘇轍

熙寧五年秋七月，觀文殿學士太子少師致仕（一無此十一字）歐陽文忠公薨於汝陰，八年秋九月，諸子奉公之喪，葬於新鄭旌賢鄉。自葬至崇寧五年，凡三十有二年矣，公子棐以墓隧之碑來請，轍方以罪廢於家，且病不能執筆，辭不獲命。乃曰，病苟不死，當如君志，既而病已。謹按歐陽氏自唐率更令之四世孫琮，爲吉州刺史，後世因家於吉。曾祖諱郴，南唐武昌令，贈太師中書令，妣劉氏，追封楚國太夫人。祖諱偃，南唐南京街院判官，贈太師中書令，兼尚書令，妣李氏，追封吳國太夫人。考諱觀，泰州軍事推官，贈太師中書令，兼尚書令，封鄭國公，妣鄭氏，追封韓國太夫人。公諱修，字永叔，生四歲而孤，韓國守節自誓，親教公讀書，家貧，至以荻畫地學書。公敏悟過人，所覽輒能誦，比成人，將擧進士，爲一時偶儷之文，已絕出倫輩，翰林學士胥公，時在漢陽，見而奇之，曰子必有名於世，館之門下，公從之京師，兩試國子監，一試禮部，皆第一人，遂中甲科，補西京留守推官。始從尹師魯遊，爲古文，議論當世事，迭相師友。與梅聖俞遊，爲歌詩，相倡和，遂以文章名冠天下。留守王文康公知其賢，還朝薦之。景祐初，召試，遷鎭南軍節度掌書記，館閣校勘。時范文正公知開封府，每進見，輒論時政得失，宰相惡之，斥守饒州，公見諫官高若訥，若訥詆誚范公以爲當黜，公爲書責之，坐貶峽州夷陵令，明年，移乾德令，復爲武成軍節度判官。康定初，范公起爲陝西經略招討安撫使，辟公掌書記，公笑曰，吾論范公，豈以爲利哉，同其退不同其進可也，辭不就。召還，復校勘，遷太子中允，與修《崇文總目》。慶歷初，遷集賢校理，同知太常禮院，求補外，通判滑州事，時西師未解，契丹初復舊約，京東西盜賊蜂起，國用不給。仁宗知朝臣不任事，始登進范公及杜正獻公，富文忠公，韓忠獻公，分列二府，增諫員，取敢言士，公首被選，以太常丞知諫院，賜五品服，未幾，修起居注，公每勸上延見諸公，訪以政事，上再出手詔，使諸公條天下事，又開天章閣召對，賜坐給紙筆，使具疏於前，諸公惶恐，退而上時所宜先者十數事，於是有詔勸農桑，興學校。革磨勘任子等弊，中外悚然，而小人不便，相與騰口謗之，公知其必為害，常為上分別邪正，勸力行諸公之言。初范公之貶饒州，公與尹師魯、余安道皆以直范公見逐，目之黨人，自是朋黨之論起，久而益熾。公乃為〈朋黨論〉以進，言君子以同道為朋，小人以同利為朋，人君但當退小人之偽朋，用君子之眞朋，其言懇惻詳盡，其後諸公卒以黨議，不得久留於朝。公性疾惡，論事無所回避。小人視之如仇讎，而公愈奮厲不顧，上獨深知其忠，改右正言知制誥，賜三品服，仍知諫院，故事知制誥必試。上知公之文，有旨不試，與近世楊文公、陳文惠公比，逮公三人而已。嘗因奏事論及人物，上目公曰，如歐陽脩何處得來，蓋欲大用而未果也。四年，大臣有言河東芻糧不足，請廢麟州，徙治合河津，或請廢其五寨，命公往視利害，公曰，麟州天險，不可廢也，麟州廢，則五寨不可守，五寨不守，則府州遂為孤壘，今五寨存，故虜在二三百里外，若五寨廢，則夾河皆虜巢穴，河內州縣，皆不安居矣，不若分其兵，駐並河清寨堡，緩急不失應副，而平時可省轉輸，由是麟州得不廢。又言忻、代州、岢嵐、火山軍並邊民，田廢不得耕，號為禁地，吾雖不耕，而虜常盜耕之，若募民計口出丁為兵，量入租粟以耕，歲可得數百萬斛，不然，他日且盡為虜者。議下，太師帥臣以為不便持之，久之乃從，凡河東賦斂過重，民所不堪奏罷者十數事。自河東還，會保州兵亂，又以公為龍圖閣直學士，河北都轉運使，陛辭，上面諭無為久留計，有所欲言言之，公曰，諫官得風聞言事，外官越職而言，罪也，上曰，第以聞，勿以中外爲意，河北諸軍，怙亂驕恣，小不如意，輒脅持州郡，公奏乞優假將帥，以鎭壓士心，軍中乃定。初保州亂兵，皆招以不死，既而悉誅之，脅從二千人，亦分隸諸州，富公爲宣撫使，恐後生變，與公相遇於內黃，夜半屏人謀，欲使諸州同日誅之。公曰，禍莫大於殺已降，況脅從乎，既非朝命，州郡有一不從，爲變不細，富公悟，乃止。公奏置御河催綱司，以督糧餉，邊州賴之。又置磁、相州都作院，以繕一路戎器，河北方小治，而二府諸公相繼以黨議罷去，公慨然上書論之，用事者益怒。會公之外甥女張，嫁公族人晟，以失行繫獄，言事者乘此欲並中公，遂起詔獄窮治張貲產，上使中官監劾之，卒辨其誣，猶降官知滁州事，居二年，徙揚州，又徙潁州。遷禮部郎中，復龍圖閣直學士，留守南京，遷吏部郎中，丁韓國太夫人憂。至和初，服除入見，鬢髮盡白，上怪之，問勞惻然，恩意甚厚，命判吏部流內銓。小人畏公且大用，僞爲公奏乞澄汰宦官，宦官聞之果怒，會選人胡宗堯當改官，坐嘗以官舟假人，經赦去官，法當循資，公引對取旨，上特令改官，宦官有密奏者曰，宗堯翰林學士宿之子，有司右之，私也，遂出公知同州，言者多謂公無罪，上悟，留刊修《唐書》，俄入翰林爲學士，自滁州之貶，至是十二年矣，上臨御既久，遍閱天下士，羣臣未有以大稱上意，上思富公、韓公之賢，復召寘二府，時慶曆舊人，惟二公與公三人，皆在朝廷，士大夫知上有致治之意，翕然相慶，公以學士判三班院。二年，奉使契丹，契丹使其貴臣宗愿、宗熙、蕭知足、蕭孝友四人押燕，曰此非常例，以卿名重故爾。嘉祐初，判太常寺，二年權知貢擧，是時進士爲文，以詭異相高，文體大壞，公患之，所取率以詞義近古爲貴，凡以嶮怪知名者黜去殆盡，牓出，怨謗紛然，久之乃服，然文章自是變而復古。三年，加龍圖閣學士，權知開封府事，所代包孝肅公，以威嚴御下，名震都邑，公簡易循理，不求赫赫之譽，有以包公之政勵公者，公曰，凡人材性不一，用其所長，事無不舉，强其所短，勢必不逮，吾亦任吾所長耳，聞者稱善。四年，求罷，遷給事中，充羣牧使。《唐書》成，拜禮部侍郎。俄兼翰林侍讀學士。公在翰林凡八年，知無不言，所言多聽，河決商胡，賈魏公留守北京，欲開横瓏故道，回河使東。有李仲昌者，欲道商胡入六塔河，詔兩省臺諫集議，公故奉使河北，知河決根本，以爲河水重濁，理無不淤，淤從下起，下流既淤，上流必決，水性避高，決必趨下，以近事驗之，河非不能力塞，故道非不能力復，但勢不能久，必決於上流耳，横瓏功大難成，雖成必有復決之患，六塔狹小，不能容受大河，以全河注之，濱棣德博，必被其害，不若因水所趨，增治隄防，疏其下流，浚之入海，則河無決溢散漫之憂，數十年之利也。陳恭公當國，主横瓏之議，恭公罷去，而宰相復以仲昌之言爲然，行之而敗，河北被害者凡數千里。狄武襄公爲樞密使，奮自軍伍，多戰功，軍中服其威名，上不豫，諸軍訛言籍籍，公言武臣掌機密而得軍情，不惟於國不便，鮮不以爲身害，請出之外藩，以保其終始，遂罷知陳州。公嘗因水災上言，陛下臨御三十餘年，而儲宮未建，此久闕之典也，漢文帝卽位，羣臣請立太子，羣臣不自疑而敢請，文帝亦不疑其臣有二心，後唐明宗尤惡人言太子事，然漢文帝立太子之後，享國長久，爲漢太宗，明宗儲嗣不早定，而秦王以窺覬陷於大禍，後唐遂亂，陛下何疑而久不定乎。公言事不擇劇易，類如此。五年，以本官爲樞密副使，明年，爲參知政事，公在兵府，與曾魯公考天下兵數，及三路屯戍多少，地里遠近，更爲圖籍，凡邊防久闕屯戍者，必加蒐補，其在政府，凡兵民官吏財利之要，中書所當知者，集爲總目，遇事不復求之有司。時富公久以母憂去位，公與韓公同心輔政，每議事，心所未可，必力爭，韓公亦開懷不疑，故嘉祐之政，世多以爲得。時東宮猶未定，臣僚間有言者，然皆不克行，最後諫官司馬光知江州呂誨言之中書，將因（一作因將）二疏以請，幸上有可意，相與力贊之。一日奏事垂讀拱讀二疏，未及有言，上曰，朕有意久矣，顧未得其人耳。宗室中誰可者，韓公對曰，宗室不接外人，臣等無由知之，抑此事非臣下所敢議，當出自聖斷，上乃稱英宗舊名，曰宮中嘗養此人，今三十許歲矣，惟此人可耳。是日君臣定議於殿上，將退，公奏曰，此事至大，臣等未敢卽行，陛下今夕更思之，來日取旨，明日請之崇政，上曰，決無疑矣，諸公皆曰，事當有漸，容臣等議所除官。時英宗方居濮王憂，遂議起復，除泰州防禦使，判宗正寺，來日復對，上大喜，諸公奏曰，此事既行，不可中止，乞陛下斷之於心，內批付臣等行之可也。上曰，此豈可使婦人知之，中書行之足矣，時六年十月也。及命下，英宗力辭，上聽候服除，七年二月，英宗既免喪，稱疾不出，至七月，韓公議曰，宗正之命既出，外人皆知必爲皇子矣，今不若遂正其名，使知愈退而愈進，示朝廷不可回之意，衆稱善，乃以其累表上之，上曰，今當如何，韓公未對，公進曰，宗室舊不領職事，今有此命，天下皆知陛下意矣，然誥勑付閤門，得以不受，今若以爲皇子，詔書一出而事定矣，上以爲然，遂下詔，及宮車晏駕，皇子嗣位，海內泰然，有磐石之固，然後天下皆詠歌仁宗之聖，以及諸公之賢，而向之黨議，消釋無餘，至於小人亦磨滅不見矣。英宗卽位之初，以疾未親政，慈聖光獻太后臨朝，公與諸公往來二宮，彌縫其間，卒復明辟。樞密使嘗闕人，公當次補，韓公、曾公議將進擬，不以告公，公覺其意，謂二公曰，今天子諒陰，母后垂簾，而二三大臣自相位置，何以示天下，二公大服而止，其後張康節公去位，英宗復將用公，公又力辭不拜，公再辭重位，諸公不喻其意，而服其難。八年，遷戶部侍郎，治平初，特遷吏部，神宗卽位，遷尙書左丞，公性剛直，平生盡與人盡言無所隱，及在二府，大士夫有所干請，輒面諭可否，雖臺諫論事，亦必以是非詰之，以此得怨，而公不卹也。朝廷議加濮王典禮，詔下禮官與從官定議，衆欲改封大國，稱伯父，議未下，臺官意公主此議，遂事以詆公，言者旣以不勝補外，而來者持公愈急，御史蔣之奇並以飛語汚公，公杜門求辨其事，神宗察其誣，連詔詰問，詞窮逐去，公亦堅求退，上知不可奪，除觀文殿學士，知亳州事。熙寧初，遷兵部尙書，知青州事，充東京東路安撫使，前諸路散青苗錢，公乞令民止過本錢，以示不爲利，罷提擧管勾官，聽民以願請，不報。三年，除檢校太保宣徽南院使，判太原府河東路經略安撫使，公辭，求知蔡州，從之。公在亳已六請致仕，比至蔡，逾年復請。四年，以觀文殿學士太子少師致仕，公年未及謝事，天下益以高公。公昔守潁上，樂其風土，因卜居焉。及歸而居室未完，處之怡然，不以爲意。公之在滁也，自號醉翁，作亭琅邪山，以醉翁名之，晚年，又自號「六一居士」，曰，吾集古錄一千卷、藏書一萬卷、有琴一張、有棋一局，而常置酒一壺，吾老於其間，是爲「六一」。自爲傳刻石，亦名其文曰《居士集》。居潁一年而薨，享年六十有六，贈太子太師，諡文忠。天下學士聞之，皆出涕相弔，後以諸子贈太師，追封兗國公。公之於文，天材有餘，豐約中度，雍容俯仰，不大聲色，而義理自勝，短章大論，施無不可，有欲效之，不詭則俗，不淫則陋，終不可及。是以獨步當世，求之古人，亦不可多得。公於六經，長於《易》《詩》《春秋》。其所發明，多古人所未見，嘗奉詔撰《唐書》本紀、表、志，撰《五代史》。二書《本紀》法嚴而詞約，多取《春秋》遺意，其〈表〉〈傳〉〈志〉者，與遷、固相上下，凡爲《易童子問》三卷、《詩本義》十四卷、《唐本紀・表・志》七十五卷、《五代史》七十四卷、《居士集》五十卷、《外集》若干卷、《歸榮集》一卷、《外制集》三卷、

《內制集》八卷、《奏議集》十八卷、《四六集》七卷、《集古錄跋尾》十卷、《雜著述》十九卷。昔孔子生於衰周而識文武之道，其稱曰，文王既沒，文不在茲乎，雖一時諸侯不能用，功業不見於天下，而其文卒不可揜。孔子既沒，諸弟子如子貢、子夏，皆以文名於世，數傳之後，子思、孟子、孫卿並爲諸侯師，秦人雖以塗炭遇之，不能廢也。及漢祖以干戈定亂，紛紜未已，而叔孫通、陸賈之徒，以《詩》《書》《禮》《樂》彌縫其闕矣，其後賈誼、董仲舒相繼而起，則西漢之文，後世莫能髣髴，蓋孔氏之遺烈，其所及者如此。自漢以來，更魏、晉，歷南北，文弊極矣，雖唐正觀、開元之盛，而文氣衰弱，燕、許之流，倔强其間。卒不能振，惟韓退之一變復古，閎其頽波，東注之海，遂復西漢之舊。自退之以來，五代相承，天下不知所以爲文，祖宗之治，禮文法度，追迹漢、唐，而文章之士，楊、劉而已。及公之文行於天下，乃復無愧於古。於乎！自孔子至今千數百年，文章廢而復興，惟得二人焉，夫豈偶然也哉。公篤於朋友，不以貴賤生死易意，尹師魯、石守道、孫明復、梅聖俞既沒，皆經理其家，或言之朝廷，官其子弟。尤奬進文士，一有所長，必極口稱道，惟恐人不知也。公前後歷七郡守，其政察而不苛，寬而不弛，吏民安之，滁、揚之人至爲立生祠，鄭公嘗有遺訓，戒愼用死刑，韓國以語公，公終身行之，以謂漢法惟殺人者死，今法多雜犯死罪，故死罪非殺人者，多所平反，蓋鄭公意也。（一本自公篤於朋友至鄭公意也一段，在昔孔子生於衰周之前）公初娶胥氏，卽翰林學士偃之女，再娶楊氏，集賢院學士大雅之女，後娶薛氏，資政殿學士簡肅公奎之女，追封歧國太夫人。男八人，發，故承議郎，弈，故光祿寺丞，棐，朝奉大夫，辯，故承議郎，餘早亡，孫男六人，愻，故臨邑縣尉，憲，通仕郎，恕，奉議郎，愬，故宣議郎，愿、懋，皆將仕郎，孫女七人，皆適士族。公之在翰林也，先君文安先生以布衣隱居鄉閭，聞天子復用正人，喜以書遺公，公一見其文，曰，此孫卿子之書也。及公考試禮部，亡兄子瞻以進士試稠人中，公與梅聖俞得其程文，以爲異人。是歲轍，亦中下第，公亦以謂不忝其家。先君不幸捐館舍，亡兄與轍皆流落不偶。元祐初，會於京師，公家以公碑諉子瞻，子瞻許焉，既又至於大故，轍之不敏，以父兄故，不敢復辭。銘曰：

於穆仁宗，有臣文忠。自儉而夷，保其初終。惟古君臣，終之實難。匪不用賢，有孽其間。公奮自南，聲被四方。允文且忠，有煒其光。上實開之，下實杙之。三起三僨，誰實使之。僨而復全，惟天子明。克明克忠，乃卒有成。逮歲嘉祐，君臣一總。左右天造，民用飲食。舜、禹相授，不改舊臣。白髮蒼顏，翼然在廷。功成而歸，維公本心。彼其何知，言恐不深。潁水之濱，甲第朱門。新鄭之墟，茂木高墳。野人指之，文忠之遺。忠臣不危，仁祖之思。

# 附錄七：歐陽脩祭文

## ㈠ 祭文

王安石

夫事有人力之可致，猶不可期，況乎天理之冥寞，（一作溟漠）又安可得而推。惟公生有聞於當時，死有傳於後世，苟能如此足矣，而亦又何悲。如公器質之深厚，智識之高遠，而輔以學術之精微；故形於文章，見於議論，豪健俊偉，怪巧瑰琦。其積於中者，浩如江河之停蓄；其發於外者，爛如日星之光輝。其清音幽韻，淒如飄風急雨之驟至；其雄辭閎辯，快如輕車駿馬之奔馳。世之學者，無問乎識與不識，而讀其文則其人可知。嗚呼！自公仕宦四十年，上下往返，（一作復）感世路之崎嶇，雖屯邅困躓，竄斥流離，而終不可掩者，以其有公議之是非，既壓復起，遂顯於世。果敢之氣，剛正之節，至晚而不衰。方仁宗皇帝臨朝之末年，顧念後事，謂如公者可寄以社稷之安危，及夫發謀決策，從容指顧，立定大計，謂千載而一時，功名成就，不居而去；其出處進退，又庶乎英魄靈氣，不隨異物腐散，而長在乎箕山之側與潁水之湄。然天下之無賢不肖，且猶為泣涕而歔欷；而況朝士大夫平昔游從，又予心之所嚮慕而瞻依。嗚呼！盛衰興廢之理，自古如此。而臨風想望，不能忘情者，念公之不可復見，而其誰與歸！

## ㈡ 祭文

曾鞏

維公學為儒宗，材不世出，文章逸發，醇深炳蔚，體備韓、馬，思兼莊、屈。垂光簡編，焯若星日，絕去刀尺，渾然天質。辭窮卷盡，含意未卒，讀者心醒，開蒙愈疾，當代一人，顧無儔匹。諫垣抗議，氣震回遹，鼓行無前，跋疐非恤。世僞難勝，孤堅竟窒，紫微玉堂，獨當大筆。二典三謨，生明藏室，頓挫彌厲，誠純志壹。斟酌損益，論思得失，經體慮萌，（一作明）沃心造膝。帝曰汝賢，引登輔弼。公在廟堂，尊明道術，清淨簡易，仁民愛物。斂不煩苛，令無迫猝，棲置木索，里安戶逸。櫝斂兵革，天清地謐，日進昌言，從容密勿。開建國本，情忠力悉，卯未之歲，龍駕飈欻。再拯大艱，垂紳秉笏，乾坤正位，上下有秩，功被社稷，等夷召畢，公在廟堂，總持紀律，一用公直，兩忘猜昵，不挾朋比，不虞訕嫉，獨立不回，其剛仡仡。愛養人材，獎成誘掖，甄拔寒素，振興滯屈，以爲己任，無有廢咈。維公平生，愷悌忠實，內外洞徹，初終若一。年始六十，懇辭冕黻，連約累歲，乃俞所乞，放意立樊，脫遺羈馽。沉浸圖史，左右琴瑟，志氣浩然，不陋蓬蓽。意謂百齡，重休累吉，還斡鼎軸，贊微計密。云胡傾殂，慭遺則弗，聞訃失聲，皆淚橫溢。黷冥不敏，早蒙振祓，言繇公誨，行繇公率，戴德不酬，懷情獨鬱。西望轜車，莫持紼綍，維公犖犖，德義譔述。爲後世法，終天不沒，託辭敍心，曷能髣髴。嗚呼哀哉，尚饗！

## ㈢ 祭文

蘇軾

嗚呼哀哉！公之生於世六十有六年，民有父母，國有蓍龜，斯文有傳，學者有師，君子有所恃而不恐，小人有所畏而不爲。譬如大川喬嶽，雖（一無此字）不見其運動，而功利之及於物者，蓋不可以數計而周知。今公之沒也，赤子無所仰芘，（一有而字）朝廷無所稽疑，斯文化爲（一作於）異端，（一有而字）學者至於用夷。君子以爲無與（一作爲）爲善，而小人沛然自以爲得時。譬如深山（一作淵）大澤，龍亡而虎逝，則變怪雜（一作百）出，舞鰌鱓而號狐狸。昔其（一作公之）未用也，天下以爲病，而其既用也，則又以爲遲，及其釋位而去也，莫不冀其復用。至其請老而歸也，莫不悵然（一作惘悵）失望，而猶庶幾於萬一者，幸公之未衰，孰謂公無復有意於斯世（一作人）也。奄一去而莫予追，豈厭世（一有之字）溷濁絜身而逝乎，將民之無祿而天莫之遺。昔我先君，懷寶遁（一作避）世，非公則莫能致。而不肖無狀，因（一作貪）緣出入，受教於（一無此字）門下者，十有六年於茲。（一作斯）聞公之喪，義當匍匐往救，（一作弔）而懷祿不去，愧古人以忸怩。緘詞千里，以寓一哀而已矣。蓋上以爲天下慟，而下以哭吾（一作其）私，嗚呼哀哉！

## ㈣ 祭文

蘇轍

維年月日，具官蘇轍謹以清酌庶羞之奠，致祭於故觀文少師贈太師九丈之靈。嗚呼！嘉祐之初，公在翰林，維時先君，處於西南，世所莫知，隱居之深，作書號公，曰是知予，公應嗟然。我明子心，吾於天下，交遊如林，有如斯文，見所未曾。先君來東，實始識公，傾蓋之歡，故舊莫隆。遍出所爲，歎急改容，歷告在位，莫此蔽蒙。報國以士，古人之忠，公不妄言，其重鼎鍾，厥聲四馳，靡然向風。嗟維此時，文律頹毀，奇邪譎怪，不可告止，剽剝珠貝，綴飾耳鼻，調和椒薑，毒病脣齒，咀嚼荆棘，斥棄羹胾，號茲古文，不自愧恥。公爲宗伯，思復正始，狂詞怪論，見者投棄。踽踽元昆，與轍皆來，皆試於庭，羽翼病摧，有鑒在上，無所事媒。馳詞數千，適當公懷，擢之衆中，羣疑相豗。公恬不驚，衆感徐開，滔滔狂瀾，中道而回，匪公之明，化爲詼俳。公德日隆，歷蹈二府，轍方在艱，撫視逾素，納銘幽宅，德逮存故，終喪而還，公以勞去，公年未衰，屢告遲暮，自亳徂靑，迄蔡而許，來歸汝陰，嘯傲環堵。轍宮在陳，於潁則鄰，拜公門下，笑言歡欣，杯酒相屬，圖史紛紜。辯論不衰，志氣益振，有如斯人，而止斯耶。書來告衰，情懷酸辛，報不及至，凶訃遄臻。嗚呼！公之於文，雲漢之光，昭回洞達，無有采章。學者所仰，以克嚮方，知者不惑，昧者不狂。公之在朝，以直自遂，排斥姦回，罔有劇易。後來相承，敢隕故事，雖庸無知，亦或勉勵，此風之行，逾三十年，朝廷尊嚴，庶士多賢，伊誰云從，公導其先。自公之歸，忽焉變遷，又誰使然，要歸諸天。天之生物，各維其時，朝賜薰風，春夏是宜，凍雨急雪，匪寒不施，時去不返，雖彊莫違。矧惟斯人，而不有時，時既往矣，公亦逝矣。老成云亡，邦國瘁矣。無爲爲善，善者廢矣。時實使然，我誰懟矣。哭公於堂，維其悲矣。嗚呼哀哉，尙饗！

# 附錄八：研究歐陽脩散文參考資料類列

## ㈠ 歐陽脩文集部分

宋大家歐陽文忠公文鈔三十二卷　歐陽脩撰 茅　坤評　清刻本
歐文鈔二卷　明陸　粲編 明徐時行校　明刻本
歐陽永叔集　歐陽脩　臺灣商務印書館國學基本叢書本
歐陽文忠公文集　歐陽脩　臺灣商務印書館四部叢刊本
歐陽脩全集　歐陽脩　河洛圖書出版社
歐陽脩全集　歐陽脩　世界書局四部刊要本
歐陽脩全集　歐陽脩　中華書局四部備要本
音注歐陽永叔文　沈約經音注　上海文明書店石印本
歐陽脩文評注讀本　黃興洛評注　上海大東書店出版
歐陽永叔文　黃公渚選注　臺灣商務印書館人人文庫本
歐陽脩文選　陳新、杜維沫選注　人民文學出版社一九八二年本
歐陽脩選集　陳新、杜維沫選注　上海古籍出版社一九八六年本

歐陽脩詩文選注　王鍈選注　貴州人民出版社
歐陽脩文選讀　陳蒲清注譯　岳麓書社出版
歐陽脩詩文賞析集　曾棗莊主編　巴蜀書社出版
歐陽脩散文選　陳必祥注釋　上海古籍出版社　香港三聯書店　聯合編輯出版

## (二) 歐陽脩年譜部分

廬陵歐陽文忠公年譜　宋胡柯（見上海商務印書館縮印元刊本《歐陽文忠公文集》書前附載）
歐公本末四卷　宋呂祖謙撰　宋刊本
歐陽文忠公年譜　清楊希閔編（見《豫章先賢十五家年譜》中）
增訂歐陽文忠公年譜　清華孳亨編（見《昭代叢書》丙集）
歐陽脩家庭世系圖附年譜　不著撰人（見新文豐出版公司印行之《漢文大系》第三册《唐宋八家文》上）
宋歐陽文忠公脩年譜　林逸編著　臺灣商務印書館
歐陽脩簡譜　陳新、杜維沫編（見上海古籍出版社印行之《歐陽脩選集》書末附載）
宋文六大家活動編年　洪本健著　華東師範大學出版社印行

## (三) 專門著作部分

歐陽脩評傳　梁容若著（見《文學十家傳》中）　私立東海大學出版
歐陽脩的治學與從政　劉子健著　新文豐出版公司
歐陽脩之詩文及文學評論　張健著　臺灣商務印書館
歐陽脩著述考　許秋碧著　政治大學中研所碩士論文
歐陽脩　張華盛著　安徽人民出版社印行
歐陽脩　袁行雲著　中華書局一九六一年版
歐陽脩　郭正忠著　上海古籍出版社印行
歐陽脩的生平與學術　蔡世明著　文史哲出版社印行
韓歐詩文比較研究　汪淳著　文史哲出版社印行
歐陽脩　董治安著（見《中國歷代著名文學家評傳》）山東教育出版社印行
歐陽脩研究　劉若愚著　臺灣商務印書館印行
歐陽脩與蘇軾辭賦之比較　陳韻竹著　文史哲出版社印行
歐陽脩古文研究　李慕如著　高師大國研所碩士論文
韓柳歐蘇古文論　陳幼石著　上海文藝出版社印行
一代文宗歐陽脩（《江西古代文化名人叢書》之一）夏漢寧著　江西人民出版社印行
歐陽脩的生平及其文學　江正誠著　臺大中研所博士論文
歐陽脩之經史學　何澤恆著　臺大中研所碩士論文

韓歐古文之比較研究　李慕如著　臺灣高雄復文出版社印行
歐陽脩論稿　劉德清著　郭預衡審訂　北京師範大學出版社出版
韓歐古文比較研究　王基倫著　臺大中研所博士論文
韓歐文探勝　曾子魯著　中國文學出版社出版

## 四　單篇論文部分

從〈歐陽脩的治學與從政〉說起　許倬雲　大陸雜誌
歐陽脩與吳充的交誼　江正誠　藝文誌第一〇六期
歐陽脩與散文中興　張　須　國文月刊七十六期
關於歐陽脩的幾件事　費海璣　國語日報書和人
歐陽脩　王更生　民國七十五年六月《中國文學講話》㈦《兩宋文學》巨流圖書公司印行
有關歐陽脩研究的幾個問題——劉子健《歐陽脩治學與從政》評析　王基倫　中國文化研究第二輯
論歐陽脩的文學成就　陳宗敏　國語日報書和人
歐陽脩《五代史記》之研究　林瑞翰　文史哲學報第廿三期
從韓柳歐蘇文看唐宋文的差異　洪本健　文史哲第三期
歐陽脩的辨僞精神　王明　（民國二十四年十月十日）天津益世報讀書周刊
歐陽脩　艾治平（民國三十六年十一月廿、廿二日）　經世日報副刊第一六八、一六九期

歐陽脩文淵源考　俞振楣　（民國廿五年十二月廿五日）　國專月刊四卷四期
歐陽脩的文學批評概述　熊材央（民國廿四年七月）　安徽大學文史叢刊一卷一期
歐陽脩的改革文學意見　羅根澤（民國廿八年九月）　經世戰時特刊四七、四八期
論歐陽脩　郭預衡　北京師範大學學報第三期
宋代古文大師歐陽脩　胡士明　文史知識第十一期
歐陽脩的「道」及其對文學創作的影響　左冰彥　文學評論第六期
論歐陽脩的文學批評理論和實踐　池浴忠　浙江師院學報第三期
歐陽脩的文風、學風和書風　郭預衡　光明日報一九八三年十月十二日副刊
歐陽脩與北宋文學革新的成功　陳尙君　《研究生論文選》第一輯　江蘇人民出版社
歐陽脩在詩文革新運動中的作用和地位　蕭作銘　電大文科園地十一期
析歐陽脩的「自然之道」與「自然之文」思想　張　毅　藝譚第二期
歐陽脩蘇軾的文藝價值觀　黃鳴奮　江西社會科學第三期
歐陽脩美學思想初探　關肇昕　中國美學史學術討論會論文選　江蘇省美學學會編印
簡論歐陽脩的文道觀　曹子魯　上海社科院文學研究所《文學論叢》五集
歐陽脩與宋代古文中興　徐　俊　古典文學知識第三期
歐陽脩散文的特色　周振甫　新聞戰線第五期
歐陽脩的散文　繆　鉞　（一九六一年十一月廿八日）　文滙報副刊

歐陽脩筆下的古典「風派形象」——兼談〈與高司諫書〉的行文藝術　魯非　文教科學第四期
歐陽脩的散文　孫犂　解放軍文藝第八期
歐陽脩的文論與北宋文風　雲天　延安大學學報二、三期合刊
看似尋常最奇崛，成如容易卻艱辛——讀宋代散文隨筆之二　郭預衡《古代文學探討集》　北京師範大學出版社
歐陽脩和他的散文　胡念貽　散文第九期
試論歐陽脩散文的藝術特色　張啓民　黔南民族師專學報第一期
歐陽脩散文的藝術風格　易錦海　華中工學院學報第二期
文學語言與邏輯——從歐陽脩的〈秋聲賦〉讀起　何邦泰　廣西大學語文園地第二期
歐陽脩的散文和宋代古文運動　陳曉芬　語文學習第二期
略談歐陽脩散文的藝術特色　王運熙　百花洲第一期
繫乎治亂之文——歐陽脩散文管窺　唐驥　寧夏大學學報第二期
歐陽脩和他的散文　胡守仁　江西師院學報第四期
論歐陽脩散文的句式和虛詞同其情感關係　洪本健　華東師範大學學報第三期
從〈新五代史伶官傳序〉看歐陽脩議論文的特色　顧偉列　文科月刊第十一期
略論歐陽脩散文的陰柔之美　洪本健　華東師範大學學報第四期
柳宗元與歐陽脩山水記比較　鍾小燕　文史哲第三期

論歐陽脩在宋代詩文革新中的領袖地位——兼與姜書閣先生商榷　王琦珍　文學理論家第一期
也談〈醉翁亭記〉的主題思想並兼及其藝術成就　胡振榮　安慶師院學報第二期
歐陽脩散文的藝術風格　柏寒　重慶師院學報第四期
論歐陽脩文學作品中的矛盾　蘇涵　山西師大學報第一期
歐王散文風格淺議　洪本健　遼寧大學學報第一期
歐陽脩散文創作的發展道路　王水照　社會科學戰線第一期
論北宋古文運動中的歐陽脩與蘇軾　周建國　重慶師院學報第二期
歐陽脩の散文文體の特色——韓愈の散文ごの差の成因　高橋明郎　日本中國學會報第三十八期